档案管理现代化与服务创新研究

莫伟杰　周结华　李巧兰　著

北京工业大学出版社

图书在版编目（CIP）数据

档案管理现代化与服务创新研究 / 莫伟杰，周结华，李巧兰著．— 北京 ：北京工业大学出版社，2021.4

ISBN 978-7-5639-7900-4

Ⅰ．①档… Ⅱ．①莫… ②周… ③李… Ⅲ．①档案管理－现代化管理－研究 Ⅳ．①G271

中国版本图书馆 CIP 数据核字（2021）第 081796 号

档案管理现代化与服务创新研究

DANGAN GUANLI XIANDAIHUA YU FUWU CHUANGXIN YANJIU

著　　者：莫伟杰　周结华　李巧兰
责任编辑：张　贤
封面设计：知更壹点
出版发行：北京工业大学出版社
（北京市朝阳区平乐园 100 号　邮编：100124）
010-67391722（传真）　bgdcbs@sina.com
经销单位：全国各地新华书店
承印单位：天津和萱印刷有限公司
开　　本：710 毫米 ×1000 毫米　1/16
印　　张：14
字　　数：290 千字
版　　次：2022 年 1 月第 1 版
印　　次：2022 年 1 月第 1 次印刷
标准书号：ISBN 978-7-5639-7900-4
定　　价：84.00 元

前　言

档案管理工作是用科学的理论和方法管理档案，提供档案，为各级机关部门、社会组织和个人服务的工作。档案管理工作的基本任务是收集齐全、妥善保管、整理加工和开发利用各种门类和载体的档案，不仅为档案形成者的各项管理工作服务，而且应承担起记录历史，传承文化的社会重任。

人类社会信息化的进程以及我国不断推进的政治经济体制改革深刻地影响着档案事业和档案学的发展，档案工作实践中层出不穷的新事物、新问题强烈地呼唤着理论的关注与回应，造就了我国档案学术研究的繁荣局面。随着档案学研究领域的开阔与多学科化，研究内容的丰富与深化，研究方法的多样化，我国档案学术研究的气氛日益活跃。如果把档案学比作学术之林中的一棵大树的话，令人欣喜的是，它不仅在传统档案学理论的变革和完善之处新花绽放，在充满时代气息的档案信息化、电子文件等新领域中也是枝繁叶茂，硕果满枝头。

档案信息化建设的发展，将导致传统档案工作程序、管理方法等方面发生革命性的变革，档案文化与现代信息技术的高度融合势在必行。在此基础上建立的数字化档案馆，将按信息处理的要求，充分利用现代信息技术，对传统的档案进行收集。档案信息管理不再是传统手工档案的“模拟系统”，而是以现代信息技术为依托，与现代社会、经济和技术环境相适应的创新体系。

档案管理应建设以“云信息平台”为核心的信息化应用模式，通过云平台实现档案信息资源的开放和共享，以用户为中心，通过云计算平台强大的计算能力、快捷的数据检索、智能的数据处理、人性化的服务，有效地提高人们的使用效率。

在大数据背景下，档案信息资源的数量急剧增长，种类愈发繁杂，数字化、信息化程度不断提升，使用传统的管理手段已经难以处理新形态的档案信息资源，树立大数据环境下的档案工作创新、与时俱进的理念显得愈发必要。

本书由广东省地质局第四地质大队莫伟杰、广州电力设计院有限公司周结华、广东石油化工学院李巧兰三人共同撰写完成，主要分工如下：第一章、第二章、第三章、第四章共计 11 余万字由莫伟杰撰写；第五章、第六章共计 8 余万字由李巧兰撰写；第七章、第八章、第九章共计 10 万字由周结华撰写。由于时间仓促，本书难免存在疏漏之处，恳请广大读者批评指正，不吝赐教。

目　录

第一章　档案管理概论

档案和档案管理工作源于人类文明的早期。文字的出现，使人类由蒙昧走向文明，阶级和国家的产生，促使统治者在维护其统治的过程中重视档案文献的积累和保管。有了档案，就有了档案管理工作。在古代，由于档案数量比较少，种类单一，利用范围狭窄，档案管理与图书、资料等其他文献的管理没有明确的界限，在管理人员、管理机构、管理制度等方面没有区分开来。近现代以来，档案管理工作才发展成为一项独立的业务工作。随着人类科学技术的进步以及社会活动领域的拓展，各种门类和载体形式的档案大量增加，国家机关、社会组织和个人在其活动中产生了数量众多、种类多样、载体各异、内容丰富的档案。同时，社会对档案的需求日益增强，需要设立专门的档案管理机构，并由受过专门的档案教育或培训的人员对其进行系统管理，为社会各项事业发展提供档案利用和服务。

第一节　档案及档案管理工作的性质和特点

档案作为档案管理工作的特定对象，其性质和特点决定了档案管理工作的性质和特点。

一、档案的性质和特点

档案是各类主体，包括国家机关、社会组织和个人在其实践活动中直接形成的历史记录。档案的形式和内容往往保留了一些原始的标记，如形成日期、签名、印信以及档案本身的物质载体形式等，这些原始的标记充分体现了档案的原始记录性。原始记录性是档案的本质属性，使档案与图书、资料等文献区别开来，并决定了档案和档案工作拥有独特的社会地位和社会功能。

档案的原始记录性，使档案具有重要的凭证作用和参考作用。首先，档案的内容反映了事物、事件的历史真相和事实，这使档案成为解决政治争端、经济纠纷和个人事务的最权威、最可信的凭证；其次，档案记录了社会制度的变迁，历史、文化的发展，机构的沿革和家族的渊源，它对于科学研究（尤其是历史研究）、政治决策和经济建设具有重要的参考作用；最后，档案的原始记录性决定了其对于文明传承、文化传播和家族寻根的重要纽带作用。

档案与图书、资料等其他类型的文献之间在形成规律、内容特征、编订出版、保密性、版本等方面存在明显的差异：档案是特定的社会组织或个人基于一定的社会活动而客观形成的，不是人为构思、编写而成的；档案在内容上是原始的记录，是信息和知识的源头，而图书在总体上是人类知识和智慧的结晶，具有逻辑性；档案一旦形成，一般不能对其随意修改，而对图书则可以进行改编、修订等演绎活动；档案文件自形成之日到对外开放有相当长的一段封闭期，在封闭期内档案信息是保密的，而图书、资料则强调文献信息的及时传播和交流；档案一般是孤本，而同一本图书则有若干印本，内容相同的图书还可以由不同的出版社出版，版本各异。

档案产生的领域非常广泛，反映了人类在军事、经济、科学、技术、文化等各项社会领域的活动。这不仅使档案具有纷繁的内容，而且具有多样的种类，如文书档案、科技档案、人事档案、诉讼档案、财会档案，以及艺术档案等。此外，档案的载体形式也是多种多样的，除了我们常见的纸质档案以外，还有古代的甲骨档案、泥板档案、金石档案、简牍档案，近现代以来的缩微档案、声像档案、电子档案等。

二、档案管理工作的性质和特点

档案管理工作，是用科学的原则和方法管理档案，提供档案，为各项社会实践服务的一项工作。其基本任务是科学地管理好有价值的档案，以满足社会对档案的需要。

（一）档案管理工作的性质

首先，在宏观上，档案管理工作是国家科学文化事业体系的组成部分。档案因其原始记录性而具有存史、鉴古、资政等重要的功能，是构成国家记忆、社会记忆、民族记忆不可或缺的重要信息源。档案管理工作须收集、保管和整理档案，承担起记录历史，珍藏记忆，传承文化的社会重任。其次，在微观上，档案管理工作是机关、团体各项管理工作的组成部分，具有辅助管理的性质。如会计档案管理是财务管理工作的组成部分，科技档案管理是生产管理、技术管理和科研管理的重要组成部分。最后，档案作为一种原始文献，蕴藏了大量的原始信息，这使档案和档案工作成为文献信息管理系统的重要组成部分。随着档案管理工作的开展，档案开放程度的扩大，社会对档案需求的提高，档案管理工作的重心逐步从保管好档案实体向档案信息的开发利用方向发展。

（二）档案管理工作的特点

由于档案的原始记录性，档案管理区别于图书、资料等其他文献的管理工作，呈现出如下特点。

1. 档案资源积累的缓慢性

档案是随着人们实践活动的开展而逐步积累起来的，它不可能像图书、资料那样大量印刷和广泛发行。档案大多是“孤本”，不能随意复制，尤其是历史档案，能够流传至今的很少。因此，档案资源的积累是比较缓慢的，档案与一般的图书资料相比，更显珍贵。这使档案的保管和保护受到高度重视，而无形中降低了它的利用率。

2. 档案管理过程的阶段性

档案管理在中国分为两个阶段：档案室阶段和档案馆阶段。处于不同阶段的档案具有不同的价值，档案的管理方式以及服务对象也由此有所不同。在档案室阶段，档案主要被其形成单位控制和使用，为本单位的日常工作提供凭证和参考，具有中间过渡性；在档案馆阶段，档案对其形成者的作用降低，而社会价值增加，进入永久保存期。档案馆阶段的档案管理工作不仅需要保管好档案，而且要积极提供档案为社会各界服务。

3. 档案管理活动对档案形成者的依附性

档案是在其形成者活动过程中产生的，反映了形成者的全部历史及其观点、经验和成果，包含了与其形成者利益密切相关的事实和数据。因此，档案与其形成者是不可分的，其价值与它的形成者有密切联系。档案对形成者的依附性，使得档案难以像图书、资料那样广为传递和交流，这在某种程度上限制了档案管理活动的范围。

4. 档案管理工作对社会的相对封闭性

档案直接关系到其形成者的切身利益，并且有相当一部分档案涉及国家的政治、军事、经济与技术秘密。所以，档案自形成之日起，对外有相当长一段时间的封闭期，过了这段封闭期以后，才能有选择地向社会开放。档案管理的封闭性和图书资料所追求的时效性形成了鲜明的对比。档案管理的封闭性造成了档案保管和利用的矛盾，这种矛盾贯穿于档案管理的整个过程，并推动档案管理工作不断向前发展。

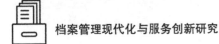

第二节　档案管理工作的内容与范围

一、档案管理工作的内容

档案管理工作的基本内容一般包括以下 8 项：收集、整理、鉴定、保管、统计、检索、编纂和利用工作。其中，档案的收集、整理、鉴定、保管和统计工作是档案管理的基础业务工作，主要是针对档案实体的管理，对档案实体进行有序组织、排列和统计，建立数量充足、种类齐全、载体多样的馆藏体系，为档案的利用服务奠定档案资源基础；档案的检索、编纂和利用工作是在档案实体管理的基础上，对档案信息进行的组织、加工和利用，属于档案信息管理工作，主要目的是提供档案为社会服务。随着档案管理现代化的发展和档案利用工作的加强，档案编目检索工作和档案编纂工作逐渐成为相对独立的档案业务工作，这使档案管理工作的内容结构发生了变化。

二、档案的类型及档案管理工作的范围

现代档案数量众多，种类复杂，不同种类的档案构成了档案管理的不同方面。

（一）按档案的不同内容，可分为普通档案管理和专门档案管理

普通档案通常是指文书档案，是各级机关、团体、企事业单位在日常活动中形成的事务性材料，包括党务档案、国家政务档案、机关事务档案等；专门档案是在一定的专业领域和专门业务活动中形成的、反映特定的业务活动内容的专用文件材料。专门档案种类繁多，包括科技档案、人事档案、会计档案、教学档案、司法档案、艺术档案、外交档案等。

普通档案具有与专门档案不同的特点。普通档案是党和国家各级机构在日常事务性管理活动中形成的文书材料，有通用的公文规格和格式，有固定的文件处理程序，来源广泛，内容丰富，是目前各级综合性档案馆馆藏的主要部分；专门档案具有特有的形成规律，在形式上有其特殊性，它不经过机关收发文登

记，每一类专门档案有比较特殊的文件形式和特定的格式，如图纸、报表、账簿、试题卷等。同一类专门档案来源较窄，一般在一个专业主管单位集中形成，内容比较单一，同类文件数量较多。每一种专门档案都有自己的特点，因此，在管理上要采取不同的方法。

（二）按档案的载体形式，分为纸质档案管理和特殊载体档案管理

纸质档案以文字为表述形式，以纸张为载体，目前在国家全部档案中占绝大多数；特殊载体档案是记录在非纸质载体（如磁性载体或其他化学合成材料）上，以图像、声音等非文字手段为表述形式的特殊形式的档案，包括声像档案、缩微档案、电子档案等。

特殊载体档案在制成材料以及信息存储方式等方面都不同于普通的纸质档案，因此，在保管条件和保管方法上具有特殊性。

（三）按档案的性质，分为公共档案管理和私人档案管理

公共档案是指政府机关（或公共管理机关）在行政（或公共）事务管理中形成的档案，公共档案是属于社会的公共财产，由各级公共档案馆收藏，并向社会公众提供服务。

私人档案主要是指私人企业、教会、私立大学、私人家族和个人在其活动中形成的档案。私人档案一般归私人（法人或自然人）所有，不向公众开放。由于私人档案中有不少具有重要的历史文化价值，因此，很多国家通过立法等形式对私人档案的管理采取了国家干预。我国档案法虽然没有规定私人档案的概念，但确认了档案的不同所有权形式，规定属于国家所有的档案，要按照规定向国家档案馆移交；集体所有和个人所有的对国家和社会具有保存价值的或者应当保密的档案，档案所有者应当妥善保管。

综上所述，由于档案种类和类型的多样性，档案管理的范围非常广泛。不同类型的档案具有不同的形成规律和特点，需要采用不同的方法，由此形成了档案管理的各个专门领域，如文书档案管理、科技档案管理、人事档案管理、会计档案管理、教学档案管理等。

第三节 档案管理工作的基本原则

“档案工作实行统一领导、分级管理的原则，维护档案完整与安全，便于社会各方面的利用。”这是通过立法的形式确定了我国档案工作的基本原则，是对中华人民共和国成立以来我国档案工作基本经验的总结，也是对我国档案工作基本原则的发展和完善。这一原则的基本思想包括三个部分：确立了档案工作的组织原则和管理体制——统一领导、分级管理国家全部档案；提出了档案管理的基本要求——维护档案的完整与安全；体现了档案工作的根本目的——便于社会各方面的利用。

一、统一领导、分级管理国家全部档案

统一领导、分级管理国家全部档案，这是我国档案工作的组织原则和管理体制，其基本内容可概括为如下三个方面。

（一）国家全部档案由各级、各类档案保管机构集中保存

根据我国档案法的规定，对于国家所有、集体所有和个人所有的档案，采取不同的管理办法。国家机关、国有企业及企事业单位形成的档案，必须按照规定定期向本单位档案机构或者档案工作人员移交，集中统一管理，任何人不得据为己有。国家机关或专业系统的档案需要长久保存的，应按照规定向各级综合性档案馆或专业性档案馆移交。集体和个人所有的对国家和社会具有保存价值的或者应当保密的档案，档案所有者应妥善保管。档案所有者可以向国家档案馆寄存或出卖。

（二）全国档案工作，由各级国家档案行政管理机关统一、分级、分专业地进行管理

统一管理，是指国家行政管理机关主管全国的档案工作，对全国档案工作实行全面规划和统筹安排，制定档案法规和标准，提出统一的档案事业发展方针政策，进行档案业务指导和监督。

分级管理，是指县级以上各级人民政府的档案行政管理机关主管本行政区域内的档案工作，按照国家规定并结合本地区的实际情况，制定本地区的档案工作规划和制度，并对本地区内的机关、团体、企事业单位和其他组织的档案工作实行指导和监督。

分专业管理，是指中央各专业主管机关在国家档案行政管理机关的指导下，针对本专业系统的特点，制定本专业系统档案工作的规划和制度，对本专业系统内的档案工作进行指导和监督。

二、维护档案的完整与安全

维护档案的完整与安全，是档案管理工作的基本要求。只有保证档案的完整与安全，才能维护历史的真实原貌，为档案工作提供必要的物质基础。

（一）维护档案的完整

档案的完整性包括两方面的含义：档案数量的齐全完整和档案整理的系统性。档案数量的齐全完整，要求凡是具有保存价值的档案都要收集齐全，避免残缺短少，实现一个单位、一个系统、一个地区和一个国家真正有保存价值的档案在数量上的完整性；档案整理的系统性是指遵循档案的形成规律，维护档案之间的有机联系，将其组成一个有机的整体。这样才能反映一个单位、一个地区乃至整个国家从事社会活动的过程和基本历史面貌。

（二）维护档案的安全

档案的安全性包括两方面含义：档案实体的安全和档案内容的安全。档案是珍贵的历史记录，往往只有一份孤本，而且年代越久远的档案，其价值就越大。但由于社会和自然的因素，档案材料不免会遭到损毁。因此，应尽可能延长档案的寿命，保证档案实体的物理安全。同时，也要避免档案机密的泄漏或遭人为破坏，保证档案信息内容的安全。

三、便于社会各方面的利用

便于社会各方面的利用，是档案管理工作的根本目的，是检验档案工作效果的重要标准。便于社会各方面利用的原则，应始终贯穿于档案工作的各个方面和各个业务环节中，它是我们制定档案规章制度和组织档案业务工作的出发点，并以此作为主要标准去检查和评价档案工作的质量。

我国档案管理工作基本原则的三个方面是相互联系、相互统一的。统一领导、分级管理是核心，没有统一领导、分级管理的管理体制保证，便于社会各方面的利用就很难实现；维护档案的完整和安全是手段，没有档案的完整与安全，就谈不上档案的方便利用；便于社会各方面的利用是目的，离开了这个目的，维护档案的完整与安全就失去了意义和方向。因此，应该全面地理解和贯彻执行档案工作的基本原则。

第四节 档案管理工作的组织体系

按照《中华人民共和国档案法》等法律法规的规定，根据统一领导，分级管理的原则，对国家的全部档案和全国档案工作，必须设置全国规模的档案机构进行管理。各单位的档案，由单位内设立档案室（处、科）集中管理；各单位形成的需要长久保存的档案和历史档案，设立各级各类档案馆统一保管；全国的档案工作，由各级档案行政管理机关统一、分层负责地进行监督和指导。这些档案保管机构和档案行政管理机构，在全国范围内构成了一个严密、完整的组织体系。

一、档案室

档案室是各组织（包括机关、团体、学校、工厂、企业、事业单位等）统一保存和管理本单位档案的内部机构，是整个机关的组成部分，属于单位管理和研究咨询性质的专业机构。档案室是国家档案工作组织体系中最普遍、最基层的业务机构。

（一）档案室的性质、作用和任务

1. 档案室的性质

档案室作为全国档案工作体系中最基层的档案业务机构，主要表现为三个方面的性质：档案室是机关的内部组织机构；档案室是保存档案的过渡性机构；档案室的主要任务是服务于本机关。

2. 档案室的作用

档案室是机关内具有参谋和咨询作用的部门，为机关职能活动提供档案信息支持。档案室是全国档案工作的基础。档案室是国家档案资源不断补充和积累的源泉。

3. 档案室的任务

档案室的基本任务是集中统一地管理本机关各部门形成的各种门类和载体的全部档案，为本机关各项工作服务，并为党和国家积累档案史料。

档案室的具体任务在《机关档案工作条例》《机关档案工作业务建设规范》等法规中有明确规定，可概括为：对本机关文书部门或业务部门文件材料的归

档工作进行指导和监督；负责管理本单位具有长久保存价值的全部档案和相关材料，并提供利用；定期向对应的档案馆移交具有长久保存价值的档案。

（二）档案室的类型

1. 普通档案室

普通档案室通常也称机关档案室、文书档案室，它主要负责管理机关的党、政、工、团文书档案。这种档案室在全国最为普遍。

2. 科技档案室

科技档案室是指保管科技档案和科技文件资料的专门档案机构。在工厂、设计院、科学技术研究院等单位一般都设有科技档案室。

3. 音像档案室

这是保存影片、照片、录音等特殊载体档案的档案室。电影公司、制片厂、新闻摄影部门、广播事业部门等单位一般都设有音像档案室。

4. 人事档案室

由于人事档案自身的特殊性，它一般与其他各类档案分开管理，有必要设置专门的人事档案室进行保管。人事档案室通常依附于机关内人事管理部门或组织部门。

5. 综合档案室

这是统一管理本单位全部档案的综合性机构。它统一管理本机关形成的各种普通档案、专门档案和特殊载体的档案，在资源配置和信息综合开发利用方面具有突出的优势。

6. 联合档案室

同一地区，特别是同一市镇内的一些机关联合起来设立一个档案机构，负责保存和管理这些单位的档案，这种机构通常称为联合档案室。

7. 企业档案信息中心

企业档案信息中心也称信息中心。它是一些大型企业在原有的图书、档案和情报机构基础上建立的，集图书、档案、情报于一体的信息管理机构。企业档案信息中心的设立有助于企业适应信息网络环境下信息集成管理的需要，实现信息资源的联合开发和共享。

二、文件中心和档案寄存中心

（一）文件中心

文件中心是介于文件形成单位和档案馆之间的一种过渡性的档案管理机构，它是一种社会化、集约化和专业化的档案管理机构。

文件中心最早诞生于美国。其产生的主要原因在于文件数量激增与文件形成单位难以承担保管任务之间的矛盾。早些年，美国军事部门产生了大量的文件，这些文件办理完毕以后，积存在机关办公室给现行机关造成了空间的压力和管理的负担，为了妥善保管这些尚未到移交档案馆年限和未到销毁年限的半现行文件，美国海军部率先创立了一种新型的文件管理机构——文件中心，将已经过了现行期、使用次数不多但又未到移交档案馆年限的文件集中存放在造价较低的专门库房里。以后，许多国家纷纷仿效美国的做法，设立了文件中心或类似的档案管理机构，如中间档案馆（加拿大）和过渡性档案馆（英国）等。

文件中心主要有政府文件中心和商业性文件中心两类。政府文件中心是由县级以上人民政府建立的，为政府机关单位和社会提供服务的非营利性的文件与档案管理机构。商业性文件中心，是由有关机构或个人创办的一种营利性的档案管理机构，主要面向工商企业或个人从事文件存储、文件管理和文件服务业务。它不属于国家档案管理系统，但应执行国家有关的档案管理法规和标准。

（二）档案寄存中心

档案寄存中心是由国家综合档案馆或其他独立法人设立的，为各类企业、社会团体以及个人提供档案有偿寄存服务的机构。它主要是为不属档案馆接收范围的或不具备档案安全保管条件的各类企业、破产单位、社会团体、公民个人等，提供文件与档案的寄存服务。档案在寄存中心保管期间，所有权形式不变，档案馆一般只提供安全保管服务。

三、档案馆

根据《中华人民共和国档案法》和《中华人民共和国档案法实施办法》中对档案馆的分类，我国档案馆可分为国家档案馆、专业档案馆、部门档案馆、大型企事业单位档案馆四大类。据统计，我国目前已经建成各级各类档案馆 4234 个，其中综合档案馆 3337 个，馆藏档案 8.29 亿卷（件），2016 年至 2019 年接待利用 2755.9 万人次。

（一）国家档案馆

各级国家档案馆，是归口中央或地方各级档案行政管理部门（或与有关部门）直接管理的科学文化事业机构，包括综合档案馆和历史档案馆。

综合档案馆主要是按行政区划设置的，收集和管理所辖行政区域内各种门类档案的档案馆。综合档案馆一般隶属于各级党和政府，收集和保管党和国家在各方面管理活动中形成的档案，是我国国家档案馆和档案事业的主体。我国的历史档案馆主要有中国第一历史档案馆和中国第二历史档案馆。

根据《中华人民共和国档案法》及有关文件的规定，我国档案馆是党和国家的科学文化事业机构，是永久保存档案的基地，是科学研究和各方面利用档案史料的中心。

根据我国《档案馆工作通则》的规定，档案馆的基本任务是在维护党和国家历史真实面貌的前提下，集中统一地管理党和国家的档案及有关资料，维护档案的完整与安全，积极提供利用，为社会主义现代化建设服务。具体包括接收与征集档案，科学地管理档案，积极地开展档案的利用工作，编辑出版档案史料。

（二）专业档案馆

专业档案馆是专业系统档案馆和馆藏特殊载体档案馆的总称。如中国人民解放军档案馆、中国照片档案馆、中国电影资料馆、中国现代文学馆，以及城市基本建设档案馆（简称城建档案馆）等。

（三）部门档案馆

部门档案馆是国家有关部门专门建立的档案馆。如外交部、安全部档案馆，它们永久保管本部门及所属机构形成的全部档案，不需要向国家档案馆移交。中央国家司法部门如最高人民法院、最高人民检察院、公安部等，由于所形成的档案数量大，工作查考的周期长，也需要建立档案馆，保管本部门及其所属单位形成的档案。但其中需要永久保存的档案，在本部门档案馆保存 50 年后要向中央档案馆移交。

某些中央专业主管机关形成的专业性档案的数量大，技术性和专业性强，因此建立了部门专业档案馆，如国家海洋局海洋档案馆、国家气象局气象档案馆、邮电部档案馆、核工业部档案馆、化工部档案馆等。

（四）大型企事业单位档案馆

大型企事业单位和高等院校往往都建立了自己的档案馆，这些档案馆是终极性的，负责永久保管本企事业单位所形成的档案。

随着我国社会主义市场经济的发展，以及政府职能的转型，还出现了一些新的档案机构，如档案事务所，它主要提供档案用品及物资的经营服务和档案业务服务，实行商业化运营。此外，自深圳市档案馆率先在全国正式设立“文档服务中心”以来，全国各地县级以上综合性档案馆纷纷响应，在档案馆内设置“现行文件利用中心”，并且产生了广泛的社会影响。档案馆“现行文件利用中心”是适应我国政府信息公开和政治文明建设的需要而设立的一种新型的文件管理机构，主要为社会公众提供非涉密的政策、法规及各类现行、半现行文件的查询阅览服务，它对于推动政府信息公开活动的深入开展，扩展档案馆的社会服务功能具有重要作用。

第二章　档案管理体制

第一节　档案管理体制的形成

我国的档案事业是逐步发展起来的，我国现行的档案管理体制也是自新中国成立后，从无到有、经历多次改革和调整才逐步形成、基本完善的。新中国成立前，我国档案工作基本上是处于分散的档案室管理状态；新中国成立后，随着社会、经济、政治的发展，结合我国实际情况，经过不断探索，我国档案事业才逐步形成了集中式的档案管理体制。

我国现行档案管理体制的形成是由多方面的原因造成的。

一、由我国的历史传统所决定

我国古代就形成了高度集中统一的档案管理体制。新中国成立后，随着第一个五年计划的顺利进行与社会主义建设事业的迅猛发展，要求进一步加强中央的集中统一领导，进行全国的有计划的社会主义经济建设。中共中央做出撤销大区以及行政机构的决定，对撤销机关的档案成立临时档案保管机构集中统一管理。由此促进了国家档案领导机构的产生，同时也为档案事业贯彻集中统一管理提供了经验、树立了榜样。

二、由我国的基本国情所决定

我国档案管理体制是建立在社会主义计划经济体制的基础之上的，并与高度统一的计划经济体制相适应。新中国成立后，百废待兴、百业待举，档案管理活动一直处于分散的档案室管理状态。从当时的国情来看，我国处于一穷二白的地步，只有实行集中才能够充分调动现有的一切人力、物力、财力，促进我国社会的整体发展。但如何组织和管理政治、经济等各项社会事业，既没有现成的答案，又不能模仿西方，只能学习、借鉴、模仿苏联。于是，我们在照搬苏联的经济管理体制的同时，也照搬了其行政管理模式。档案管理体制作为国家行政管理体制的组成部分，也是其中之一。

三、顺应我国机构改革的需要

改革开放以来，我国先后进行了多次机构改革，档案管理体制的演进与档案管理机构的设置也深受历次机构改革的影响。我国档案管理体制改革也和整个国家的经济、政治体制改革相同步，在此大背景下，档案管理体制先后经历了多次档案机构改革，为体现“精简、统一、效能”的基本原则，经过不断调整逐步形成了具有中国特色的“统一领导、分级管理”的组织原则与“局馆合一”的领导体制。

第二节　档案管理体制的发展历程

一、古代档案管理保护体制

严格的档案保护制度对保护档案是必不可少的。我国古代档案保护制度具有很强的继承性，各朝代基本上都是以前代为基础，再根据本朝需要，加以损益而成。概括起来，我国古代档案保护制度思想主要体现为以下几方面：

（一）用纸的制度思想

东汉蔡伦发明纸以后就有了物美价廉的书写材料——纸张。但由于长期以来人们已习惯于用简牍、缣帛书写，积习难改，于是当政者颁令停止使用简牍便在情理之中。据东晋《桓玄伪事》记载，桓玄命令道：“古无纸，故用简，非主于敬也。今诸用简者，皆以黄纸代之。”其中，“黄纸”是用黄檗皮汁浸染而成的纸，色黄，有防蛀功效，为朝廷专用。此后，各朝历代都针对档案用纸方面制定了严格的制度，且几乎代代相承。例如，唐代的用纸制度规定：中书舍人起草的诏令之书用黄纸；翰林学士起草的文书用白麻纸；皇帝为赏赐、征召而颁发的敕书用白藤纸；慰问出征将士的敕书用黄麻纸；任命将相的告身文书用金花五色绫纸；等等。这些纸张浸有驱虫剂，纤维质量高，且无一例外都是手工纸，耐久性极高。可见，古人已经利用制度来规定不同级别档案对纸质材料的要求，这是从档案损坏的内因去寻求档案保护方法新思维的开始。

宋代科技的进步，为纸张生产找到了更为广泛的原料。北宋造纸原料多样化，不再以麻为主，而多用竹、藤、楮，此外稻秆、麦秆、桑皮等也都大量使用。然而不同原料造出来的纸的质量是不一样的。宋时的竹纸产量最高，但质量差。北宋官员苏易简就曾经说过："今江浙间有以嫩竹为纸，如作密书，无人敢拆发之，盖随手便裂，不复粘也。"由此可见，竹纸质地松疏、拉力差、纸张强度低、容易破碎，像这样的纸是不能用来书写重要公文档案的。宋代就曾明令官府的公文不允许使用竹纸，"奏御之书及帐簿（账簿）、狱案不得用屑骨若竹纸、笺纸"。据史书记载，宋朝的公文书写大抵以藤纸、楮纸为多，官私所用的簿契、书卷、文牒等，多使用这两种纸。

此外，档案还面临着有害生物的侵蚀。由于简牍档案和纸质档案材料含有植物纤维，较易受到有害生物的侵蚀。为了解决这一问题，我国古代劳动人民在长期保存档案的实践中，不断探索总结，发明了许多方法，积累了丰富的防治档案有害生物的经验，形成了以下有特色的档案有害生物防治思想。

1. 杀青避蠹的思想

简牍作为古代常用的记事载体，自先秦至东汉延续了一千多年，直至东晋末年纸张普遍使用后才绝迹。简牍在造纸术问世之前是古代最重要的档案载体形式。而竹木简的主要成分是植物纤维，这类物质可成为有害生物的营养成分，因此竹木简易受到有害生物的侵蚀。尤其是新竹水分较多，更易被虫蛀。怎样从典籍制成材料本身来防止虫蛀，这便成为当时保护档案典籍的一大问题。古人在实践中找到了"杀青避蠹"这一适用于竹简的防蠹方法，这是我国古代典籍保护技术史上的一项重要成就。汉刘向在《别录》中写道："杀青者，直治竹作简书之耳。新竹有汁，善朽蠹。凡作简者，皆于火上炙干之，令汗去其青。易书，复不蠹，谓之杀青。"概括地说，杀青就是将新竹采集，制成简牍，在书写之前，先用火炙烤，使竹汁沥出，竹简则由青变黄，因而称"杀青"。经杀青后，竹简质地干燥，虫则不蛀，又便于书写着墨，字迹经久，成为延长简牍档案寿命的重要手段。杀青技术的出现，说明当时人们已经开始有意识地摸索档案典籍材料自身防护的技术方法，注意从防的方面考虑档案典籍的保护问题。

2. 染纸防蠹的思想

公元二世纪东汉和帝时，管理宫廷用品的宦官蔡伦改良了造纸方法，发明了造纸术。这项发明的推广，使档案典籍制成材料发生了巨大变革。公元三世纪之后，简牍档案基本上被纸质档案所代替。再加上纸张质地轻软、价格低廉，又易于书写、传递和收藏，所以纸张完全取代竹木、缣帛作为官方书写材料，成为档案典籍的主要制成材料。由于纸张主要是由植物纤维制成的，其主要化学成分是纤维素及少量非纤维素物质。纤维素是由葡萄糖脱水聚合而成的高分子多糖体，它可以成为害虫及霉菌生长发育的养料，一旦环境条件适宜，纸张就会发生虫蛀霉烂。严峻的挑战促使古人不断探索和总结，产生了新的驱蠹方法和思想——染纸防蠹。

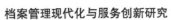

染纸最早见于三国人孟康注释的《汉书·外戚传下》："染纸素令赤而书之，若今黄纸也。"孟康所说的"纸素"是指白色的丝絮片，还不是纤维纸，而"今黄纸"是用具有驱虫、杀虫效能的植物捣汁或药物浸染用于书写的纸张，具有避蠹的功能。常见的染纸有三种：黄檗染纸、椒染纸和万年红纸。黄檗，又称"黄柏"，是一种芸香科落叶乔木，内皮呈黄色，味苦，气微香。经化学分析，黄檗皮中主要含小檗碱（黄连素），还含有少量棕榈碱、黄檗酮、黄檗内脂等多种生物碱。这些生物碱具有碱性的含氯有机物，有较好的杀虫功能。所以将纸张用黄檗树皮浸取出来的溶液渍染，晾干后用来书写，就可防止蠹虫危害。相传黄檗染纸是北魏农学家贾思勰发明的，在其著作《齐民要术》中有记载："黄檗浸汁染书，用以避蠹。"所以黄檗染纸又叫"潢纸"。到了魏晋南北朝时，已普遍采用潢纸做书籍。黄檗染纸法到宋代仍被广泛使用。宋代统治者甚至规定，凡皇帝制敕、赦书等重要公文一律要用精心染制的潢纸，主要因为用黄檗染制的潢纸具有防虫避蠹的功效。宋人罗愿云："后世书敕用黄纸，味既苦而虫不生。"宋代官府抄录复制图书典籍有时也用潢纸。宋仁宗嘉祐年间，崇文院就曾用黄檗染成的潢纸抄写复制三馆密阁图籍。据沈括《梦溪笔谈》卷一记载，宋代崇文院三馆秘阁的档案图籍曾一度被人盗走不少，大多落入士大夫之手。此外，敦煌石窟中的佛经，有不少是宋代的产物，很多都是采用潢纸书写的，至今纸制完好，无蛀痕。

椒染纸，即椒纸，是宋代一种印书纸。它是将胡椒、花椒或辣椒的浸渍汁液渗透入纸内而成的。椒指花椒，芸香科双子叶植物。花椒中含有柠檬烯、枯醇和香叶醇等挥发油；花椒果实中也含有香茅醛、水芹萜；椒根中含有白鲜碱、茵芋碱和小檗碱等生物碱，且能散发出辛辣气味，都对蠹虫有驱避作用，这就使得椒纸具有较好的防蛀避蠹的效果。因此就有"椒纸者，谓以椒染纸，取其可以杀虫，永无蠹蚀之患也"。现存的很多用椒纸写的档案至今未出现蠹虫危害的现象，如南宋刻本《名公增修标注南史详节》。

万年红纸是一种防蠹纸的俗称，是明清时期我国广东南海（佛山）一带人发明的。它是用红丹（又称"铅丹"）为涂料涂刷在纸上而制成的一种防蠹纸。这种纸往往用作古籍的扉页或衬底，不仅可以防蛀，而且还有美化装饰古籍的作用。据化验，万年红涂料的主要化学成分是铅丹，化学名称为四氧化三铅，它是一种鲜红色有毒的物质，化学性质稳定，不易挥发，所以能起到长期防蠹的作用。明代宋应星在《天工开物》中详述了铅丹的制作方法。万年红纸的制作方法较为简单，只需把四氧化三铅放在瓷钵中研细，滤去渣滓，加入少量的添加剂作为填料，再用适量的桃胶水溶液调匀，就得到橘红的涂料，然后用板刷将其均匀地涂刷在纸上，自然阴干即成。

3. 草药避蠹的思想

草药避蠹也是古代档案防虫的重要措施，就是在档案柜架内放置某些含有挥发成分的药材，让其挥发出来的气味在档案典籍周围保持一定的浓度，以消灭害虫或使害虫不敢接近的防虫方法。汉代收藏档案的处所称为“兰台”，即当时普遍用兰草防蠹而得名。兰草之后运用的草药有樟脑、麝香、烟叶以及皂角等。

樟脑是樟科植物樟树的干枝、叶及根部经加工提炼制成的颗粒状结晶体，常温下易升华，其挥发成分是一种双环萜酮类物质，具有刺激性，故能驱避昆虫。如今许多档案库仍沿用樟脑防虫的方法。但现在使用的不是天然樟脑，而是由人工合成的樟脑，常称“樟脑精”，其为片状结晶体，熔点低，易挥发，性能与天然樟脑相似，故能防虫避蠹。

麝香是雄麝脐与生殖器之间的麝香脐中分泌的物质，其有效成分是巨环麝香酮，具有杀菌防腐功能，可作香料和药用。《齐民要术》云：“厨中安麝香、木瓜，令蠹虫不生。”

烟叶是烟草茎叶，含有 1%—5% 的烟碱（尼古丁），烟碱对害虫的毒性很大，故能防虫，古人很早就使用烟草防虫，目前在一些寺院藏经楼上仍有使用。

皂角也能避蠹，是因为皂荚中所含皂苷是一种胃毒剂。清人卢若腾在《岛居随录》中记载：“皂荚末置书间，可以避蠹鱼。”

4. 药剂防霉的思想

防霉剂是用来防止档案典籍霉腐的药剂。古人常用白矾作为防霉剂加工制作防霉纸。白矾（又称硫酸铝钾）具有使微生物脱水致死的作用，故能防霉防腐。制作防霉纸的方法是先把白矾溶于水中，然后涂抹在纸张上，晾干即成。墨是古代书写的主要字迹材料，虽然用墨书写的字迹很稳定，耐光耐热、耐酸耐碱、不易褪色，但若墨的质量不好也会滋生霉菌、腐蚀纸张。因此古人就发明了防腐墨，这种墨在唐代徐坚的《初学记》中有所记载。墨的主要成分是炭黑、动物胶和防腐剂，由于动物胶属蛋白质类化合物，容易霉变，因此必须加入防腐剂以防长霉，且能去除胶臭，保持墨色不褪。当时常用的防腐剂有麝香、樟脑等。由于麝香昂贵，樟脑来源有限，所以现代制墨一般以硼砂作为防腐剂。

5. 晾晒防潮防蠹的思想

《穆天子传》中记载了周穆王驾八骏西游的事，其中卷五记载："天子东巡，次于雀梁，蠹书于羽陵。"这便是周穆王在游历途中晾晒档案、除灭蠹虫的事迹。宋代曾明文规定，对重要之书要"以时晒暴""日晒火焙固佳，然必须除冷，而后可以入厨"，以便长期保存。宋代集中保存图书典籍的集贤院、史馆、昭文馆、秘阁等部门，每年都要在仲夏时节将图籍档案搬出库外晾晒一次，而且尚书、学士、侍郎、侍制、两省谏官、御史等官都要亲自参加。可见当时对晾晒图籍档案之重视。"岁于仲夏暴书"，一方面可以清除档案图书中的虫卵、粪便，另一方面可以除去档案图籍在保存过程中可能产生的潮气和水分，不失为一种行之有效的防蠹去湿的方法。它和后来明清时期的"开卷拂拭法"有着异曲同工之效，都是消灭蠹虫的有效的物理方法，将虫卵消灭于孵化之前，是该方法的独到之处，其措施的科学性是显而易见的。

6. 防蚊防鼠的思想

从我国古代的石室金匮、兰台、东观、石渠阁、后湖黄册库来看，要么采用封闭的砖石结构，要么是库房四周环水，以防止鼠蚊之害。明代嘉靖初年修建的太平府架阁库（在今安徽省涂县）就注意在地面铺沙以防鼠患，上面再铺木板以防潮湿。古人还深知用雄黄、炭清、石灰以防潮避白蚁。清代孙从添在《藏书纪要》中记载："用皂磨成粉，调制成剂，可以防鼠。"

7. "以防为主，防治结合"的思想

从以上所列的档案有害生物之防治方法和思想不难看出，绝大部分属于"防"。如竹简的杀青防蠹，就是"于火上炙干之"，因为"新竹有汁"，而经过杀青处理的竹简，既"便于书写着墨，字迹经久"，又可以"防虫蠹蛀"。从现代档案保护的意义上看，这就是改善档案载体材料的内在性能，是着眼于"内因"的防。又如染纸避蠹，古人将黄檗、花椒、红丹等浸入纸张中，无非想提高档案纸张"先天"防蠹的"内功"，以达到驱避害虫的作用，这也是在"防"字上做文章。然而，当"防"不胜防，失效了，档案不幸生蠹时，古人考虑到了"治"。他们开始考虑用芸香、麝香、樟脑、烟叶、皂角、木瓜等药物来熏杀档案有害生物，甚至还采用了晾晒的办法除蠹。当然，若以现代档案保护技术的眼光看，这些办法的杀虫效果其实都很有限，而更多的是有"驱避"的作用。古人已经有意识地摸索并总结出基于档案材料自身的防护的技术方法。

在防治档案有害生物的道路上，由于当时科技方面的局限性，其“防”的能力明显强于“治”的能力，并且一直遵循着以防为主，防治结合的思想。

（二）副本的制度思想

档案文书副本，通常指同一档案文件的抄书或复制本，是相对档案文书正本而言的。制作和保存档案文书副本，是我国古代文档管理的一项重要制度，从现存史料来看，这一制度首创于我国西周时期。《周礼·春官·内史》记载：“天府，掌祖庙之守藏与其禁令……凡官府、乡州及都鄙之治中，受而藏之。”又《周礼·秋官·大司寇》记载：“凡邦之大盟约，莅其盟书，而登之于天府。大史、内史、司会及六官皆受其贰而藏之。”另《周礼·秋官·小司寇》载：“万民之数，自生齿以上，皆书于版。”在这里，所谓“中”“贰”都是指当时官方的档案文书，“中”是档案文书的正本，“贰”是档案文书的副本。清代江永在《周礼疑义举要》中说：“凡官署簿书谓之中，故诸官言治中、受中，小司寇断庶民狱讼之中，皆谓簿书，犹今之案卷也。此中之本义。”“副本对中而言，故曰贰，凡中与贰，皆为档案之专名。”由此可见，西周时期，已经开始推行副本制度。其一，当时档案文书已有正本与副本的概念区分，并且各具专门的名称；其二，档案文书在正本之外另建副本，有些重要的档案文书，如邦国监辞、国之大法典、民数登记册等，往往还别录多个副本；其三，在副本保管方面，实行与正本分开收藏的管理体制，即将正本集中收藏于“天府”，副本则归属诸如大夫、内史、司会等相关部门保管。

西周所开创的档案文书副本制度对我国后世的文档管理产生了深远的影响，自此，几乎所有朝代均根据其本身情形，为档案文书建立副本，在文档管理中推行副本制度。到了清代，这一制度得到了进一步的发展。具体表现在三个方面。第一，统治者对档案文书副本极为重视，将其管理正式纳入法制范畴。从《唐律疏议》和《庆元条法事类》中可知，唐宋王朝对偷盗、丢失档案文书副本不乏严厉的处罚。在明清，有关档案副本的法令则相对明确、详尽。如大清律法规定：“各省督抚，凡历年钦奉上谕，俱应一一缮录。”清代还颁布有专门的副本法令。雍正七年，史部大堂失火，所有档案严重焚毁，雍正特别上谕：“嗣后……内阁本章及各衙门档案，皆应于正本外立一副本，另行收贮。”第二，形成了较为系统的副本管理的方法和制度，其内容涉及档案文书副本的拟制与形成、收集、归档、保管等多个环节。从档案副本的形成来看，大致有三种情况。首先，副本由文件作者在制定文件正本的过程中同时制作完成。这种形成方式，多见于古代的户籍、赋役、诉讼及人事、行政等档案文书门类。如唐宋及明朝的户籍档案，有关部门正常同时形成四本，为了能使正本和副本相区分，明朝还特别规定，其中三本用青色纸作封面，名称为“青册”，为副本；剩下一本，黄色纸面，名称为“黄册”，为正本。其次，副本在文件的运转处理过程中由有关部门抄录形成。这种档案文书副本的派生，主要是因留存、发抄、汇抄等种种需要而形成的。如明代，“凡天下臣民实封入递，即于公厅启视，节写副本，然后奏闻”。这种情况，清代更加典型，派生的副本的数量与种类相对较多。清王朝的政务处理，主要以题本、奏折及谕旨作为上传下达的基本工具。臣僚上奏，前期多用题本，题本经内阁票拟、皇帝批阅后，即由六科发抄各有关衙门执行，传抄主管衙门者为正抄，转抄关涉衙门者为外抄。发抄后六科还须别录两份，各自成册，从而形成所谓“史书”和“录书”，“史书”送内阁供史官记注，“录书”存科以备编纂。这就是说，一件题本除本身随本备送的副本之外，其处理运转还形成正抄、外抄，史书、录书。奏折是清代中后期常用的一个极其重要的上奏文书，通常不许臣僚备送副本。奏折统一由军机处办理。军机处“奉有朱批之折，发抄不发抄，皆另录一份”，从而形成了奏折副本，通称“录副奏折”。皇帝的谕旨，无论是由内阁“明发”，还是军机处大臣“廷寄”，都要详录成册，存案备查。结果形成了诸如“丝纶簿”“外纪簿”“上谕簿”“寄信档”等名目繁多的谕旨抄本档册。事实上，这种谕旨汇抄过程，就是副本形成过程，其抄录的谕旨副本档册，具有和正本完全一样的可靠性。最后，因档案的损毁进行补录或保护性缮录而形成抄本。古代社会，由于受保管条件、保护水平的限制，或者因为战乱、水火，档案损毁现象较为普遍。对损毁的档案，需要进行定期或不定期的抄录复制。如唐代保存在吏部甲库的远年甲历，多有残缺，宪宗元和年间，就曾依旧件缮录副本。据《庆元条法事类》记载：宋代架阁库收藏的档案，一旦“漏落”“被水漂坏”或“为火所焚”须“雇人誊写”、交互抄录，以补其缺。宋室南渡后，朝廷很多重要档案损毁无存，因此，各衙门间常常相互“差人前去计会抄录”。明代中期，地方衙门所藏远年户籍赋役文件，大多残缺不全，造成工作不便。弘治初年，曾有滦州知府潘岭请求准许各地官府，到后湖黄册库抄录各地的全套册籍。特别值得一谈的是，清代对重要档案实行定期缮录制度，从嘉庆十年起，“凡清字、汉字之档，岁久则缮，清字档每届五年，汉字档每届三年，均有军机大臣奏明另缮一份，并原档一同存贮，以备阙失”。如此一来，就自然会形成相应的档案文书副本。

再拿副本的保管来看，已经由开始的正副简单分开保存，发展到建立专门的副本库及副本管理机构集中保管副本。如明朝地方架阁库内，通常建有收藏户籍赋役档案的副本的专库，不仅实现了户籍赋役档案正本与副本的分藏，同时也将副本与其他案牍“分庋以区，便检阅也”。清代中央机关，设立皇史宬集中收藏副本，随着档案副本的增多，嘉庆年间，又特设“副本库”作为保管副本的专门机构，并派满汉中书官数名负责管理。第三，副本制度的发展还表现在对副本制度的有关理论研究上。其最为杰出者莫过于清代史学家章学诚。章学诚曾任国子监典籍的官职，长期从事方志纂修工作，他在修志实践中，深切体会到“文移案牍”对于方志的重要性。因此，他专门撰写《州县请立志科议》，倡议州县要在六科之外另设“志科”用以专门收集保管有关档案文书副本；并且还对副本的性质功能、收集管理等进行了较为系统的理论阐述，为我国档案文书副本制度的发展，在理论上做出了重要贡献。

为了更好地推行副本制度，古人从名称和外在形式方面做了与正本的具体区分。在名称方面，档案文书副本经常泛以“贰”“副”“副贰”“副本”及“抄本”等来表示，并借此与正本相对。而在一定的朝代，或对于特定的档案文件，副本又有某种特定的称谓和叫法，如明代的户籍赋役档案文书，其副本叫“青册”，正本则称“黄册”。清代的题本，文科发抄后别录两份副本，供史官记注之用的称“史书”，备编纂之用的另称“录书”。在外观形式方面，副本大都具备某些特殊标记或特征，表现在以下四个方面。一是颜色，包括封面纸张颜色和有关字迹颜色。如明代户籍赋役档案文书，青纸面为副本，黄纸面为正本。清代则规定“本章正本系红字批发，副本则批墨笔存案”。二是特定的装饰。如清代的表笺，属于庆典时由臣僚进呈的礼仪文书，其副本要求折叠如本章式，函以表匣，裹以黄绢，正本则卷而不折。三是专门的印信。有一些盖专门的副本印章作为身份标志，以示与正本相区别。在清代，自雍正七年开始，除本章副本等之外，各衙门“其他档案副本，或用钤记以分别之”。四是相应的处理标注。以清代奏折副本为例：奏折作为直达御前的机密文件，皇帝亲自启封朱批后，有关衙门按原折及所奉朱批抄录副本一份，并且以此作为正式文件发抄执行。由于办理的需要，奏折副本在封面和折尾加注奉朱批的日期、录副时间、处理结果等内容。因而，奏折副本较原批奏折多一些处理标记，也更具有史料与利用价值。

纵观中国古代副本制度的发展，主要有以下思想内涵：

1. 利用副本，保护正本，便于查询利用的思想

在古代，正本在数量上通常只是单份，或许正因为这一点，正本往往重藏轻用，以便保护流传。相对而言，副本可以多份，并多地点、多部门分存，以便广泛查询利用。以秦为例，秦实行以法治国、以法教民政策，颁布了大量的

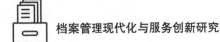

法令，有多份副本，存放于丞相、御史大夫手中，并且有专门人员为吏民提供查询服务。”

2. 防止舞弊，确保信息内容安全的思想

副本作为正本的复制本，有很好的可信度，能够起到防范、抑制与威慑作用，是确保档案文书信息内容安全的一把保护锁。正如清代雍正在颁布副本法令时强调的那样，建立副本“不但于公事有益，且可杜奸胥猾吏隐藏改换之弊”。唐代铨选任用官员，其用作基本依据的甲历档案一式三份，并且分开三库保藏，只有三库甲历完全相符，吏部方可依资授官，从而较好避免了涂改、伪造、顶替、假冒等舞弊事件的发生，有效促进了铨选的顺利进行。

3. 积累材料，便于修史的思想

自汉以来，各朝各代档案文书副本，都有为编修史志典章而积累材料的共同点。特别是清代的副本“史书”“录书”更是具有“供史官记注”及“备编纂”之功用。所以说，我国古代史志纂修及典章汇编能取得巨大成就，我们今天能拥有浩如烟海的古代文化典籍，这不能不说与档案文书副本制度有很大程度的关系。

4. 补缺备失，以利留存的思想

古代社会档案文书大多不留存底稿，正本往往只有一份，是真正的孤本。面对保护技术水平低、各种灾害的影响，档案文书很容易遭到损毁，存留与传世十分不易，迫切需要借助副本来维系和延续档案的生命。因此，古人借助副本，以防患于未然，通过别录副本，使正在受损的档案文书的保存得到强化处理；对因故已经损坏无存的档案文书，通过交互补录副本，形成替代、以补缺失，从而使档案文本得到再生。如唐代，德宗吸取前朝大火，“甲历并烬”的惨痛教训，在原来将甲历分三库收藏的基础上，“更写一本”，送交内库收贮，“纵三库断裂，即检内库本”，从而确保万无一失。清代除交互补录副本弥补缺失外，还常进行保护性修缮，每历数年“另缮一份，并原档一同存贮”。

（三）保密的制度思想

我国古代档案保密已有数千年的历史，在历朝历代都形成了相应的档案保密制度和法规体系，主要表现在三个方面：

第一，针对文书起草者的保密制度。如兴于隋唐，为历代所仿效的“四禁”制度，就是针对负责起草皇帝诏令的中书舍人而制定的，其内容为“一曰漏泄，二曰稽缓，三曰违失，四曰忘误，所以重王命也”，即要求起草者在起草文书时，必须保守机密，及时迅速，并杜绝出现遗忘和其他差错。清承明制，对于文书保密尤为重视，特别是清世宗雍正年间，先后多次改革行文制度，如将原来只在皇帝及其亲信间使用的奏折升格为秘而不宣的正式官文书。雍正六年九月，曾通令全国内外诸臣，各就所见所闻，具折陈奏。一事一折，直接送皇帝折批，减少了过去的中间环节和文书的扩散面。凡是机密文档都由具奏大臣亲自书写，密送皇帝后，存而不发，并规定有权具奏的官员一般都由皇帝发给折匣，匣上各有锁匙，皇帝和官员各掌握一把钥匙，以示慎重和保密。雍正十年设"掌书谕旨、综军国之要"的军机处，并规定军机大臣一律不得使用文吏，文稿由本人抄写，连听差也只能用十五岁以下不识字的小太监，以防泄密。

第二，针对文书传递及处理者的保密制度。为了保密，汉代公务密事的管理，要求尽量缩小接触范围，并明确规定了"依次传行"的公文档案传递方式，对泄密事者，国家给予法律制裁。据《汉书》《后汉书》记载，汉代对泄密的官员定有"漏泄省中语""泄密书""探密事"等一系列罪名，轻者，免官为庶人，重者，"腰斩"和"弃市"，均死刑。

宋代制定了传布机密文书、公布档案的禁令。《庆元条法事类》记载："缘边事应密行下则不得榜示，时政边机文书禁止雕印。"此外，还奖励告发泄密者，凡告发藏匿，拆换文书获实的，如案情重大，赏告发者钱一百贯，案情一般，则赏五十贯；告发文书收发人员违反规章，私自将文书带回家过夜的，查实后，赏给告发者钱五十贯。

清代还规定，内容密本，各科办完后要密封交回。密折不准与人商酌或让同僚知悉。御批、谕旨不准横传，相邻不准互通，路过不得打听。下行密本收存前，非来办者偷看以致泄密，要罚杖六十，重者，判三年徒刑。

第三，针对档案保管者的保密制度。秦代规定档案正本存中央禁室，副本存皇帝殿廷禁宫、丞相御史大夫府及郡县，并规定严禁私入禁室，对私入禁室偷看档案的"罪皆死而不赦"。如《商君书·定分》卷5记载："法令皆副，置一副天子之殿中，为法令、为禁室，有铤钥，为禁而以封之，内藏法令一副，禁室中封以禁印，有擅发禁室印，及入禁室视禁法令，及禁剟一字以上，罪皆死不赦。一岁受法令以禁令。天子置三法官，殿中置一法官，御史置一法官及吏，丞相置一法官，诸侯、郡、县皆各为置一法官及吏。"汉魏时期，档案保密制度日趋严格，规定档案藏于"石室金匮"，并设史官管理。《汉书·高帝记》记载："与功臣剖符作誓，丹书铁契，金匮石室，藏之宗庙。"《三国志·魏书》《文帝记》记载："为金策著令，藏之石室。"诸史载条文中均有"藏"字，将档案或藏于石室，或藏于宗庙，石室均为当时重地，管理极严，藏于此，皆从安全、保密出发。宋代枢密院直接“掌军国机务……出纳密令”，对掌管重要秘密官员提出了严格的要求，规定了不得私自出访和不准私自接待客人的保密制度。明清时期制定了更加严格的档案保密制度。据明《后湖志》记载：后湖黄册库内有朱元璋石刻诏书，不许一般人入库，过湖船只和库房钥匙，均由南京大内太监掌握。开船开库均有定期，入湖过桥严禁烟火，有偷册者不论首从，均判斩刑。故“湖曰禁湖，地曰禁地，例必曰禁例，而船必曰禁船，以至樵采渔牧之有罚，巡视守护之有人，而擅越湖者必以重治”。清代雍正皇帝更是重视档案保密工作，制定了档案保密制度和措施。雍正七年下令：“嗣后各部院衙门存贮档案之处，应委笔贴式等官，轮班值宿巡查。”

二、我国档案管理体制的基本形成

新中国成立伊始，我国档案工作还处于机关档案室工作时期，全国各机关、团体、部队和企事业单位的档案工作基本上处于“各自为政”、分散管理的状态，这一时期的档案事业由于缺少专门的档案行政管理机构，全国的档案工作也没有形成统一的管理体制。随着各大区一级党政机构的撤销和档案的集中管理，由于贯彻了统一集中与保持原机关档案完整的原则，既保证了大区一级党政撤销机关档案的完整与安全，同时也为档案事业贯彻集中统一管理提供了经验、树立了榜样。由于大区档案的集中，要求设立有关档案工作的领导机构，进行统一领导，也要求由专门的档案工作的业务机构，负责大区档案的整理和保管工作，因此，促进了国家档案领导机构的产生。同时，也为中央档案馆及某些省档案馆的建立创立了条件。

档案事业的发展迫切需要成立国家档案局。国家档案局的建立，在我国档案事业建设中具有非常重要的意义，标志着我国档案工作从此有了统一的领导机关，以制定国家档案工作的规章制度，贯彻集中统一的管理原则，为我国档案事业的发展提供了组织保障。我国档案工作的基本原则是“集中统一地管理国家的档案、维护档案的完整与安全，便于国家各项工作的利用”；指出“应加强国家档案工作的统一管理。全国档案工作，都应由国家档案管理机关统一地、分层负责地进行指导和监督”。

三、我国档案管理体制的发展变化

进入改革开放和社会主义现代化建设的新时期以后，我国开始由计划经济向社会主义市场经济转变，这一转型对我国社会政治、经济、文化等各个方面都产生了巨大影响。作为国家行政管理体制的组成部分，档案管理体制也发生了深刻的变化。

（一）我国档案工作集中统一管理体制的完善与发展

在档案管理体制上，我国各级档案行政管理机构，既是党的机构，又是政府机构。国家档案局既是党中央的一个工作部门，又是国务院的直属局，在党中央和国务院的双重领导下，在集中管理党和国家的档案工作的基本原则下，对全国档案工作进行指导、监督和检查，统一掌管党和国家的档案事务。地方各级档案管理机构都是同级党委和人民政府的直属机构。为了进一步加强党对档案工作的领导，国家档案局由中央办公厅主任直接领导，地方各级档案行政管理机构则由地方各级党委秘书长直接领导，不设秘书长的县委由办公室主任直接领导。

（二）我国档案工作领导体制的调整

经过多年的发展，档案工作发生了很大变化。主要表现在以下几个方面。档案工作的性质发生了变化，由原先的机关内部的业务性工作转变成为一项与社会经济、科学、文化等活动紧密结合、协调发展的社会性的国家规模的档案事业。档案工作的中心由以政府机关、企事业单位和社会团体的档案室工作为主转变为以各级各类档案馆为主。档案管理的内容也发生了深刻的变化，由主要管理公文文书档案转变为全面管理各种门类、各种形式和各种载体的档案。档案工作的管理方法也由传统的手工管理方式逐步向以应用计算机等新技术为标志的现代化管理方式转变。因此，原有的档案管理体制与当前的档案工作不相适应，迫切需要进行相应的调整与改革。

随着我国政治体制改革与机构改革，档案工作中的许多实际问题需要与政府的相关部门协商解决，许多业务工作也需要由政府牵头来组织实施。在这种情况下，各级档案行政管理机构仍然是设在党委下的一个工作部门就很不适应。国家档案局改归国务院领导，仍为国务院直属局，负责统一管理全国档案事务。中央档案馆则作为中央和国务院直属的事业单位，日常工作由中共中央办公厅领导，业务上接受国家档案局的指导。

地方各级档案局也改作为地方各级人民政府的直属局，其领导关系是否做调整，则由地方党委和政府根据实际情况决定。地方各级档案馆仍然归口于各级档案局管理。文件下发后，全国各省市基本上都按照中央模式对地方档案管理体制进行了调整，将地方档案行政管理机构列入政府编制序列，改归地方各级人民政府直接领导。

（三）“局馆合一”体制的形成与确立

为推进经济体制改革，根据党中央、国务院政府有关政治体制改革的总目标和“精简、统一、效能”的基本原则，为了加强党对档案事业的统一领导，贯彻十四大报告中提出的关于“撤并某些专业经济部门和职能部门交叉重复或业务相近的机构”的指示精神，与国务院机构改革相同步，我国再一次对档案工作领导体制进行了调整与变革。考虑到档案工作的实际情况和客观需要，党中央、国务院做出将中央档案馆与国家档案局合并的决定，国家档案局不再列入国务院直属机构序列，改归中央办公厅领导。

从全国来说，“局馆合一”模式在中央层面实施以后，地方各级档案局与档案馆也纷纷仿效中央层面的做法，自上而下普遍建立了“局馆合一”档案管理模式，同样是一个机构（一套人马）、两块牌子（档案局、档案馆），履行本行政区域的档案行政管理和档案保管利用两种职能。至此，“局馆合一”档案管理体制得以形成与确立，并沿用至今。

第三节　档案管理体制的特点

一、“统一领导、分级管理”体制与“双重管理”模式相结合

根据《中华人民共和国档案法》的规定，我国的档案管理体制是建立在“集中统一”原则基础上的“统一领导、分级管理”体制。中央级档案行政管理机构统一掌管全国档案事务，负责对全国档案事业实行统筹规划、宏观管理，统一管理党和国家中央机关的重要档案。地方各级党委和人民政府设置了相应的档案行政管理机构，统一管理本行政区域内的档案事务，对本行政区域内的档案工作进行指导、监督与检查。

在“统一领导、分级管理”基本原则下，我国档案管理体制采用了“双重管理”的模式，即地方各级档案行政管理机构以本级党和政府的领导为主，同时接受上级档案行政管理机构的业务指导和监督。

二、“局馆合一”体制与“一个机构、两个牌子”模式相结合

改革开放以后，我国开始由计划经济向社会主义市场经济转变。伴随着政治管理体制改革和机构改革的进行，我国档案管理体制也发生了深刻的变化，

与国家机构改革相适应，先后进行了几次档案管理体制改革与调整。地方各级档案管理机构按照中央一级档案管理机构改革的模式，实行省、市、县级档案局和档案馆的合并，同样是一个机构、两块牌子，履行本行政区域的档案行政管理和档案保管利用两种职能。目前，我国各级档案行政管理机构，基本上也是档案实体管理机构。大多在大门口同时挂两块牌子：档案局、档案馆。这两个机构合署办公，只不过有两个名字而已。

第四节 档案管理体制的创新方向

一、目标

我国现行档案管理体制使我国档案事业在行政管理和档案保管利用方面得到了实实在在的加强，有力地推动了我国档案事业的全面发展。但我们要清醒地认识到：我们正处在一个改革和发展的年代，随着我国社会主义市场经济体制的不断完善和社会现代化进程的加快，档案工作中“条块分割”问题、“局馆合一、政事合一”问题、文件与档案管理割裂以及非公企业、私人档案管理等问题已成为制约我国档案事业发展的体制障碍，我们只有不断地进行体制调整与改革，才能适应我国档案事业发展的需要。我国档案管理体制改革的目标就是要建立起与社会主义市场经济体制相适应的档案管理体制。

二、基本方向

（一）市场化

市场化是当今世界各国行政改革的大方向，同时也是我国行政改革的基本方向。市场化的改革方向是我们改革开放四十多年来的基本经验，是经过我们反复艰苦的探索得出来的结论，同时也是我们今后改革的方向。我国档案管理体制改革同样也要以市场化为目标，积极探索建立与社会主义市场经济体制相适应的档案管理体制。

（二）法制化

中国是世界文明古国之一。历代统治者对档案和档案工作都很重视，但是，几千年来都是依靠行政手段对档案和档案工作进行管理的。由于这一历史原因，人们的档案法制观念比较淡薄，旧的传统习惯影响了档案工作的开展。依法治档一直以来都是我国档案工作中的薄弱环节。近年来，虽然我国也出台了一系列档案法律法规及规范性文件，但由于我国的档案法规原则性条款多，可操作性条款少，依法治档仍停留在表面上，停留在宣传和文件上。档案工作中存在着无法可依、有规难依、执法不严和监督乏力的局面。法制化，就是一切活动要以法律法规为准绳，在法制的框架内寻求解决问题的途径。为推动我国档案事业健康发展，迫切需要适应政府职能转变，实行依法管理，加强法制化建设。

（三）现代化

现代社会发展日新月异，要求信息部门以较快的信息存储、处理和输出速度，高质量地为社会服务。档案部门是信息部门的组成部分，应以崭新的面貌服务于这个时代。现代信息技术广泛应用于文件与档案工作领域，档案管理对象的数字化、管理手段的现代化、管理模式的多样化是档案管理活动面临的新的机遇和挑战。档案工作如不能卓有成效地为社会服务，就很难取得社会应有的重视和支持，档案工作的开展就会受到一定的影响。过去，人们的档案意识不强，档案工作发展速度不快，与此有密切的关系。现在，档案工作已由封闭状态向开放型转变，我们的工作水平与质量将对社会产生很大的影响，只有借助现代信息技术，使档案工作充分发挥它特有的作用，提高社会地位，才能推动档案事业迅猛发展。

三、具体思路与建议

我国现行档案管理体制虽然在推动我国档案事业发展方面取得了一些成绩，但体制所带来的一系列问题也不容忽视。为进一步推动我国档案事业健康发展，我们有必要对现行的档案管理体制进行调整与改革。

现行档案管理体制改革是一项全面系统的工作，它不是对传统档案管理体制完全推倒、重新构建，而是要在国家行政管理体制改革的总体框架内，逐步探索、逐步完善和逐步实现。

（一）完善我国现行档案管理体制改革的思路

从适应现代公共行政改革的需要出发，我国档案管理体制改革将朝以下三个方向发展：

1. 适应政府职能和角色的转变

传统的计划经济体制下的政府全能角色作用逐渐减弱，政府独享的管理职能已部分被市场和社会分割，政府要逐步下放部分应该属于企事业单位或社会管理的权力。

2. 适应现代公共行政运作方式的转变

传统的行政管理方式是不断地扩张行政功能，通过行政系统直接行使管理职能，而现代公共行政方式则趋向于间接运作和分权运作。

3. 适应政府观念的变化

市场经济产生纳税人的意识，政府用纳税人的钱来进行国家管理，要有效率观念、服务观念等。

（二）完善我国现行档案管理体制改革的建议

1. 集中统一管理、整合档案资源，建设“大档案”

集中统一管理是我国档案工作的指导思想。实践证明，集中统一管理的指导思想克服了我国特定历史条件下档案分散保管和档案工作各自为政的弊端，对推动我国档案事业的建设有着积极的意义。我们将继续坚持集中统一管理的指导思想，继续加强对我国档案事业的统一领导、统一规划；继续加强党和政府对档案事业的领导，保证党和国家档案的完整与安全；继续加强对档案信息资源的管理和开发利用，维护党政档案的历史的有机联系。集中统一的档案管理体制是同我国经济基础相适应的，符合我国现行国家制度、传统文化观念，符合宏观管理原则。

在坚持统一领导的基础上，有效整合档案资源，建设“大档案”就是要打破档案接收和利用中的时间、区域界限，广泛整合全部档案资源。在区、县级甚至市（地）级，科学整合档案资源，建设“大档案”，体现规模效益，构建真正意义上的综合档案馆。通过科学整合档案资源，实现机构设置上的“精简、统一、效能”的目标，从根本上打破机构设置“上下一般粗”的状况，打破“小而全”。建设“大档案”可以实现国家档案资源的有效配置，以适应档案资源社会共享的要求。

2. 管理体制多样化

市场化带来了档案所有权的多元化，档案所有权的多元化带来档案管理体制的多样化。档案管理体制在过去单一的国家所有权和计划经济体制下，对机关部门档案和国有企业、事业单位档案实行集中统一管理，档案集中统一管理体制符合当时档案所有权的状况，也切实保障了国家档案的齐全完整。现在，虽然对机关部门和国有企业、事业单位的国有档案一般仍然照搬国有档案管理模式，但是对于各种非国有企业以及外商投资企业档案的管理，必须具体问题具体分析，允许企业在遵守国家相关法律、法规和制度的前提下，对其档案的管理享有充分的自主权。因单位而异，选择适合的管理方式，可以采取集中统一管理，也可以实行分布管理（分部门、分档案门类相对集中管理），还可以实施集中与分布相结合式管理等。

面对非国有企业、外商投资企业档案大量涌现的现实，各级档案行政管理部门应当将工作的重心放在对这些档案中“对国家和社会有保存价值”的部分进行合理监管上来，按照以服务和引导为主，以保护“对国家和社会有保存价值”的档案为主的思路和原则开展工作，通过服务来实施适度的监督、检查、引导和管理。

3. 政事分开，局馆分立

政企分开、政事分开是我国机构改革的方向。根据机构改革“政事分开”的要求，档案行政管理部门和档案馆要从职能上将二者分开，通过借鉴其他国家档案管理机构设置的做法，将档案行政管理部门与档案馆在机构、人事、财务上彻底分开，档案行政管理部门实行“条条管理”，而档案馆则作为文化事业单位实行“块块管理”，按照社会分工的原则，充分发挥各自的职能特点，各归其位，各司其职。

档案行政管理部门作为国家行政体系有机组成部分，主要履行统筹规划、组织协调、统一制度、监督指导的管理职责。通过贯彻法律法规、制定规章、执法检查等手段，管理各单位的档案工作。档案馆是集中管理档案的文化事业机构，负责接收、收集、整理、保管和提供利用各分管范围内的档案。档案馆作为事业单位，在管理方式和运行机制上，也不应再照搬政府机关的模式，而是在国家法律法规指引下，“勇敢地”走向社会，面对市场。

4. 文档管理一体化

文档管理一体化既是业务问题，也是体制上的问题。文书工作是档案工作的基础，档案工作是文书工作的延伸和发展，从发展的观点看，我们有必要把文件管理和档案管理看作一个统一的系统工程，采取统一的工作制度和方法进行管理。这样不仅可以加强档案部门对文件管理的超前控制，保证进馆档案的质量，还能够降低档案部门的工作强度，避免重复劳动。因此，一方面在单位内部建立起文件实时归档制度，将文书部门和档案部门合二为一，在单位内部构筑文档管理一体化平台。另一方面结合各地实际情况建立文件中心、档案管理中心，发挥集约优势，降低运行成本，同时也为档案管理机构的设置提供新的思路。

总之，档案管理体制与理念的重新定位，必须在继承原有体制与理念的基础上进行创新与开拓，这是适应社会主义市场经济体制不断完善和发展的理性选择。

第三章　档案资源开发与数字化

第一节　档案资源开发

档案的资源效应只有在人们的利用过程中才能得以表现，只有在开发利用并服务于社会的实践中才能得以实现。开发档案资源是发掘档案文化内涵，提升档案服务品质，加快档案文化传播，实现档案现实价值的有效途径。

一、基本含义

开发档案资源，适应社会发展进程，服务社会现实需要，是档案机构的重要目标和根本任务。档案资源开发通过档案资源的采集、加工、存储和传递实现档案价值增值，将档案信息由静态信息转化为动态信息、从信息片段转化为信息集合、从实体资源转化为智慧资源，从而最终达到全面挖掘档案潜在信息、有效满足档案利用需要的发展目标。档案资源开发的根本目的在于，按照“广、快、精、准”的基本准则，深入发掘档案资源中蕴藏的有利用价值的档案信息，寻找和获取更为集中系统或有特定价值的知识，有效提供给社会各领域的具有特定需求的档案用户，从而实现档案资源和档案用户的需求对接、资源关联和服务匹配。

在档案资源开发中，必须充分运用科学合理的技术和方法，实现“五个促进”，即促进档案资源价值实现，促进档案机构融入社会，促进档案管理转型升级，促进社会体系科学构建，促进社会事业持续发展。因此，档案资源开发是指为了满足不同的档案需求，对各种载体和形式的档案进行加工处理，以形成各种档案产品或服务的过程。就基本含义而言，通常把档案资源开发看成档案文化开发、档案文化资源开发、档案信息资源开发、档案开发等概念的同义词或近义词，与档案资源开发利用、档案文化开发利用、档案信息资源开发利用和档案开发利用等概念具有递进关系且紧密关联。

二、主要原则

国家应充分认识档案信息资源开发利用工作的重要性和紧迫性，加强档案信息资源管理，促进档案信息资源利用，深化档案信息资源开发。其中，有文件专门提出，“重视档案信息增值服务工作。加大对档案信息内容的研究和开发力度，把档案信息内容转变为档案信息知识。一方面充分利用各级档案部门现有的编研人才，一方面积极支持社会力量对已公布档案信息内容进行研究和开发，努力提高档案信息资源开发利用的深度”。这就充分强调了档案资源深度开发的重要性，强调了档案资源合作开发的必要性。

就社会总体而言，档案资源数量巨大，内容丰富。在档案资源开发中，需要准确地把握档案资源开发的原则，在正确预测和准确把握档案资源利用需求的基础上，有针对性地开发利用档案资源。关于档案开发利用的原则，不同的学者形成了不同的观点，例如，有学者提出档案信息资源开发利用的“六原则”，即需求性原则、效益性原则、便利性原则、合法性原则、规则性原则、安全性原则。因此，要不断提升档案资源开发的能力和水平，必须根据统筹协调、需求导向、创新开放、确保安全的总体要求，遵循科学的开发原则。

（一）主动开发

今天，建设文化强国和档案强国，促进社会主义文化大发展大繁荣需要档案资源开发，国家和社会发展为档案资源开发提供了难得的历史机遇，档案资源开发在建设文化强国和档案强国中大有可为。因此，档案资源开发首先应坚持主动开发的原则。长期以来，档案机构和档案工作者更多地以档案收藏者和保管者的形象出现，档案机构和档案工作者积极主动的心态相对比较缺乏。只有主动地开发、利用和共享档案资源，才是档案资源真正走出馆舍、走进社会、走近群众的唯一途径。

要实现档案资源的价值和使命，一是必须变被动为主动，激发档案机构和档案工作者的主观能动性。要深刻领悟档案资源的文化属性和档案工作的文化真谛，明确档案文化建设在推动社会主义文化大发展大繁荣进程中的重要地位，积极投身档案文化建设，主动开发档案资源，在实现档案资源价值的同时实现档案机构和档案工作者的自我价值。二是主动创新档案资源开发的手段和途径。要发挥档案资源重要的社会价值，主动把握档案资源的现实状态，主动了解社会利用者的新需求，主动开发档案产品和服务新形式，主动开辟档案传播新渠道，将档案产品和服务推向社会，将档案资源有效地融入社会发展之中。

（二）技术驱动

档案资源开发具有深刻的技术背景。在数字时代，各种技术的演化和发展成为档案管理重要而关键的发展动因。信息技术的不断进步不仅有力地推动着档案事业发展观念的进步、方法的变革和效益的提高，而且改变了档案资源开发的基础。现代信息技术具有强大的信息传输能力和先进的信息处理能力，形成了基于智能化技术的新型信息服务形式。档案资源开发必须高度重视现代信息技术的发展并有效地应用于开发实践之中。

正是在信息技术背景下，技术驱动的档案资源开发有更强大的技术支撑和更广阔的服务空间。传统档案资源开发更多集中于编研档案和提供直接的到馆咨询与提供利用服务等方面。随着科学技术，尤其是网络技术的发展，基于网络的新型档案产品和服务不断出现。精彩纷呈的网络展览和快捷方便的数字化档案服务成为档案服务的重要形式，异地档案信息服务更依赖于信息技术的发展。同时，技术驱动的档案资源开发有更高效的开发效率和更优质的开发质量。在传统的档案资源开发中，原始信息获取困难，特别是一些跨机构档案资源开发工作受到极大的限制。随着技术的发展，网络信息共享使得档案资源开发者可以便捷地通过网络查档服务获取档案资源和相关资源，进一步提高工作效率。现代信息技术使服务空间得以拓展，使档案网站成为重要的档案管理平台，博客、微博、微信等社交媒体的应用使档案传播渠道更加多样。

（三）需求导向

档案资源开发必须始终坚持以人为本，以社会利用者为中心。任何档案资源开发都是与特定的社会利用者联结在一起的。档案资源开发主要是满足人们的精神需要，服务于社会的档案需求。档案资源开发过程本身就是不断满足社会利用者的精神和文化需求的过程。同时，档案资源开发的效果、效率最终都要由社会利用者来给予评价，必须从满足社会利用者的精神和文化需求的数量和质量来给予评价。传统的档案资源开发以馆藏资源为本位，有什么样的馆藏就开发什么样的档案产品，缺乏对于用户需求的考量，在一定程度上造成了不同档案机构档案产品和服务的同质化。表面上各种编研产品、展览、出版物等形式丰富，但是缺乏实际的用户基础，没有真正发挥档案资源开发应有的作用。

需求导向的档案资源开发就是要改变这种状况，充分研究社会大众的精神和文化需求，结合档案机构自身的资源优势，做好整体的规划，避免重复开发，降低同质化程度，真正提高档案资源的有效利用率。需求导向的档案资源开发，首先要求有效了解社会利用者的精神和文化需求的影响因素，掌握其需求的规律特征。社会利用者的需求受到个人因素、心理状态、行为特征等影响。其中，个人因素主要是指个人职业、个人经历、工作性质、文化水平、兴趣爱好等个人所特有的因素；心理状态包括求快心理、求准心理、求新心理、求近心理、求知心理等；行为特征主要是指在档案资源利用过程中的行为表现。美国哈佛大学教授齐普夫的“最小努力原则”或称“最省力原则”认为，每一个人在日常生活中都必定要在他所处的环境里进行一定程度的运动，也就是在某条道路上行走。无论哪一种运动和哪一条道路，人们在这个过程中都有意无意地按照某一个基本原则来进行，即从多方面加以考虑并结合主客观条件，选择一条符合自己条件和要求的道路，使得自己付出最小努力而获得最大报偿。社会利用者的精神和文化需求及其档案利用行为同样期望并遵循“最小努力原则”。在档案资源开发中，遵循需求导向原则，就要把握社会利用者精神和文化需求的影响因素、规律性特征，有针对性地开发档案产品和服务，做到精准开发、精准“营销”，提高档案资源开发的效率。在某种意义上，社会利用者也是档案资源开发的参与力量。不仅要将社会利用者的档案利用水平及其对档案产品和服务的满意度作为衡量档案资源开发水平的重要指标，而且要让社会利用者直接参与档案资源开发，提升档案资源开发中的用户互动性。

（四）特色发展

一种文化有没有强大的生命力，主要看其是否具有鲜明的特色。从国家层面来看，越是民族的就越是世界的。从区域层面来看，越是具有浓郁地域特色的就越有吸引力。从行业层面来看，越能凸显行业特色的就越不可替代。档案馆藏和档案资源的旺盛而持久的生命力在于特色。在档案资源开发中，必须以具有鲜明特色的档案产品和服务引导社会档案需求，提升档案资源开发的社会竞争力。

特色是指事物所表现的独特色彩和风格。特色档案产品和服务是对档案管理中服务特性的描述，是具有独特魅力的产品和服务，是在长期的档案资源开发实践中，在结合档案部门本身的资源优势和社会需求的基础上，有目的地形成和提供的与众不同的产品和服务。具体来说，特色档案产品和服务主要包括特色内容、特色方式、特色对象等。其中，特色内容就是从资源特色的角度开发档案文化资源，包括地方特色、专业特色、档案载体特色等。特色方式是在传统的社会利用者的到馆利用资源的服务基础上开展的多层次、多类型、全方位的服务方式。特色对象就是细分社会利用者，根据其群体或个体的特色提供相应的档案产品和服务。

三、基本方法

作为档案服务和档案利用的高级形式，档案资源开发建立在以传递档案信息为主要目的的基于档案实体的档案资源服务之上，是以发掘档案信息内涵为主要目的的基于档案内容的档案资源开发。其中，基于档案实体的档案、资源服务主要通过档案查阅服务、档案复制服务、档案证明服务、档案咨询服务等方式，更多地以被动方式满足社会的档案信息需求，档案利用者一般需要到馆才能获得档案信息服务。基于档案内容的档案资源开发要充分挖掘和发现蕴藏于档案资源中的信息内涵，通过一次文献、二次文献和三次文献共同构成的档案文献体系，主动以优质的档案产品和档案服务，切实服务于现实社会的发展，满足社会和广大群众的档案信息需求。

（一）档案编研

档案编研工作是根据社会的需要，依据一定的原则、方法和步骤要求，对档案内容进行选编和研究，为社会提供档案信息资源服务的一项专业性工作。档案编研是解决档案管理与利用矛盾的重要手段，是服务文化大发展大繁荣的时代要求，是提高档案文化建设水平的根本途径。档案编研工作的成果类型正在不断丰富化，尤其是随着网络技术和现代信息技术的发展，出现了许多新的形式并在不断固化之中。档案编研主要成果有：

1. 历史档案汇编

历史档案指形成时间较早，离当前时间较为久远，主要用来印证历史、丰富历史文化的档案。历史档案是相对现行档案而言的，通常指中华人民共和国成立以前的档案。汇编历史档案，关键要突出地方特色、馆藏特色，把握选题的角度。通常，可以从反映重要历史人物、主要历史事件、重要历史机构、重要历史会议、重要文种、本地区某方面内容、特定问题、特定历史时期、特定家族等不同角度进行选题。

2. 现行文件汇编

现行文件汇编收录的是正在发生效力的现行文件，是现行文件汇集的统称。随着各地现行文件服务中心的建设，社会对现行文件信息的需求在不断增长，客观上要求现行文件服务紧贴中心工作，贴近社会需求，有效满足社会各阶层、各领域、各方面对现行文件信息的多样化需求。开展现行文件编研服务，是主动为社会提供系统的现行文件信息服务的一种重要方式。现行文件汇编的常见类型有学习文件汇编、政策法令汇编、重要文件汇编、会议文件汇编、重要发文汇编等。

3. 科技档案资料汇编

汇编科技档案资料，是从分析用户类型及其需求特点的角度去选择编纂题目的，通常可以从科研人员、工程技术人员、管理人员、各级领导和广大群众的不同需求角度去选题。

4. 档案利用效果典型实例汇编

档案利用效果典型实例汇编，是把档案信息利用效果中产生了良好社会效益或经济效益的具有典型性的真实事例收集起来，按编研工作的程序和方法汇集成的一种特殊参考资料。这既是档案机构向社会提供有效服务的真实记录，也是对档案价值和档案文化的宣传。

5. 大事记

大事记是一种以时为经、以事为纬，严格按照时间顺序来系统、简明地记述和反映特定组织机构在一定历史时期内发生的大事、要事的史料型参考材料。

6. 组织沿革

组织沿革是系统记述和反映一个组织的机构设置（包括内部机构）、职能、人员编制、体制变革等若干方面历史情况的史料型档案参考资料。

7. 基础数字汇编

基础数字汇编是以数字的形式反映某一单位、某一地区、某一专业系统全面情况或某一方面基本情况的一种档案参考材料，又称统计数字汇编。编写基础数字汇编是对分散在档案中的各种数字的统计汇总，便于了解情况、研究问题、总结经验、制订计划、决策参考，也可以为举办展览、宣传教育提供典型材料。

8. 文摘型档案编研成果

文摘型档案编研成果，是以内容摘要的形式揭示档案信息的简介类研究成果，不需要增加评论、补充、解释，属于档案信息的二次加工成果。文摘型档案编研成果的常见种类有档案资料文摘、重要会议简介、产品简介、工程简介、设备简介、成果简介等。

9. 手册

手册是以档案材料的内容信息为依据，简明扼要地记述或罗列有关专业知识、基础数据、计算公式、基本方法、措施、工作规范或流程等内容的资料性、知识性的工具书。

10. 年鉴

年鉴是以记述机关单位、社会组织一年内的新情况为主要内容的历史性、资料性工具书。如果把机关单位或社会组织若干年的年鉴依序排列起来，实际就成了编年体史册。按内容范围划分，年鉴可分为综合性年鉴和专业性年鉴两种。

11. 史志

常见的史志编写有两类，一是地方志，二是单位志。地方志是全面、客观、系统地记述本行政区域内自然、政治、经济、文化和社会的历史与现状的资料性文献，是地方性百科全书，是一种以档案为主的编研记载材料，属于提取档案信息生成的三次加工编研成果。单位志的编写可从创立时间开始，记述各时段的基本情况，主要包括单位上下级隶属关系及其变化、单位人数的变化、领导人的更替、内设机构及其负责人的变化；各个时段的工作任务；曾经取得的经济效益、社会效益、工作业绩；曾经获得的荣誉和奖项，以及单位组织或参与的重大活动、领导视察等重要事项。

（二）档案展览

档案展览是为了配合特定的目标和任务，按照一定的主题和范围，系统地揭示和反映档案机构所保存档案的具体内容和文化影响的一种档案提供利用方式和档案宣传工作方式。档案展览以馆藏档案资源为基础，以档案文化发掘为目的，以服务和支撑社会发展现实为落脚点。档案展览面向广泛的社会大众，展现档案魅力，服务发展现实，实现文化传承，具有十分重要的作用。

1. 根据陈列时间区分

在陈列时间上，档案展览可以是长期的，也可以是短期的。在展览规模上，档案展览可以是大型的，也可以是小型的。具体选用哪些形式，则要根据实际情况，尤其是展览的不同目的、对象、特点来确定。根据陈列时间，档案展览一般可以划分为长期展览和临时展览两种类型。

（1）长期展览

长期展览又称为主题展览，是档案机构以自有的专门展览空间，选择馆藏档案资源中的精品，在较长时期内面向社会大众开放的展览。在开办后，长期展览的主题、内容和结构一般不再做大的调整，可根据参观者的反馈意见进行适当的修订和完善。长期展览的主题主要围绕国家、地区、城市和特定范围内经济、社会、文化、科技等多个方面，或者特定方面，面向社会开展档案文化传播和宣传教育活动。

（2）临时展览

临时展览又称为专题展览，是长期展览的拓展和变化形式，是档案机构根据特定时期的特定工作需要，结合社会需求，利用重大纪念日、节日和庆祝日，或者配合重大活动按照一定的专题举办的档案展览。根据需要，临时展览可以根据其效果，或者撤展，或者成为长期展览。

2. 根据陈列方式区分

在档案展览中，展览形式的多样化成为一大趋势。按照陈列方式，档案展览一般可以划分为固定展览、巡回展览和网络展览三种类型。

（1）固定展览

固定展览即传统的实地展览，一般在档案机构内利用专门的场地举办。这是档案展览最为常见的一种形式。

（2）巡回展览

为了方便社会公众参观展览而在多个地方轮流举办的档案展览是巡回展览。一般选择在公园、闹市区等人流量较大的场所，或者在与展览内容有直接关联的社区、学校和机构展出，不受场地的特别限制，可以更有效地开展档案专题教育活动。

（3）网络展览

随着网络时代的到来，网络展览以其形式独特、受众面大、影响广泛、参观方便、浏览生动等特点深受社会大众的普遍欢迎。和传统形式的档案展览相比，网络展览可以节省大量的人力、物力、财力，同时参观也不受任何时间的限制。网络展览可以与实地展览等同时举办，越来越成为档案展览的主流方式之一。

（三）档案文献专题片

文献专题片是指宣传反映党和国家重大历史事件以及党和国家领导人生平业绩的电视专题片、电影纪录片。档案文献专题片是以档案为基础拍摄的有关特定历史事件和历史人物，利用电视和网络等多种方式传播的文献专题片。一般而言，文献专题片的主要依据就是档案，因此，在某种意义上，文献专题片就是档案文献专题片。

同时，档案文献专题片不局限于电视专题片，其传播途径更加多元，网络传播甚至比广播电视等具有更好的传播效率。档案文献专题片是以档案资源为基础、以档案文化传播为目的、以多种媒体技术为手段的文献专题片，在档案文化建设中具有突出的作用，是档案文化建设的新型成果，是档案事业发展的重要体现，是档案文化传播的更好途径。

（四）档案文化礼品

档案文化礼品是具有特定或多项档案文化元素，以档案文化创作、创造、创新为手段，以档案文化内容和创意成果为核心，在档案资源开发中设计、制作和生产的文化礼品。档案文化礼品是文化创意的一个分支。开发档案文化礼品对于扩大档案文化的社会影响力，提高档案机构的社会知名度尤其重要。开发档案文化产品可以实现档案资源的深度开发，促进档案资源与其他文化资源的有效配置，探索档案文化产业化发展的途径和手段。从社会意义上看，开发档案文化产品可以丰富文化礼品种类，促使文化市场结构完善，从而进一步推动社会创意产业的发展。

1. 档案精品读物

以档案编研为基础，编写档案精品读物是档案文化礼品开发最基本的方式。把档案精品读物作为档案文化礼品，在本质上是对档案编研的更高要求，是档案编研精品意识和品牌意识的最终体现。档案精品读物不仅具有阅读价值，而且具有收藏价值。

2. 档案仿真复制

为保持档案原貌特征不变，又不影响对档案的使用，档案仿真复制是最为有效的手段。档案仿真复制运用现代数字技术、印刷技术等科技手段将档案原件转化为数字文件，再经过相关应用软件处理和后续工作得到档案仿真复制件。目前，可以采用高保真、高精度的数字扫描设备和技术，做到对档案的真迹、着色等的复制再现，制作出高保真的仿真复制品。传统的档案仿真复制，主要针对纸质档案而言。随着近年来科技领域方兴未艾的一种复制技术——3D 技术的发展和推广，实物档案同样可以仿真复制。

3. 档案衍生用品

随着档案机构不断开放，到档案机构利用档案的社会大众的数量不断增加，提供必要的档案文化礼品成为推广档案文化的重要途径。除了档案精品读物和档案仿真复制之外，可以有意识地主动开发档案衍生用品，例如具有档案文化元素的各类装饰服饰（摆件、衣帽、服装、别针等）、生活用品（随身挂件、手机触摸笔、明信片、老照片等）、办公用品（书签、便签、笔记本、笔筒、鼠标垫、文件夹等）等。所谓档案文化元素，一是指在档案衍生用品上展现档案资源的具体文字、符号、图像和器物等。例如，可以制作不同主题的档案文化书签，展现档案资源的丰富性和教育性。二是指以实物档案为原型设计制作具有使用价值的衍生用品，例如，以档案机构收藏的圆形器物生产具有纪念意义的笔筒等。

（五）其他

在档案资源开发中，要充分运用各种文化形式，特别是要善于运用覆盖面广、受众多、当下流行的文化形式，给档案文化插上飞翔的翅膀，让档案文化产品既可登大雅之堂，又可进群居之巷，既可上领导案头，又可上百姓床头，成为雅俗共赏的文化精品，更多、更好、更快、更精地为社会文化建设提供档案产品和档案服务。

1. 档案文化专栏

在档案资源开发中，与新闻媒体合作越来越成为档案机构扩大档案文化传播途径的重要选择。开设档案文化专栏，可以在充分展示档案文化唯一性、稀缺性及神秘性的巨大诱惑力的同时，为档案文化建设的开展提供全新的思路。

2. 档案文化讲坛

近年来，档案机构依托馆藏档案，结合社会热点、大众民生，举办各类讲坛和讲座，开展中华优秀传统文化、社会主义核心价值观教育。档案文化讲坛一般形式比较灵活、主题丰富多彩。在高等学校，档案文化讲坛主要结合学校校史教育在新生中开展，成绩尤为突出。

3. 档案文化活动

档案机构独立和联合举办与档案有关的各种文化活动是打开通向社会大门的钥匙，是进一步打造成为社会文化中心的有效手段。近年来，以每年 6 月 9 日国际档案日为契机，全国各级各类档案机构围绕特定主题，集中开展了一系列丰富多样的档案文化活动。除此之外，许多档案机构还专门设立开放日，吸引社会大众对档案文化建设的关注和重视。

4. 档案新媒体

运用新媒体进行档案资源开发和档案文化传播，微博和微信等社交媒体是最主要的方式。同时，关于智能手机 APP 的应用等处在探索中。各类新媒体的整合成为档案资源开发的新趋势。

第二节 档案数字化

为适应档案管理服务环境的新变化和新挑战，随着计算机技术、数据库技术、多媒体技术、存储技术的发展，档案数字化已经成为档案管理服务的新热点和新趋势，是不断提高档案管理服务水平、有效提升档案管理服务效率、切实增强档案管理服务实效性的根本途径，是档案信息化建设和现代化建设的重要内容。

在全国数字档案馆（室）建设推进会上，国家档案局明确提出我国数字档案馆（室）建设的目标是：用 15 年左右的时间，建成以数字资源为基础、以安全管理为保障、以远程利用为目标的数字档案馆（室）体系，使各级各类档案馆（室）能够实现对电子文件的归档和管理并按规定及时移交；县以上各级国家档案馆基本建成数字档案馆，能够接收和保管各进馆单位归档的电子档案，对馆藏传统载体档案全部进行数字化建设，实现馆藏档案的数字化利用、馆藏开放档案的互联网利用以及馆藏电子档案的安全保存和长期可利用；县直机关以上档案室传统载体档案基本实现数字化利用。根据这一发展目标，档案数字化建设必须提上重要的议事日程。

一、基本含义

档案数字化是指利用计算机技术、扫描技术、数字成像技术、数据库技术、多媒体技术、存储技术等技术手段，将非数字化档案资源转化为数字档案资源的过程。数字档案资源以数字化形式存储，以网络化方式联结，利用计算机系统进行管理，形成结构有序、多元检索的档案信息资源库，及时、有效地提供档案资源，实现档案信息资源的全面共享和深度开发，是档案信息化建设的重要内容。

档案数字化运用现代信息技术将各种载体的档案资源转化为数字档案，实现档案资源的数字化存储、网络化利用和现代化管理。档案资源建设是档案资源开发的基础，档案信息化建设的核心是建设现代化的档案资源体系、档案利用体系和档案安全体系。从档案管理服务的整体来看，档案数字化是档案管理服务即档案资源体系、档案利用体系和档案安全体系建设的全面数字化。

广义的档案数字化是指利用计算机信息技术、扫描技术、数字摄影技术、数据库存储技术等手段，将多种载体的档案转化为数字化档案信息，并且通过计算机网络系统将数字化的档案资源以网络结构联结，以扩大和深入开展档案资源开发为目的，建立一个可以实现资源共享的数字档案资源平台，向社会提供多种档案产品和服务。

就档案资源建设的主要内容而言，狭义的档案数字化是指将不同载体形态和记录方式的档案信息通过扫描、拍摄等形式转化为数字化档案信息的过程，主要包括增量电子化和存量数字化两个方面的内容。所谓增量电子化，就是要按照技术规范和技术标准的要求，全面开展原生电子文件的归档、接收工作。所谓存量数字化，就是要大力推进传统载体档案数字化，即非数字形态的各种档案资源的数字化。

作为档案信息化建设的重要内容，档案数字化是以保护数字化档案母体存在和利用为目的的一种档案保护和利用手段。档案数字化工作促进了档案管理和利用模式的转变，档案数字化不仅可以更便捷、全面地提供档案服务，更可以有效地保护档案原件，确保档案实体安全，应该大力推进，以提升档案管理工作的水平。随着各级各类档案机构的档案数字化实践的不断推进，档案数字化成为档案安全保密体系建设的重要内容。在档案数字化中，建设方式更加规范、管理流程更加优化、成品质量更加精细，尤其是数字化加工方式逐步由以档案部门自主加工为主开始转变为以社会化服务为主。

二、基础结构

2003 年 12 月在瑞士日内瓦举行的信息社会世界高峰会议第一阶段会议总结出信息社会应达到的 10 个国际标准。这些标准是：连接所有村庄，并建立社区接入点；连接所有大学、学院、中学和小学；连接所有科研中心；连接所有公共图书馆、文化中心、博物馆、邮局和档案馆；连接所有医疗中心和医院；连接所有地方和中央政府部门，并建立网站和电子邮件地址；根据国情，调整所有中小学课程，以应对信息社会的挑战；确保世界上所有的人都能得到电视和广播服务；鼓励内容开发并创造技术条件，使世界上所有语言均能在因特网上得到体现和使用；确保世界一半以上的居民在可及范围内获得信息通信技术。当今社会已经进入信息社会和数字时代，档案资源成为社会资源的重要组成，档案机构成为社会信息结构的重要节点。

档案资源开发由档案信息资源、档案信息服务和档案信息系统三个部分构成。三者相互联系，互相融合。其中，档案信息资源（兼容增量信息和存量信息的数字档案资源）是档案资源开发的前提和基础，档案信息服务（尤其是基于互联网+的档案产品和服务应用）是档案资源开发的目的和宗旨，档案信息系统（依托社会信息基础结构的档案信息系统）是档案资源开发的支撑和保障。

档案机构作为信息社会的重要节点，不仅是信息服务的中介者，而且是信息服务的提供者。因此，只有以构建档案信息基础结构为手段，以数字档案资源为基础，全面开发档案资源，才能最大限度地发挥档案应有的价值。在某种意义上，档案机构配备计算机等设施设备构建信息网络，只是建设了档案信息服务的“高速公路”。这些“高速公路”能否真正发挥效能，取决于有无充足的“货物”——基于数字档案资源的档案产品和服务。档案资源数字化，旨在为档案产品和服务提供充足的档案数据和坚实的服务保障。

三、主要作用

长期以来，大多数档案机构保存的档案信息形态主要以纸质、缩微胶片和底片等载体形式存在，更多地适应于传统的手工管理和单向传播的服务方式。即便是经过档案编研等形成的档案产品和服务，往往是从点到面的传播，其覆盖范围相对较小，难以真正实现档案社会化，更无法充分实现档案信息资源的价值和效用，完全不能适应当代“数字化生存”的新环境。当前，档案开发利用的社会化程度相对较低，档案资源的经济社会价值难以充分实现，档案数字化是档案管理服务工作的重大变革，对档案事业的科学发展发挥着积极的推动作用。

（一）档案管理服务变革的重要基础

现代信息技术的发展为档案管理服务提供技术保障，数字化服务方式将成为档案管理服务的主要途径。提高档案资源利用效率，实现档案资源开放共享，增强档案资源服务能力，必须以数字档案资源为基础，档案数字化是档案管理服务现代化不可或缺的重要保障。在完善功能、丰富馆藏和满足需求的前提下，最大限度地利用档案资源，必须建设数字档案馆。档案数字化是传统档案馆走向数字档案馆的必经之路。因为，不管未来的数字档案馆的具体组成结构、组织管理模式如何发生变化，其“馆藏”的数字化特征是肯定的，传统档案的数字化将是其“馆藏”的重要组成部分。

（二）档案事业“三个体系建设”的重要保障

建立健全覆盖人民群众的档案资源体系、方便人民群众的档案利用体系和确保档案安全保密的档案安全体系是档案事业发展的主要内容和努力方向，档案数字化有助于提高档案利用效率，有助于保护历史档案信息，有助于有效规避安全风险，有助于缓解档案空间紧张。因此，档案数字化是“三个体系建设”的重要保障。数字档案资源可以有效修复档案材料、丰富档案载体形态，是覆盖人民群众的档案资源体系的重要组成。数字档案资源可以通过“一次建设、重复利用”，实现全面共享、深度开发，使档案利用体系能够更加方便人民群众、更好地服务社会发展。数字档案资源可以代替原始档案使用，实现异地异质备份，有助于全面建设确保档案安全保密的档案安全体系。尤其是通过档案数字化，档案开发利用完全突破了时间和空间的限制，极大地加大了档案资源开发利用的力度，真正让档案资源成为一种开放的社会资源。档案资源开发利用是档案管理服务最为重要的着眼点和落脚点，档案数字化为档案资源开发的社会化、高效化提供了现实的可能和充分的保证。

（三）档案事业科学发展的重要动因

在档案数字化条件下，在档案机构从传统档案馆向数字档案馆发展的过程中，档案管理服务必须更加标准化、规范化、程序化、制度化。档案数字化可以极大提升档案资源开发利用的效益和效率，有效推动档案机构管理服务方式的根本性改变，大力提高档案管理人员业务素质和服务能力，从而最终实现档案事业的科学发展。只有档案管理服务质量上去了，档案管理服务人才问题解决了，才能真正使档案数字化建设符合正确的方向，才能真正满足社会发展对档案工作的需求。因此，档案数字化是档案事业科学发展的新生动力。

四、数字档案资源开发

在现代信息技术的不断推动下，档案信息化建设不断发展，档案数字化建设已经成为现阶段档案信息化建设的重点。数字档案资源与传统档案资源相比，具有存储量大、检索便利、传播快捷、易于开放、便于共享等特点。数字档案资源开发成为当前的档案领域关注的重点、热点和难点。

（一）基本现状

档案资源是国家的宝贵财富，是社会组织的无形资产。档案资源具有不可再生性，有效维护其完整性、保密性和可用性，是确保档案资源效用和安全的根本措施。尤其是对于珍贵的历史档案来说，一份档案的丢失或损毁往往就意味着一段历史的空白。一般来说，传统档案按照记录信息的方式，大致可分为文字档案、图像档案、声像档案、实物档案四类。档案数字化将传统档案转化为数字档案，为档案资源深度开发和综合开发奠定了扎实的基础。

从保护和开发档案的角度，利用现代信息化技术，对各类档案实施全面数字化，实现对馆藏档案尤其是珍贵的历史档案的抢救性保护，包括文字档案的扫描和全文转录、图像档案的扫描、声像档案的格式转换、实物档案的全角拍摄等，是构建数字档案资源体系的重要手段。

在今天，充分利用数字档案资源优势，创新档案资源开发机制，利用现代信息技术，探索档案资源开发新方法，提高档案资源开发效率，向档案利用者提供主动、灵活、便捷、个性化和可交互的档案利用服务，已经成为档案资源开发的必然选择。因此，构建基于内容的档案资源开发是以档案数字化为基础、面向档案需求、立足档案实体、发掘档案内涵的立体式、多元化、综合化的档案资源开发。

档案数字化是当前档案信息资源建设的一项基础性工作，也是信息时代对档案资源开发的必然要求。档案资源开发在利用需求和服务方式上的多元化发展，对数字档案资源体系建设提出了新的要求。实事求是地讲，当前数字档案资源体系建设上还存在一些问题，还不能完全满足档案资源开发的需要。例如：档案数字化建设机制不够健全，管理体制不够完善；档案资源数字化总体程度不高，尤其是档案数字化的全文率不高；档案数字化建设标准相对缺失，难以构建有效的元数据体系；数字档案资源开放明显不足，无法实现资源的共建共享；档案安全保密标准难以把握，缺乏科学的控制；等等。

（二）基本步骤

数字档案资源开发是以数字化为基础的档案资源开发，其基本步骤是：

1. 档案资源的数字化加工

档案资源的数字化加工，主要根据不同档案载体类型，采用不同的方法，对档案资源进行数字化扫描或拍照、数字化编目、全文录入等。实施档案资源数字化处理是提高档案资源利用效果、提升档案资源开发效率的基础，是对档案资源进行深度开发利用的基础环节。

2. 数字档案资源库的创建

基于数据库技术等专门技术，对第一阶段形成的档案数字化成果（包括以数字化形式存在的增量档案）以文本库、图像库、多媒体库等多种方式存储，形成档案数字化基础数据库。特别需要说明的是，对档案资源进行数字化扫描形成的是图像库而不是全文库，不能据此计算档案数字化的全文率。

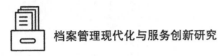

3. 数字档案资源的系统组织

在传统的档案目录基础上，利用多种信息组织技术，从不同的开发视角，在档案数字化基础数据库基础上，对数字档案资源进行重新组织，为满足档案开发利用的多元化需求，实现档案资源深层次挖掘提供多角度、多层次、多维度的档案数据关联基础。

4. 数字档案资源的深度开发

运用现代信息技术对数字档案资源进行深层次挖掘，可视化展示数字化资源，构建专题档案知识库，开发档案编研和档案展览等多种档案产品和服务。

（三）主要内容

目前，数字档案资源的开发主要从以下几个方面展开：

1. 建立数字档案基础数据库

针对传统载体形式的档案，进行档案数字化建设，对各类馆藏档案进行数字化加工，形成基于现代信息技术的数字档案数据库；针对不断产生的原生态电子档案，通过有效地组织和管理，形成规范化的数字档案数据库。一般而言，数字档案基础数据库主要包括目录数据库、图像数据库、多媒体数据库、全文数据库、题名数据库等多种形式的档案数据库，可以为档案资源的全面开发利用提供扎实的基础数据保障。

2. 基于网络的档案查询服务

随着计算机技术的发展，对各类档案实现案卷级和文件级目录的描述和著录，在建立档案目录库的基础上，提供基于档案目录数据的基本检索服务。基于网络的档案查询服务，可以使档案管理者和利用者在网上通过对档案目录的检索获取需要的档案目录信息，方便、便捷地利用档案实体信息或数字信息，从而有效地提高了档案的利用效率。

3. 建立数字档案信息网络

在传统档案资源开发利用方法基础上，应用现代信息组织技术与网络技术，以资源开发和利用为目的，对数字档案资源进行重新组织，建立资源关联关系，形成基于网络的档案资源发布与共享系统。通过建立不同层级的数字档案信息网，实现数字档案的全面开发和利用。

4. 构建数字档案资源检索体系

建立完善的档案资源检索体系，最大限度地揭示档案信息。档案检索工具是记录、报道和查找馆藏档案的手段，是管理档案必不可少的工具。它是充分揭示馆藏内容，迅速、准确地提供档案和检索档案的主要途径。档案管理部门在数字档案成果基础上，通过开发科学、实用、多角度、多功能的档案检索工具和系统，有效缩短档案检索时间，提高档案检索的查全率、查准率，提高档案开发利用的效率，提升档案编研的广度与深度。

5. 建立数字档案资源知识库

在传统档案资源开发利用方法基础上，以资源利用为目的，运用多种信息组织技术和数字人文技术对数字档案资源以新的方式进行组织、开发和展示，形成各种专题数字档案资源知识库。

6. 开发数字档案产品和数字档案服务

结合现有的档案编研、档案展览、档案专题片、档案文化产品等档案资源开发方法，根据特定的需要，利用数字档案资源，充分挖掘档案资源的文化内涵，开发多元化的档案产品和服务。

第四章　档案资源的利用与档案服务

第一节　档案资源的利用

一、档案资源利用的方式与途径

数量庞大的档案，通常是根据其自然形成的体系整理和存放的，而档案的使用者则有着不同的、特定的利用需求。为了满足利用者不同的需求，通过各种方式有效地提供档案和有关资料，建立起档案的检索系统，以方便使用者迅速、快捷地查找到档案。档案利用的方式和途径有很多，主要有以下几种。

（一）开设阅览室，直接提供档案原件或复制件借阅

通过开设阅览室，直接提供档案原件或复制件借阅。这种方法，在企业被广泛使用。

阅览室是联系档案的保管者和利用者的纽带，是档案工作发挥作用的主渠道，是社会各界了解和认识档案事业的窗口。一般要做好以下几个方面的工作：阅览室的设置需兼顾优质服务和严格管理两个方面。阅览室要求明亮、宽敞、安静、舒适、清洁和方便。一般应有服务台、阅览桌和存物处等设施。阅览桌以无抽屉为宜，以便于管理人员必要的监护。为方便利用，还应准备一些工具书以及与所藏档案密切相关的参考材料。

建立必要的规章制度，以维护阅览室秩序和档案的安全。制度内容包括：阅览室接待对象、档案材料的阅览范围、批准权限和入室手续、档案索取和归还手续以及利用者应爱护档案的若干具体规定等。为方便科技人员迅速地大量查阅，在某些企业、事业单位，可以有条件地实行内部开架阅览。

开架阅览的基本做法是：第一，可供阅览的是科技档案副本；第二，开架的科技档案是非密的或密级较低的；第三，提供专门的开架阅览场所；第四，编写开架部分科技档案的检索目录，注明存放位置，并在每个阅览架上编制

"科技档案检索图表"；第五，有资格进入开架阅览室的是本单位内部的有关人员。

（二）档案外借

档案外借是指按照一定的制度和手续，将档案携出档案馆或档案室阅览、使用。

档案馆档案一般不借出馆外使用，在个别情况下，为满足某些工作岗位的特殊需要或必须用档案原件证等特殊需要，才可以将档案暂时借出馆外。在机关和企业内部，尤其是企业，档案携出档案室使用，包括到科研、生产一线现场相对多些。但特别珍贵和易损的档案，是禁止借出的。

为了便于掌握档案流动情况和安全检查，档案被借出时，应做借出记录，可以填制"代理卡"放在档案原来存放位置上，借出的档案归还后将代理卡撤出。

（三）制发档案复制本

根据档案原件制发各种复制本，是开展档案利用工作的一种重要方式，又称"复制供应"。其包括内供复制和外供复制。外供复制又是实现科技档案有偿交流的一个途径。

档案复制本分为副本和摘录两种。复制方法主要有复印、手抄、打字、印刷和摄影等。这种方式有较多的优点，既可以提高档案利用率，缓和供需矛盾，又便于保护档案原件。这种方式也有一些缺点：第一，利用者查阅档案，总想看到原件，尤其用作凭证时，一般的档案复制本往往不令人满意。第二，由于现代复印技术的快速发展，尤其是静电复印机的广泛应用，有可能使复制本失控，造成多处多份复制、随意公布档案的事情发生，不利于档案保密和维护技术产权等方面的权益。为此，必须对档案复制本制发范围和批准权限做严格管理规定。单位秘书在有关事务中要切实负起责任。

在企业档案部门中，有一种与复制供应密切相关的提供利用服务的方式，称为"技术市场交流"。它是指企业档案部门将企业的科技成果档案制成复制品后，推向市场，为企业创造更多的经济利益。这种方式能够给企业带来一定的经济效益，对科技成果的时效性要求较高，在为技术信息市场化服务的过程中，应注意保护企业技术秘密。

（四）出具档案证明

档案证明是档案保管单位向申请询问、核查某种事实的利用者出具的书面证明材料。

在社会生活中，有些机关、企事业单位或个人，为处理和解决问题往往需要档案部门提供证明材料。例如，公安、司法、检察部门在审理案件过程中需要证明材料；个人在确认工龄、学历、职称方面需要证明材料等。

出具档案证明，是很严肃的工作，档案人员只有在利用者正式申请后才能进行这项工作，而且对申请的审查和证明的拟写，都必须认真对待。申请书应写明要求出具证明的目的以及所查证问题的发生地点、时间和经过。档案证明一般应根据档案的正本或可靠的副本来拟写。在没有正本或副本的情况下，也可利用草稿（草案）。不论根据什么材料，都应注明其出处。出具档案证明时，档案工作人员不能妄加评论和总结，只能对有关材料进行客观的、如实的叙述或摘录，尤其对所要证明的问题起关键性作用的内容应做到原件的字、句，甚至标点完全吻合。证明填写好后，必须加盖公章，这样拟写的档案证明才能生效。

（五）提供咨询服务

咨询服务形式是档案人员以档案为依据，以自己所掌握的业务知识和专业技术知识为基础，对查询者提出的问题进行解答，或指导利用者获得有关某一方面档案的线索。档案人员会接触到各种情况的咨询业务，有一般性咨询，也有专门性咨询；有事实性咨询，也有知识性咨询；有专题研究性咨询，也有情报性咨询。

（六）印发目录

印发目录方式多用于科技档案的利用服务工作。它是将档案目录印制分发到有关部门。其包括内部印发（向内部各机构和下属单位印发）和外部交流两种。其目的是交流情况，互通信息。

（七）举办档案展览

档案展览，是根据某种需要，按照一定主题，系统地陈列档案材料。这是通过展示和介绍有关档案的内容而提供利用的一种服务方式。

档案展览的作用突出地表现在两个方面：

第一，有利于宣传档案的意义和提高人们的档案意识。参展的档案材料一般是经过精心挑选的，容易给观众留下深刻的印象，进而引起人们对档案和档案工作的进一步重视，增强档案意识。

第二，有利于广泛发挥档案的作用。举办档案展览本身就是一种提供利用的方式，而且这种形式能在一定时期、一定范围内满足较多观众的参观要求，服务面广。这种形式会使档案的宣传教育作用得到充分发挥，能取得其他任何形式都达不到的广泛、深刻、生动的效果。

举办档案展览，要注意突出其思想性、科学性、业务性和艺术性。为使其达到满意的效果，首先要选好展览主题，然后精心选取和组织材料。档案馆根据自身的条件，可在馆内设长期的展览厅（室）；也可配合当地各种工作和有关的活动，酌情举办各种类型的档案展览会，如历史档案展览会、革命历史档案展览会、各种纪念活动等；或配合机关工作，举办各种小型的展览会，如工作或生产成果展、科研成就展等。其次要对入选档案合理分类，编写前言、各部分标题、提要和介绍。围绕主题挑选档案，是组织展览过程中最重要的一环。档案展览内容的思想性、科学性和展出的效果如何，往往取决于展出档案的内容和种类，布展时要选择最有价值和最有意义的材料，特别是选择能正确反映历史事件、提示事物本质的材料。此外，还必须注意档案的保护和保密工作。对于机密档案，要严格按照事先确定的范围组织参观。展出的档案一般都用复制品。必须展出原件时，应采用透明装置保护措施，以防止档案的遗失和损坏。

二、档案资源利用的内容、意义与规定

（一）档案资源利用工作的内容

档案利用工作，是指采用多种有效的方式直接提供档案及其信息加工材料，及时、准确地满足用户对本单位档案的利用需求的工作。从严格意义上讲，档案利用工作又可以区分为“提供档案利用”和“利用档案”这两个既有密切联系又有区别的概念。

“提供档案利用”针对档案管理者而言，是指档案管理部门和人员以所藏档案信息资源作为基础，通过一定的方式和途径，直接提供档案，为前来查询问题的利用者提供服务的工作；“利用档案”针对利用者而言，是指利用者以阅览、复制、摘录等形式使用档案的活动。善于利用档案馆、档案室的档案，是现代秘书人员的基本功。

档案利用工作的内容主要是：熟悉本单位档案资源的内容，了解单位的业务活动及业务流程，掌握用户对档案信息的需求，通过咨询和接待等服务工作，把经筛选鉴别、加工整理出来的档案信息提供给用户，满足其利用需要。

（二）开展档案资源利用工作的意义

1. 档案利用工作是档案工作的根本任务

档案事业的发展离不开社会对档案的利用，我们做档案工作不是空头的理论工作，而是要把它付诸行动，应用于实践，为国家和社会的各项工作服务。各机关、企事业单位设置档案室和专职工作人员，其目的就是利用档案为国家服务。由此可见，档案利用工作是实现档案工作目的的关键，是手段，是档案工作的根本任务。

2. 档案利用工作为档案工作提供了展示平台

档案利用工作运用各种形式为档案工作提供材料，为社会服务。档案利用工作可以通过宣传，使人们认识其社会价值和重要地位，或者直接与利用者发生关系，体现档案工作的服务性和政治性，进一步提高档案的利用价值。因此，有人总是把档案利用工作比喻成联系社会的一个窗口，利用工作做得如何，是衡量档案室（馆）业务开展的程度、工作好坏的主要标志。

3. 档案利用工作是档案工作中最富有活力的一环

档案利用工作与社会服务者有着密切的关系。档案利用工作为服务者提供材料，服务者可以为档案工作着力宣传，两者相辅相成。另外，档案利用工作对整个档案工作有着检验和督促作用，平时工作中要监督各项工作，做到防患于未然。开展档案利用工作时可能会遇到各种各样的困难，或意想不到的事件，这时就需要工作人员去发现档案工作中出现的问题，看看材料收集是否齐全、整理是否系统、鉴定是否准确、保管是否安全，并做到合理修补。

（三）干部人事档案的利用规定

干部人事档案管理的最终目的是更好地利用干部人事档案，开展干部人事工作，管理人员。但干部人事档案的利用不同于一般的档案材料，它必须按照干部管理权限确定的范围进行。对查阅、借阅不同层次干部的档案，国家规定了相应的审批制度。尽管各地区、各部门具体的审批办法有所不同，但最基本的规定是，因工作需要才能查阅和借阅干部人事档案，并且必须遵守下列规定：

第一，查阅单位应填写《查阅干部档案审批表》，按照有关规定办理审批手续，不能仅凭调查证明材料、介绍信直接查阅档案。

第二，档案管理单位有权根据规定，确定是否提供和提供哪些材料。

第三，凡查阅干部人事档案，利用单位应根据有关部门的具体规定，派可靠人员到保管单位查阅室查阅。

第四，档案一般不借出使用。如有特殊情况借出使用时，要说明理由，经过主管部门负责人批准，并严格履行登记手续，限期归还。借阅单位不得擅自转借他人。

第五，任何人不得查阅或借阅本人及其直系亲属的档案。

第六，查阅档案，必须严格遵守保密制度和《中华人民共和国档案法》有关规定，严禁涂改、圈画、抽取、撤换档案资料。查阅者不得泄露或擅自向外部公布档案的内容。

第七，借用、查阅档案的单位或个人，不得擅自复制档案内容。因工作需要从档案中取证的，必须请示干部档案主管部门审查批准后才能复制（拍摄）。

第二节　档案服务

一、档案服务的要求

（一）满足计划决策人员对档案的需求

计划决策人员包括两个层次的管理人员：中层管理者和高层领导者。满足计划决策人员对档案的利用需求主要有以下几个方面。

1. 从档案信息的性质和范围来讲

计划决策人员要求利用综合性的、可靠的、涉及面比较广泛的档案材料。越是高层的管理者，其考虑问题越要全面、决策越为关键，所以越需要档案人员提供经过加工的概括性、综合性强的高层次信息。

2. 从档案信息的内容来讲

有两方面的材料是所有计划决策人员共同关注的：其一，政策性文件和分析论证材料。其二，历史上处理类似问题所形成的材料，包括决策方案、决策依据、反馈意见等。例如：本单位的机构沿革，工作或经营活动方面的历史情况和统计数据；有关本单位工作业务的国家和地方、上级部门的法律、法规、行政规章；有关某方面工作成功和失败的典型案例分析；国内外同行业的情报材料；等等。

3. 从利用时间和利用方式来讲

在利用时间上，有特殊要求。计划决策人员希望用较少的时间了解较多的信息内容。在利用方式上，计划决策人员很少有时间亲自到档案部门查阅，常常是委托进行，在服务方式上最好做到主动上门服务。

（二）满足基层管理者对档案的需求

基层管理者主要从事具体的业务管理、事务工作。不同性质、不同规模的组织机构，其具体的基层管理工作存在着一定的差别，一般包括生产、财务、人事、行政、销售等部门所进行的业务、事务活动。满足其对档案的利用需求主要有以下几个方面。

1. 从档案信息的性质来讲

从档案信息的性质来讲，要提供具体、详尽、实用性强的信息，能对具体工作给予帮助。档案工作人员应提供详细的检索工具，以方便查询。

2. 从档案信息的内容来讲

从档案信息的内容来讲，往往需要提供关于管理对象的有关信息，范围相对固定。例如，行政管理人员经常利用文书档案，会计人员经常利用会计档案，销售人员经常利用销售档案，等等。

3. 从利用信息的范围来讲

从利用信息的范围来讲，主要是单位内部信息，且其利用比较有规律。

（三）满足科研人员对档案的需求

单位内部的科研人员，一般从事的是应用技术的研究，也有少数是开展基础研究的。另外，单位外部从事基础研究和应用技术研究的科技人员，有时也需要到单位来查询利用相应的科技档案。满足其对档案的利用需求主要有以下几个方面。

1. 从利用信息的范围来讲

从利用信息的范围来讲，科技人员的利用需求比较稳定，通常表现为对某一个或多个相关主题的档案信息的需求。

2. 从利用信息的形式来讲

从利用信息的形式来讲，科技人员更愿意利用原始材料。

3. 从查全率来讲

从查全率来讲，要求提供关于某一专题的完整、准确、系统的成套材料。

二、档案服务的针对性

要了解本单位业务、形势和工作进展情况，增强超前意识，有的放矢、快速高效地做好档案服务工作。

要善于提供经过筛选、综合、归纳和提炼而成的档案编研成品，还要善于利用国家各级各类档案馆的档案，甚至要提供由档案、图书和情报综合而成的信息。

要对不同级别的用户分别对待，明确不同用户的不同利用权限。一般来说，决策层、高级管理者、高级技术人员的利用权限大于一般职工。

三、档案利用服务

“提供档案利用”与“利用档案”是档案利用工作的两大方面。有利用需求，才有档案利用工作，有档案利用工作才能实现对档案的利用。这两者表现为一个过程的两个方面。“提供档案利用”是“利用档案”的前提条件，“利用档案”是“提供档案利用”的目的。

四、档案的电子化服务

档案的电子化服务是计算机技术迅猛发展的形势下兴起的一种档案的新型利用方式。它是指档案部门利用电子化办公设备和现代通信技术，向利用者提供非纸质载体的数字化档案。

由于办公自动化的进一步扩展和深化，特别是电子计算机和通信技术相结合形成了信息技术产业，过去的文字、图表、图形、影像、科技文件材料等各种档案形式都可以采用电子档案的形式进行处理和利用。同时，在国家的倡导下，政府各部门、各企事业在开展网络办公、电子办公等工作中形成了大量电子文件，随着这类档案在各级档案部门中的增多，电子化服务将会在今后得到越来越广泛的运用。

实现档案信息开发利用的电子化具有诸多优势：首先，能将文字、声音、图像结合起来，向利用者提供多媒体信息；其次，能使利用工作变得方便高效，电子化服务通过多媒体的超文本技术，可将计算机存储信息的能力与人脑筛选信息的能力结合在一起，提高检索效率；最后，能够提供超时空、全方位的信息服务。

档案电子化服务的方式主要有以下几种：

（一）直接利用

直接利用即到档案部门直接查询电子档案。这一方式要求档案部门建立完善的档案数据库，配备拥有先进的硬件设备和实用、标准的软件环境的电子阅览室，以使利用者方便高效地利用电子档案。在直接利用中应注意对利用者的利用权限的限定，无论采取哪种方式，系统都应对利用者进行全程跟踪监控，并自动进行相关记录，以保证档案信息的安全，同时也作为对利用工作查证的依据。

（二）提供拷贝

提供拷贝即向利用者提供记录在特定载体上的电子档案，所用的载体应随不同利用对象而异。对使用大型电子计算机设备的利用者，以提供磁带为宜；对使用一般的微型电子计算机设备的利用者，如果档案数据量较少，可用软盘进行提供，若是大量的电子档案，则可考虑用只读式光盘进行提供。在提供拷贝时，应将电子档案转化成通用的、标准的存储格式，以方便利用者查阅使用。

（三）通信传输

通信传输即通过网络环境直接传递档案信息。这种方法比较适用于馆际档案信息的互相交流和向相对固定的档案用户提供档案资料，可以通过点对点数据通信或互联网来实现。这种方式可以在较短时间内提供大量的档案信息，内容丰富、速度快、效果良好。

（四）网络服务

档案网络服务是近几年来基于互联网建立起来的一种全新的档案提供利用方式。其具体方法是档案部门将经过提炼加工后的档案信息连接在专门的网站和网页上，利用者根据自己的需要随时进行异地查阅。网络档案信息服务打破了时空界限，充分发挥了网络的互动功能，利用超文本链接提供多媒体服务，效果十分理想。但目前，网络技术的一些瓶颈制约了网络服务的进一步开展：一是大量的电子档案不可能都存储在网络中，否则将会对网络资源带来浪费，档案部门虽可以采用根据利用者的需求定期向系统加载信息的方法解决这一问题，但毕竟影响了档案信息作用的全面发挥。二是档案利用权限不易控制，档案信息与一般网络信息不同，它有着较强的政治性和机密性，一旦失控，将会给国家和单位造成不可挽回的损失。目前我国网络的安全性还存在着较大的隐患，防范能力差、抗攻击能力弱等技术缺陷较明显，硬件设施、软件环境依赖国外等问题都会影响网络服务的正常运行。三是网络资源需要定期维护、定期更新，需要必要的人力、财力、物力的支持，对档案工作人员的素质也有着较高的要求。就目前的情况来看，一些档案部门的网络服务还流于形式，有些跟着政府上网的大潮建立起自己的网站，但却不知道如何发挥作用，其网站除了一个并不漂亮的主页外别无他物。还有的内容几年如一日，除了一些档案部门的基本信息，如电话、地址、机构设置外，没有真正可利用的内容。如何最大限度地利用网络资源，更新档案提供利用的形式，对档案部门提出了新的挑战。

档案网络服务不仅可以满足现代社会人们对档案的需要，而且也是贯彻我党提出的建设政治文明的重要举措。要保证档案网络服务的顺利进行，各级档案部门应从思想上高度重视，把它作为档案提供利用的重要措施和社会民主化进程的重要举措，在技术、人才等方面加大投入，尽快优化网络服务的技术环境，适应时代发展的要求。

第五章　高校档案管理

第一节　高校档案管理概述

高校档案管理是指对高校在教育、教学、科研过程中产生的档案有目的、有计划、有组织地进行收集、整理、鉴定、保管、统计、检索、利用及传承等实践活动。

一、高校档案的含义、特点、作用

高校档案与高校档案管理是两个既有联系又有不同含义的概念。高校档案是高校档案管理的主要对象，而高校档案管理则是高校档案赖以生存和发挥作用、服务于学校各项工作和社会的重要依托。为了做好高校档案的管理工作，使高校档案管理沿着标准化、规范化和科学化的轨道向前发展，首先必须对高校档案和档案管理有一个大致的了解。

1. 高校档案的含义

高校档案是整个国家档案的组成部分，除形成的范围有所界定外，其主要内涵也就是《中华人民共和国档案法》所指明的档案含义。

高校档案是指高校从事招生、教学、科研、管理等活动直接形成的对学生、学校和社会有保存价值的各种文字、图表、声像等不同形式、载体的历史记录。高校档案的含义包括形成范围、形成方式、形成特征等三个方面。

（1）形成范围

高校档案主要是指高校在从事招生、教学、科研、管理等活动中形成的档案。值得注意的是，这里所指的档案，它与一般文件材料的概念不同，一般的文件不一定都能成为档案，只有按规定由高校所属各部门（或单位）将属于高校归档范围和对学生、学校、社会具有保存价值的文件材料，经过立卷归档后才能称为档案。高校档案是由高校文件材料转化而来的，因此高校文件材料是高校档案的来源和基础，但文件材料并不等同于档案。

（2）形成方式

“直接形成的”历史记录是档案的特性，也是高校档案的特性，是高校档案这一事物区别于其他事物的主要标志。只有高校在从事招生、教学、科研、管理等活动中直接形成的或具有原始性的历史记录（文件材料）才能称为档案，非直接形成的或不属原始记录性的文件材料、参考资料可以称文献或资料，但不能称为档案。具体地说，高校在从事招生、教学、科研、管理等活动过程中，为了与学校各部门、校际乃至国际进行交流与联系，一般都要收集或收到不属于本校直接形成也不反映本校活动工作的文件材料，这类文件材料不属于本校归档范围，也就不能转化为本校档案。

（3）形态特征

“文字、图表、声像”等不同载体是档案的形态特征，也是高校档案的形态特征。高校档案也同其他档案一样，具有纸质和非纸质的各种不同载体形态，如纸质载体和照片、影片、录像、光盘、电脑储存等非纸质载体。经过立卷归档整理程序以后，高校档案又具有了卷、册、袋、盒等形态。高校从事招生、教学、科研、管理等活动形成的文件材料转化为档案的具体条件是：①办理完毕的文件材料才能转化为档案。所谓办理完毕，是指完成文书处理程序，即招生、教学、科研、基建、生产技术、财会等文件材料形成或处理时间告一段落（或年度）后才能转化为档案。②对于学生、学校和社会具有保存价值的文件材料才能转化为档案，凡不属本校归档范围和没有保存价值的文件材料不能转化为档案。③经过立卷整理的文件材料才能称为档案，即按照国家主管部门制定的有关规定，遵循一定的原则和方法，将零散的文件材料分类组成卷、册、袋、盒等形式的保管单位，才具备档案特征。

2. 高校档案的特点

高校档案具有综合性、专业性、交叉性、原始性、信息性、延伸性、机要性等特点。

（1）综合性

各个高校尽管规模大小有别，文理工专业设置不一，但是就机构设置和形成档案的情况而言，都具有综合性的特点，按约定俗成的方式划分，文书档案、科技档案和专门档案样样俱全。

（2）专业性

高校的主要任务是教书育人（培养高层次人才）和开展科学研究活动。为了培养人才和开展科研活动，就必须创造各种条件，这就必然会在师资队伍建设和教学设施、校园建设、教学、科研及人事与财会管理等各方面形成各种专业性档案。《高等学校档案管理办法》增设“学生类”档案类目，这就进一步体现了高校档案的专业性特点。因为高校的主要工作对象是学生，围绕学生形成的档案应当作为高校档案的重要组成部分。将学生类档案与其他各类档案并列，在体现高校档案专业性的同时，也体现了它自身的专业性特点。

（3）交叉性

高校档案不论是按内设机构分类，还是按职能性质分类，有关管理性文书档案和专门性或专业性档案，如学生、教育、科研、基建、仪器设备、产品生产、外事、出版物、财会等各类档案以及各种不同载体的档案，都存在一种交叉的关系。为了便于保管和提供利用，在分类整理时必须充分考虑这种交叉性的特点，注意相互保管和提供利用，在分类整理时必须充分考虑这种重复性的特点，注意相互衔接和尽可能避免重复归类。

（4）原始性

高校档案是在招生、教学、科研、管理等活动中直接形成的原始记录，具有原始性特点。原始性特点是档案区别于图书和一般资料的分界线。从广义上说，尽管档案也属于资料的范畴，但一般图书、资料不具备原始性或原始记录性特点。高校从各项工作参考需要出发，所收集起来的一切公开或内部交流的书报、期刊、简报、汇编、图纸、图表、照片、影片、唱片、录音带等资料，除本校的出版物档案外，一般都属第二次或第三次文献，不具备原始记录的特点，不能起凭证作用，因而也就不属档案的范畴，只能做资料处理。

（5）信息性

高校档案具有信息属性，是社会信息系统中的一个组成部分。高校档案信息的特点是用文字、图表、声像等特定的信息符号和一定的方式将各种信息记录在一定的载体上，使高校进行招生、教学、科研、管理等活动的历史面貌得以保留，得以再现。随着高等教育事业的不断发展，高校档案信息量与日俱增，档案信息资源越来越丰富。因此，创造各种条件，充分利用高校档案信息资源就成为高校档案机构的一项重要任务。

（6）延伸性

随着高校招生、教学、科研和管理工作的不断发展，高校档案的数量也就年复一年不断增加、不断延伸。根据高校档案的延伸性特点，高校档案机构必须按照有关规定，通过严格区分档案的保管价值，及时组织鉴定和销毁超过保管期限的档案，重点保护好需要永久和长期保管的档案。

（7）机要性

高校部分档案内容，在一定的历史期限内具有机要性。需要利用涉密档案时，必须经学校保密部门批准。

3. 高校档案的作用

根据《高等学校档案管理办法》（以下简称《办法》）第十五条所规定的文件材料归档范围，高校档案的基本内容包括党群类档案、行政类档案、学生类档案、教学类档案、科研类档案、基本建设类档案、仪器设备类档案、产品生产类档案、出版物类档案、外事类档案、财会类档案等。该《办法》所界定的档案内容，是以全国整个高校系统即包括文、理、工、艺、农、商、军等各类学校所形成的档案情况为依据的，具体到每所高校，不一定都有这些类别的档案。如有的纯文科院校不一定有产品生产类档案，有的规模较小的专业学院不一定有出版物类和外事类档案。党群、行政、学生、教学、科研、基本建设、仪器建设、财会等类档案则每个高校都有，只是数量不同而已。因此该《办法》第十五条规定："高等学校可以根据学校实际情况确定归档范围。"高校档案在高校招生、教学、科研、管理、编史修志以及为社会提供利用等各个方面都起着重要作用。

（1）在高校招生和向社会输送人才方面的作用

在进行招生工作时，除了必须查阅本校历年招生工作档案作为参考依据外，还需要通过对招收对象即学生个人档案的查阅，全面了解学生的情况，以决定取舍。新生入学后，则必须利用学生的高中档案做基础建立学生高校阶段的档案。由于档案全面系统地记录了学生在校期间的表现，在学生就业时，就为用人单位录用人才提供了依据。

（2）在教学工作中的作用

高校教学质量是决定人才培养质量的关键环节。高校教学质量的保证和提高，离不开教学实践、教学研究和教学管理。在教学实践、教学研究和教学管理等工作中，都离不开对档案的利用，一般都要通过对以往教学档案的利用，不断总结提高，才能为保证教学质量创造条件。同时，教学档案也是学校和教育系统进行教学评估的重要依据。

（3）在科研工作中的作用

从立项审批到科研课题结题，一般都要充分利用相关的档案作为依据。

尤其是在以往科研中形成的相关课题档案更是新课题利用的重点。同时从科学技术交流的角度看，高校科研档案不仅供本校师生享用，已公布的档案也供社会各界科研人员利用。就是说，高校科研档案是开展新课题研究的依据，不仅在校内科研中发挥作用，同时也对校际乃至国际科学技术领域的开拓创新发挥作用。

（4）在学校基本建设中的作用

高校各项建筑工程的兴建、扩建和改建以及工程维护管理，如果没有基础档案做依据，一切都无从谈起，如果不利用反映建筑物原貌的基建档案而盲目施工，就可能造成重大损失。有了完整、准确、系统的基建档案，才能保证高校内各种建筑物兴建、扩建、改建以及工程维护管理的顺利进行。

（5）在维护仪器设备和产品生产中的作用

高校购进的价值在10万元以上的精密、贵重、稀缺仪器设备在使用和维护中必须利用设备档案；在实施产学研结合（生产、教学、科研三结合）的过程中，一般都要利用产品样品或样品照片和录像等档案材料，否则产学研就难以进行。

（6）在学校管理工作中的作用

高校在党群、行政、学生、教学、科研、基本建设、设备设施、产品生产、外事、出版、财会等各项管理工作中，不论是制定和执行哪方面的规章制度，不论是印证和处理何种历史问题，都必须承前启后、继往开来，都必须以史为鉴，以历史记录为凭证。因此，利用学校各类档案就成了不可或缺的要求。学校档案尤其是管理方面的档案，在学校各项管理工作中起着举足轻重的作用。即有则成，缺则失。

（7）在编史修志工作中的作用

定期、适时编写大事记、组织沿革、人物传记和校史校志等，是高校的一项重要任务。为了保证编史修志工作的顺利进行，必须充分利用高校各类档案及相关参考资料。

除上述情况外，高校档案向社会开放、为社会提供服务时所发挥的作用也是不言而喻的。概括地说，高校档案的作用主要体现在两个方面：一是凭证作用；二是参考作用。所谓凭证作用，或叫证据作用，它是档案的第一价值。从法律的角度看，档案被视为一种重要证据，具有法律效用。高校教职人员在履行职责的过程中，为了借鉴历史，总结经验，辨别是非曲直，分析判断和解决某些疑难问题，常常利用相关档案作为依据，以发挥档案的凭证作用。档案的凭证作用是由档案的形成特性决定的。因为档案真实地记录和反映了事物的本来面目，真实地记录和反映了档案形成者的思想行为，同时留下了档案形成者的手迹、声像，能反映历史的真相，因此档案在对内对外的各种工作活动中都能起着真凭实据的作用。所谓参考作用，是指档案的情报性价值，也称第二价值。高校教职人员在从事招生、教学、科研和管理等活动时，常常需要利用档案中记载的某些内容做参考，也就是发挥档案信息的参考作用。

高校档案的凭证作用与参考作用既有区别又有联系。其区别在于，同样的档案内容，利用的目的和要求不同，所起的作用也就不同。其联系在于，不论用于什么目的和要求，档案都能作为说明问题和印证历史的依据。因此有的学者认为："许多档案既有凭证作用又有参考作用。利用人员不同，需要处理的问题不同，则档案所起的作用也就会不同，而且各种档案的凭证作用和参考作用的大小也是有区别的，并且还会随着时间的推移而改变。"

二、高校档案管理

《高等学校档案管理办法》指出，高校档案工作由校长直接领导，分管副校长协助。校长的主要职责：一是作为高校法定代表人的校长要贯彻执行有关档案管理的法律法规和方针政策，切实维护档案法律法规的权威性；二是校长对学校各项工作要统筹兼顾，促进档案工作又快又好发展；三是校长要为档案工作持续发展提供物质条件和保障，这些条件和保障只能加强，不能削弱；四是授予校长领导档案工作的举措和权力，这些职责一经纳入高校校长的管理职责，就成为高校校长应尽的义务，并应承担相应的法律责任。

（一）高校档案管理组织

高校档案工作由校长直接领导后，高校档案机构长期以来不被重视、档案工作困难重重难以推进的现象有望得以解决，高校档案工作在管理上进入了一个新的阶段。

1. 高校档案工作机构的特性

高校档案工作机构的性质由其职能决定，有以下几种特性：

（1）综合性

档案部门相对于学校内部的其他部门而言，其工作涉及学校的各个层面，档案内容既包含领导指令，也有后勤服务，更多的是学校教育教学各项工作中产生的文件材料，是学校文化、办学成果、科学技术的最综合的反映。

（2）服务性

学校档案作为国家档案的一部分，直接为学校的教育教学各项工作服务。

档案部门在学校的行政管理工作中，不仅为领导和管理工作服务，也为教学和科研服务；既面向教师，也面向学生，不仅要做好档案的管理工作，还要提供查问和各方面的信息咨询等服务。所以，服务性是学校档案工作的本质特征。

（3）管理性

档案工作是以科学的手段和方法对具有查考利用价值的文件资料及其他载体的物质有序利用的过程，是学校管理工作的重要内容之一。

（4）机要性

一方面，档案本身是具有机密的内容，甚至涉及国家安全；另一方面，档案是办学过程中长期积累的文化产物，档案的重要性涉及学校的历史和发展。

2. 高校档案机构设置的原则

设置高校档案工作机构应遵循以下原则：

坚持统一管理。实行档案综合管理，它主要包括以下几方面的内容：一是集中统一管理全校各种门类的档案；二是实行档案工作统一领导；三是人、财、物资源的统一计划和使用。

适应工作需要。学校的机构设置是为教学行政管理服务的，管理就要追求最佳效益。学校档案工作既要讲求社会效益，也要争取经济效益。要不断优化馆（室）藏档案结构，实现精简效能的目标。

建立健全机制。学校档案涉及面广，档案数量多，要做好相关的管理工作，重要的是建立学校档案管理网络，便于形成灵活有效的学校档案收集、归档、管理机制，为提高档案的归档率打下基础。

提高服务能力。对于学校而言，学校档案工作机构既是综合性管理部门，也是提供服务的办事机构，不仅为领导和管理工作服务，也面向全体师生、社会服务。学校档案工作机构必须有很强的服务意识，通过主动做好工作，为教学提供优质满意的服务。

维护档案安全。学校档案部门履行综合管理的职能，它的核心是集中统一保管学校的全部档案，维护档案资料的安全，最终达到更好地提供服务的目的。

3. 高校档案工作机构

管理档案的活动是随着学校的发展开展起来的。成立相应的档案管理机构是做好学校档案管理工作的保障。档案机构的任务是把在学校各项工作中产生的具有利用价值的档案保存好，用于学校的建设和发展。过去，由于人们对档案工作认识不足，学校一般没有专门的档案机构。档案工作只是某些部门的附属工作，甚至现在很多学校也是这样。但是，对高校全部档案实行综合管理，是推进高校档案工作的重要原则，也是高校教育体制改革的需要。学校的类型多种多样，规模有大有小。由于办学层次、人才培养目标上的差异，学校档案的内容、数量也不同，因此，档案机构的设置也应根据实际情况确定。对于一些办学规模较小的学校或者中等以下层次的学校，则可根据学校的实际，设置相应的档案工作岗位。

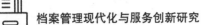

学校档案工作机构是根据学校规模和实际需要来确定的。我国的学校档案工作部门根据其承担的任务和所处的领导层次不同，分别称为档案馆或档案室等。高校档案机构包括档案馆和综合档案室。我国学校内部档案机构从其主体来看，主要有档案馆、综合档案室、信息管理中心和档案室四种类型。

（1）档案馆

独立设置学校档案工作机构，行使档案综合管理职权。按系（处）级设置和建立，直属院（校）长领导。作为学校档案管理的最高级形式，档案馆既是学校档案工作的职能管理部门，又是永久保存和提供利用本校档案的科学文化事业机构。档案馆一般设置在办学历史长、档案工作基础条件好的高校。档案保管量大的高校，有的可成立分馆、分室。

（2）综合档案室

《高等学校档案管理办法》要求："未设立档案馆的高等学校应当设立综合档案室。"综合档案室是机关建立的综合性档案管理机构，它统一管理本机关形成的各种普通档案、专门档案和特殊载体档案。

学校综合档案室是集中统一管理学校档案的机构。综合档案室隶属于学校院（校）长办公室或党政办公室，通常为科级建制，由学校办公室主任兼任综合档案室主任或独立聘任综合档案室主任（兼办公室副主任）。综合档案室对学校在办学活动中形成的各种档案实行统一管理。事实上，由于人事制度历史的原因，绝大多数学校对人事档案并没有纳入统一管理的范畴。今后，随着学校档案集中管理的原则的不断完善，学校综合档案室将在人、财、物投入与信息开发利用上进一步发挥作用。

（3）信息管理中心

信息管理中心是将学校各部、处、系、直属单位的档案、统计、情报资料管理工作一体化管理的部门。因为档案、统计、情报这三项工作是互相联系的，把这三项工作的人员统筹起来，实现一体化管理，可以起到减少编制、设备共享、互相利用、互相补充、互相促进、便于利用的作用，提高档案的社会效益、经济效益，从而提高档案工作的地位。对于学生规模在三千人以下的学校，可以在信息管理中心设档案室，主要利用现代信息技术和科学的管理方法，对教育信息和与教育相关的信息进行采集、处理、储存和传播，成为学校的数据库、信息库和领导管理的参谋部。

（4）档案室

档案室是各机关（包括团体、学校、工厂、企业、事业单位等）统一保存和管理本机关档案的内部机构，是整个机关的组成部分，是属于机关管理和研究咨询性质的专业机构。从全国档案工作来说，档案室是国家档案工作组织体系中最普遍、最基层的业务机构。以上几种类型的档案机构均属于学校的内部组织机构，是各学校“为适应档案管理的自身需要建立的一种专业组织，从事本单位内档案工作的组织管理及档案的保管与提供利用工作。从这一点上看，档案室具有对本机关的依附性”。

过去，学校一般是在校长办公室下设档案室，主要管理文书档案。随着学校档案工作领导体制的转变，高校档案室开始向综合性的方向发展，各校纷纷将文书档案室、人事档案室、科技档案室合并，以综合档案室的形式对学校档案实行统一管理。有的学校规模不大，档案库存数量少或受编制限制，根据学校工作需要，大多没设档案工作机构，只配备档案人员，隶属于院办公室或其他职能部门。隶属于学校办公室的档案机构，有的由办公室主任兼综合档案主任负责，或由办公室副主任负责。有的暂在隶属校（院）办的档案科、室设专职工作，达到精简高效的目的。不管各学校采取哪种机构建制，其档案工作职能都是学校工作的组成部分，是为满足学校工作的需要服务的。

4. 高校档案管理组织机制

高校档案管理按照组织形式可分为集中式和分散式两种管理模式。

（1）集中式管理

各级档案工作机构的设置是二至三层，有的是以档案室命名的基层档案部门，统辖于处、系（部）、科或室之下，只负责本部门的资料、档案等工作。集中式管理是将分散在不同组织、机构的档案工作统一起来进行管理。集中式管理是我国档案机构的一种组织原则，它是由我国的国家结构形式决定的。以行业划分的管理机构体系，像教育系统是从国务院教育行政部门到省、自治区、直辖市人民政府教育行政部门，形成了垂直的管理结构。按照集中统一的原则建设全国高校档案机构将有利于制定统一的发展规划和规章条例，使用统一规格的设备，在业务标准上统一规范管理等。集中式的学校综合档案室下面不再分设档案部门，综合档案室归口学校办公室或秘书科管理。这适合于学校规模以及档案工作量都不太大的学校，大多数普通中等专业学校、一般高等专科学校都采用集中式管理。

（2）分散式管理

分散式管理是只对本部门范围档案负责的档案工作形式。在分散式管理的情况下，往往以相关专业档案产生的工作部门来确定管理关系，分别实施管理。如学生工作处或教务处所属的学生档案室等。由于高校工作有着自身的特殊性，《高等学校档案管理办法》中对于分室保管问题明确指出："需要特殊条件保管或者利用频繁且具有一定独立性的档案，可以根据实际需要设立分室单独保管。分室是高校档案机构的分支机构。"学校的分校区、二级学院或学校所属的其他独立单位都是高校内部的一个单位，这些单位在各项实践活动中也会形成许多具有保存价值的材料。可视需要采取将业务性强、隶属单位常用的档案分室保管的形式，但在业务管理上仍隶属于学校档案机构。

目前，我国中等以上学校普遍没有档案室，一些办学规模较小的学校还没有档案机构，只设档案工作岗位。对大多数学校而言，档案工作隶属于学校的综合档案室，而综合档案室归属在学校党政办公室等机构内。也有一些学校的档案馆是独立存在的。但不论以何种形式存在，档案工作要接受来自行政和专业两方面的制约，因此，学校内部组织机构的管理权限确定了档案机构职能的划分。规模大的院校实现校、学院或校、系两级管理。

一般地说，高校设置档案机构包括档案馆和综合档案室两类，具备以下条件之一的高校应当设立档案馆：一是建校历史在50年以上；二是全日制在校生规模在1万人以上；三是已集中保管的档案、资料在3万卷（长度300延长米）以上。高校档案馆内部机构可设综合办公室、档案收集整理科、档案信息资源开发科、校史编写科、专门档案管理科、业务指导科等。未设档案馆的高校应当设立综合档案室，综合档案室内部机构可设综合办公室、档案收集整理室、档案信息资源开发室等。有条件的高校档案机构，可以申请创设爱国主义教育基地。

5. 高校档案机构的管理职责

根据《高等学校档案管理办法》规定，高校档案机构的管理职责共九条：一是贯彻执行国家机关档案工作的法律法规和方针政策，综合规划学校档案工作；二是拟订学校档案工作规章制度，并负责贯彻落实；三是负责接收（征集）、整理、鉴定、统计、保管学校的各类档案及有关资料；四是编制检索工具，编研、出版档案史料，开发档案信息资源；五是组织实施档案信息化建设和电子文件归档工作；六是开展档案的开放和利用工作；七是开展学校档案工作人员的业务培训；八是利用档案开展多种形式的宣传教育活动，充分发挥档案的文化教育功能；九是开展国内外档案学术研究和交流活动。

（二）高校档案管理人员

高校档案管理人员的基本条件：一是遵纪守法，爱岗敬业，忠于职守；二是具备档案业务知识和相应的科学文化知识；三是热爱档案工作，又有较强的事业心、责任感和服务意识，能够全身心地投入档案管理工作；四是坚持原则，依法办事，公道正派，身体健康；五是具备履行岗位职责所需要的管理工作能力，会使用办公自动化软件。

由于高校是为国家培养栋梁、为社会培养人才的地方，高校档案工作除具有一般档案工作的特性外，还具有自己的一些特别要求，树立良好的职业道德，是高校档案工作人员适应新时代科技、教育、经济发展需要的必然选择。高校档案工作人员职业道德的内涵包括以下几点。

1. 认真履职

高校档案工作人员要充分认识档案工作这一职业对学校教学、科研工作乃至对整个社会发展的作用及重要意义，本着对学校负责、对学生负责、对社会负责的精神，热爱档案工作，具有严谨的工作作风、高度的责任感和敬业精神，忠实地履行自己的职责及义务。

2. 保护历史资料

现代社会充满诱惑，一些个人或集团出于利益，有时会做出不合事实的陈述，而还原其本来面目的最省力资料就是档案。档案人员必须担当起保护历史资料的重任，珍惜档案，尊重历史，求准求实，保持档案资料的完整齐全。

3. 保守秘密

档案工作具有政治性的特征，学校档案也同样如此。档案工作人员在档案的利用过程中，必须严格遵守国家有关保密工作的法律法规，确保档案在政治上的安全。在高校档案管理由传统的封闭或半封闭型转向社会开放的过程中，强调档案的政治性尤为重要。

4. 提供优质服务

高校档案中的学生档案、科研档案及教学档案在校内和社会上查询需求量都比较大，按照规定提供优质服务，是档案工作发挥作用的最终体现。

因此，要求档案工作人员在档案的利用上狠下功夫，要练就一套娴熟的服务技能，以热情的态度、精湛的技术，更快、更好地做好服务工作。提高档案工作人员职业道德水平的途径：一是加强职业道德教育。要为档案工作者提供学习和培训的机会，在提高其业务水平的同时，加强职业道德的教育。二是加强职业道德宣传，要充分利用大众传播工具和媒体，宣传档案工作者中的先进典型，弘扬正气，以此形成良好的社会舆论氛围，进一步提高档案工作者的职业道德意识。三是把提高职业道德意识与奖惩办法结合。在档案工作实践中，对坚守职业道德，恪尽职守的先进人物应予宣传表彰。同时，对少数玩忽职守者，进行严肃的批评教育并给予必要的惩戒。

（三）高校档案管理制度

档案保管工作是为了解决档案寿命的时限性与人们利用档案的长远性间的矛盾而产生的，高校档案保管工作就是维护档案完整与安全的活动。

1. 高校档案的安全防护

高校档案的安全防护内容既丰富又十分重要。其主要工作内容有以下几点。

（1）档案流动过程中的安全防护

档案流动过程中的安全防护，是指在档案工作各个环节中对档案进行的保护。该工作需要档案管理人员和利用人员接触档案时轻拿轻放，不要使档案文件与水、火等危及档案安全的因素接近，注意减少档案的机械磨损等。

（2）档案保护技术工作

档案保护技术工作是指防止档案受损，延缓档案蜕变和抢救、修复受损档案的活动。这些活动主要有档案储存环境的控制、档案有害生物的防治、档案修复等。

（3）防止档案的损坏

了解和掌握档案损坏的原因和规律，通过开展经常性的具体工作，采取专门的技术措施，最大限度地减少各种损坏档案的不利因素，把档案的自然损坏率降到最低限度。

（4）延长档案的寿命

档案保管工作不仅仅在于防止档案的自然损坏，要从根本上采取积极措施，改善档案的保管条件，提高档案的复制与修复技术水平，尽可能地延长档案的寿命。

（5）维护档案的安全

维护档案的安全，一方面是指档案作为一种物质，必须最大限度地使其存在下去；另一方面是指档案作为高校一种重要的历史财富，要在管理过程中保证其在内容上的安全，如不能丢失和泄密等。

2. 高校档案的保管要求

（1）加强重点，照顾一般

在高校档案保管工作中应加强对永久保存的档案的保管和重要立档单位的档案的保护，确保档案保管、保护的基本条件。

（2）以防为主，防治结合

保护档案的措施比较多，概括起来有两种：一种是预防措施，比如防盗、防火、防虫等；另一种是治理措施，比如灭火、杀虫、消毒、恢复字迹等。相比较而言，预防的支出要比治理的少得多。因此，在高校档案保管工作中一定要“无病先防”“以防为主”，在预防失败的前提下再去治理，否则会事倍功半。

（3）立足长远，保证当前

档案保管工作既要着眼于社会的长远利用，又要保证当前各项工作的现实利用。因此，将保管与利用有机地结合起来，不能为保管而保管。档案工作的最终目的是利用，通过档案的被利用，获得更多产出，发挥高校档案的社会效益和经济效益。

3. 高校档案的鉴定销毁

档案是保存历史记忆的载体，是人类社会承前启后、保持继续发展的自备知识能源。人类社会发展的过程中源源不断地产生着不同内容和载体的记录材料，当政者或当事人往往根据自身需要和取舍标准对其进行选留收藏或者丢弃，这种行为就是档案的鉴定。档案鉴定包括两个方面的内容：一是整理前归档文件的价值鉴定，包括确定是否需要保存，若要保存时，应保存多长时间；二是对保存时间已到期的档案材料确定是继续保存，还是销毁。

（1）归档文件价值鉴定的含义

归档文件价值鉴定是指按照国家关于档案保管期限的规定，判定归档文件的价值，确定有价值文件的保存期限，剔除无价值的应予以销毁的文件的过程。它包括两个阶段：

第一阶段，在机关文件归档时，对文件能否转化为档案进行资格审定，确定其是否属于归档范围，同时剔除没有保存价值的文件材料。归档的过程就是对文件选择的过程，说到底是看该文件是否有保存价值。因此归档范围的确定实际上是对文件价值的初步判定，是档案鉴定工作的第一关口。

第二阶段，对进入归档范围的文件材料，根据其在日后保存过程中可能产生的不同作用来确定档案的生存期，提出应保存的年限。划分档案的保管期限是对文件价值的进一步判定，是决定档案命运的关键所在。

（2）归档文件价值鉴定的意义

通过将不同价值的文件区别整理，可以合理使用人力、物力、财力和时间。同时不同价值的文件经过整理后相对集中，为日后档案室进行保管利用，以及到期移交进馆也提供了方便。将不同保管期限的文件从实体上区分开来，为有针对性地开展后续工作打下基础。因此，各高校档案部门应依据文件整理原则，对不同保管期限的文件提出不同的整理要求。

（3）归档文件价值鉴定的原则

根据本校工作和为国家积累历史文化财富的需要，用历史的、辩证的、全面的、发展的以及效益的观点，正确分析和鉴别档案的保存价值，准确划分档案的保管期限，这就是档案鉴定工作的原则。

①要用历史的观点鉴定归档文件的价值。

档案是历史上人类从事实践活动的产物，档案的内容、形式是与其形成的历史条件密切联系的。因此，要分析档案的价值，就必须结合相应的历史条件，具体分析档案的内容和形式，以及档案和文件的相互关系、历史条件、特定的作用，并结合当前和将来的利用需要来考虑其保存价值，不能单纯以上级文件还是下级文件来衡量其价值。历史的观点还应包括历史研究价值，应充分认识到文件在反映地方史、教育史、经济史、文化史、专业史、社会生产史等方面的价值。

②要用全面的观点鉴定归档文件的价值。

第一，要全面分析档案各方面的特征，要从来源、内容、形成时间、文种、载体形式等方面，综合判定档案的价值。

第二，要全面地把握被鉴定档案与其他档案的联系，不能孤立地判断单份文件的保存价值，而应将有关文件材料联系起来，才能准确地做出判断。

第三，要全面地预测社会对档案利用的需要；社会对档案的利用是多层次、多角度、多方面的，所以在鉴定归档文件的价值时，既要考虑本校需要，又要考虑社会其他方面的需要；既要考虑当前的需要，又要考虑长远的需要。

总之，要全面地分析档案的价值，切忌仅从本校、本部门或仅从某一点需要出发，轻易地确定档案的价值和保管期限。

③要用发展的观点鉴定归档文件的价值。

由于档案的价值有时效性和扩展性的特点，现在有用的档案随着时间的推移，将来可能没有用处；现在尚未用上的档案，将来可能有用处。因此，判断档案的价值和作用，要用发展的眼光，既要看到当前的作用，又要看到将来的需要。总之，鉴定档案要运用辩证唯物主义和历史唯物主义的观点和方法，预测档案的长远价值。

④要用效益的观点鉴定归档文件的价值。

效益的观点是指在分析档案的价值时，要考虑到收益与付出之比。只有当档案发挥的作用超过因保存所付出的代价时，才能判定其具有保存价值。在鉴定工作中，应摒弃多多益善、怕担责任而盲目拔高的观点，通过鉴定将那些在政治、经济、军事、科学、文化、教育等方面有较高利用价值的档案保存下来，尽可能为社会带来较大利益。反之，如果花费大量人力、物力，去保存那些价值较小的档案，就会得不偿失。

（4）高校归档文件价值鉴定的依据与标准

①高校归档文件价值鉴定的依据。

档案分为永久和定期两种，定期一般分为 30 年、10 年。《机关文件材料归档范围和文书档案保管期限规定》规定，永久保管的文书档案主要包括：本机关制定的法规政策性文件材料；本机关召开重要会议、举办重大活动形成的主要文件材料；本机关职能活动中形成的重要业务文件材料；本机关关于重要问题的请示与上级机关的批复、批示，重要的报告、总结、综合统计报表等；本机关机构演变、人事任免等文件材料；本机关房屋买卖、土地征用，重要的合同协议、资产登记等凭证性文件材料；上级机关制发的属于本机关主管业务的重要文件材料；同级机关、下级机关关于重要业务问题的来函、请示与本机关的复函、批复等文件材料。

定期保管的文书档案主要包括：本机关职能活动中形成的一般性业务文件材料；本机关召开会议、举办活动等形成的一般性文件材料；本机关人事管理工作形成的一般性文件材料；本机关一般性事务管理文件材料；本机关关于一般性问题的请示与上级机关的批复、批文，一般性工作报告、总结、统计报表等；上级机关制发的属于本机关主管业务的一般性文件材料；上级机关和同级机关制发的非本机关主管业务但要贯彻执行的文件材料；同级机关、下级机关关于一般性业务问题的来函、请示与本机关的复函、批复等文件材料；下级机关报送的年度或年度以上计划、总结、统计、重要专题报告等文件材料。

②高校归档文件价值鉴定的标准。

档案的价值是客观存在的，但人们对客观事物的认识能力是不同的，难免带有主观性和片面性。为使人们的主观认识活动最大限度地符合实际，保证鉴定工作的质量，就必须建立明确的档案价值鉴定标准。判定高校中一份文件该不该归档或保存时间的长短，首先要看它与本校教学、科研和管理工作的联系如何以及自身的作用如何。凡是联系密切、在工作中起重要作用的，价值就大。反之，价值就小或根本没有保存价值。我们可以从以下四个方面来鉴定高校归档文件。

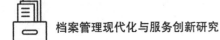

一是职能标准。职能标准是指按归档单位所在教育系统的地位和重要程度来决定其档案的价值。最高级别的单位、首脑机关、核心部门与一般部门、服务后勤部门形成的文件，其价值应有所不同。一般情况下，行政级别越高，其形成的档案越重要。在确定档案的保管期限时，对于各个行政级别的部门，永久档案所占比例会有所不同。同时，高校档案部门会尽可能保存对其职能起凭证、评价作用的文件材料，以及能够证明单位的存在、发展和历史作用的文件材料，也就是反映本校主要职能及基本历史面貌的文件材料。

二是来源标准。来源标准要求体现档案的形成者，文件的价值应体现在产生和发出文件的地方，因此要充分重视形成者的重要地位，本校形成的文件材料应当是保存的重点。在鉴定文件的价值时，重点看它是本校产生的，还是外单位产生的，而不能简单地认为上级的就比本校的重要。

三是内容标准。内容标准强调内容的重要性和唯一性。在分析文件的内容时，主要是看它的重要程度如何，是方针政策性的、重大事件的，还是一般行政事务的；是主要职能的，还是非主要职能的；是反映全面和全局工作的，还是反映局部工作的；是有针对性的，还是普发性的；是有效时间内的，还是失去时效的；是典型的，还是一般的。同时还要注意基础数据、典型材料、原始数据、专题材料的价值。

四是形式特征标准。形式特征标准是指文件的名称、文本、外形特征等。

文件的名称不同，作用不同，价值也就不同。“法”“令”“决定”的特定作用就决定了它的价值高于“规定”“批复”和“函”。

文本是指文件的正本、定稿、修改稿、草稿等。由于作用不同，其保存价值也就不同。草稿、修改稿都是未定稿，都不具有法律效力，因此一般情况下没必要保存，只有个别情况下，有重要领导人直接修改和指示的，才应当保存。

外形特征，主要指载体形式，一般是指非正式的文件。由于这些材料不具有文件的特征和效力，因此往往得不到应有的重视。其实它也是在工作活动中产生的，对文件起辅助说明的作用。特别是一些重要的照片、音像材料、领导人题词、奖旗、证书等实物，都生动地记录了真实的历史事件，是不可多得的档案资料，应得到足够重视。

（5）高校归档文件保管期限的划分

根据归档文件的保存价值，对高校归档文件进行保管期限的划分，制定保管期限，并以保管期限表为根据，确定文件的保管期限。高校档案保管期限表是以国家档案局制定的《文书档案保管期限表》为依据并结合高校实际情况制定的，供学校档案部门作为划分档案保管期限的依据。

①深入实际，摸清家底。

凡本校在职能活动中形成、办理完毕、具有保存价值、能作为档案留存的文件材料都应该整理归档。高校档案部门在起草本项制度前，应首先深入本校各工作部门，了解文件的形成和办理情况，将其工作活动中形成的各类收文、发文、会议文件、内部材料等，就其性质、种类、载体、数量等方面了解清楚，并按部门列出清单，将反映学校教学、科研和管理职能活动的文件都涵盖在此范围内。然后，依据国家的有关规定，对这些文件材料分别提出归档范围和保管期限，然后再将这些意见反馈给各部门，让各部门进行修改和补充。高校档案部门也可以通过同相关人员开展座谈会的方式，从文件材料的现实效用和历史查考作用两个角度给予正确的判定。

②切合实际，操作性强。

在制定制度时切忌生搬照抄，不能只将国家或有关高校的规定拿来一抄了事。不同高校制定的制度必须体现出各自的特点，某校制定出的制度往往并不能通用于其他高校。此外，鉴于这一制度是开展整理工作的基本依据之一，在起草时，条款宜细不宜粗，每一条款都必须针对某一种文件，而且尽量不要使用“重要的”“一般的”等难以把握的限定词。

③以我为主，突出重点。

高校形成的文件，按来源可以分为两部分：一部分是本校制发的文件，包括本校的对外发文和本校的内部文件；另一部分是本校的收文，包括上级来文、兄弟院校的来文。本校的文件是与本校从事的教学、科研和管理活动密切相关的，其直接、系统、全面地记录了本校的历史。整理归档后的本校文件又是工作和历史研究的第一手材料，而本校的收文，只是从侧面间接地反映本校的工作活动和工作历史。因此，在确定归档范围和保管期限时，本校形成的文件材料是收集归档的重点。

（6）划分档案保管期限应注意的问题

①正确理解保管期限中“重要的”和“一般的”文件材料的含义。

在国家档案局制定的《文书档案保管期限表》中出现了许多“重要的”和“一般的”文件材料的文字，如何理解它们的含义，这是划分保管期限应高度重视的问题。所谓“重要的”是相对而言的，是通过对具体事物进行分析得出的。例如：从职务看，职务高的比职务低的重要；领导比一般工作人员重要；从行政级别看，行政级别高的比行政级别低的重要；从来源看，本校形成的比校外的重要；从范围看，针对本校的比普发的重要；从性质看，法规性的比一般业务性的重要；从涉及面看，全局性的比局部的重要；从时效看，长久有效的比短期有效的重要；从作用看，凭证性的比参考性的重要；从影响程度看，历史意义的比一个阶段的重要；从知名度看，知名度高的比知名度低的重要；从文件名称看，通知、函等重要；原始的第一手材料比第二次文献资料重要；决定、决议、条例、规定比通报、意见重要；一般有处理结果的、有结论的比没有处理结果的、没有结论的重要；从规模看，规模大的比规模小的重要；从职能活动看，反映主要职能的比相关职能的重要；从事物本质看，反映客观规律的比主观意志的重要；从会议名称看，党代会、教代会比一般工作会议重要。

②正确理解“事务性”和“临时性”文件材料的含义。

事务性文件主要指在行政后勤管理层面形成的文件材料，临时性文件主要指在当时的活动中发挥作用，事情办完，其价值就消失的文件材料。许多事务性文件同时满足临时性文件的要求。

（7）普发性文件的归档要求

普发性文件指同一份文件，在相同的时间内各机关单位均收到的文件。这些文件内容多属于当前的中心工作，或各机关单位必须了解的。此类文件若没有政策规定，除上级发文机关保存外，其余单位均不归档。

（8）高校逾期档案的鉴定与销毁

①高校逾期档案鉴定与销毁的原则。

对高校保管期限已满的档案应遵循“审查从严、留存从宽”的原则。根据《中华人民共和国档案法》《高等学校档案管理办法》等的规定，对学校保管期限已满的档案进行严格审查鉴定，对失去保存价值的档案按规定进行销毁。

②建立学校档案鉴定销毁工作小组。

档案馆建立档案鉴定销毁工作小组，负责学校逾期档案的鉴定与销毁工作。该工作小组应编制逾期的档案目录，与归档部门进行论证，对逾期档案进行鉴定，并对鉴定结果提出销毁或延长保管期限的书面意见。

③销毁逾期档案的工作程序。

首先，编制销毁逾期档案登记表。销毁目录登记表的项目包括责任者、文件题名、销毁时间、销毁原因、备注等。其次，撰写鉴定销毁报告，其内容包括鉴定情况、销毁主要内容（附销毁清册）、销毁方式、销毁地点和鉴定人员等。再次，将鉴定报告和鉴定销毁登记表报学校保密委员会和主管校领导审批。经校长签字批准后，方可销毁。最后，送指定地点销毁。经批准应销毁的档案，必须送指定地点销毁，不得出售或做其他使用。销毁档案时，由鉴定销毁工作组织人员和两名相关业务人员进行现场监销，监销人员须在销毁档案目录上签字，存档备查。

（四）高校档案管理办法

为规范高校档案工作，提高档案管理水平，有效保护和利用档案，教育部和国家档案局根据档案法和有关规定制定了《高等学校档案管理办法》。此法中所称的高等学校档案，是指高等学校从事招生、教学、科研、管理等活动直接形成的对学生、学校和社会有保存价值的各种文字、图表、声像等不同形式、载体的历史记录。《高等学校档案管理办法》中指出高校档案工作是高等学校重要的基础性工作，学校应对档案工作加强管理，将其纳入学校的整体发展规划中。我国高校档案的最高级别主管部门是国务院教育行政部门，省、自治区、直辖市人民政府教育行政部门主管本行政区域内高校档案工作。国家档案行政部门和省、自治区、直辖市人民政府档案行政部门在职责范围内负责对高校档案工作的业务指导、监督和检查。

1. 高校的档案管理

①高校应当建立、健全档案工作的检查、考核与评估制度，定期布置、检查、总结、验收档案工作，明确岗位职责，强化责任意识，提高学校档案管理水平。②高校应当对纸质档案材料和电子档案材料同步归档。③高校实行档案材料形成单位、课题组立卷的归档制度。学校各部门负责档案工作的人员应当按照归档要求，组织本部门的教学、科研和管理等人员及时整理档案和立卷。立卷人应当按照纸质文件材料和电子文件材料的自然形成规律，对文件材料系统整理组卷，编制页号或者件号，制作卷内目录，交本部门负责档案工作的人员检查合格后向高校档案机构移交。④归档的档案材料应当质地优良，书绘工整，声像清晰，符合有关规范和标准的要求。电子文件的归档要求按照国家档案局发布的《电子公文归档管理暂行办法》《电子文件归档与管理规范》执行。⑤高校档案材料应当及时归档。⑥高校档案机构应当对档案进行整理、分类、鉴定和编号。⑦高校档案机构应当按照国家档案局《机关文件材料归档范围和文书档案保管期限规定》，确定档案材料的保管期限。对保管期限已满、已失去保存价值的档案，经有关部门鉴定并登记造册报校长批准后，予以销毁。未经鉴定和批准，不得销毁任何档案。⑧高校档案机构应当采用先进的档案保护技术，防止档案的破损、褪色、霉变和散失。对已经破损或者字迹褪色的档案，应当及时修复或者复制。对重要档案和破损、褪色修复的档案应当及时进行数字化

处理，加工成电子档案保管。⑨高校档案由高校档案机构保管。在国家需要时，高校应当提供所需的档案原件或者复制件。

2. 档案的利用与公布

高校档案机构应当按照国家有关规定公布档案。未经高校授权，其他任何组织或者个人无权公布学校档案。属下列情况之一的，不对外公布：

①涉及国家秘密的；②涉及专利或者技术秘密的；③涉及个人隐私的；④档案形成单位规定限制利用的。

凡持有合法证明的单位或者持有合法身份证明的个人，在表明利用档案的目的和范围并履行相关登记手续后，均可以利用已公布的档案。境外组织或者个人利用档案的，按照国家有关规定办理。

查阅、摘录、复制未开放的档案，应当经档案机构负责人批准。涉及未公开的技术问题，应当经档案形成单位或者本人同意，必要时报请校长审查批准。需要利用的档案涉及重大问题或者国家秘密，应当经学校保密工作部门批准。

高校档案机构提供利用的重要、珍贵档案，一般不提供原件。如有特殊需要，应当经档案机构负责人批准。加盖高校档案机构公章的档案复制件，与原件具有同等效力。

高校档案机构是学校出具档案证明的唯一机构。高校档案机构应当为社会利用档案创造便利条件，用于公益目的的，不得收取费用；用于个人或者商业目的的，可以按照有关规定合理收取费用。社会组织和个人利用其所移交、捐赠的档案，高校档案机构应当无偿和优先提供。寄存在高校档案机构的档案，归寄存者所有。高校档案机构如果需要向社会提供利用，应当征得寄存者同意。

高校档案机构应当积极开展档案的编研工作。出版档案史料和公布档案，应当经档案形成单位同意，并报请校长批准。

高校档案机构应当采取多种形式（如举办档案展览、建设档案网站等），积极开展档案宣传工作。有条件的高校，应当在相关专业的高年级开设有关档案管理的选修课。

3. 条件保障

①高校应当将高校档案工作所需经费列入学校预算，满足档案工作的需求。②高校应当为档案机构提供专用的、符合档案管理要求的档案库房，对不适应档案事业发展需要或者不符合档案保管要求的馆库，按照《档案馆建设标准》的要求及时进行改扩建或者新建。存放涉密档案应当设有专门库房。存放声像、电子等特殊载体档案，应当配置恒温、恒湿、防火、防渍、防有害生物等必要

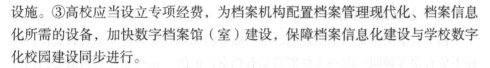

设施。③高校应当设立专项经费，为档案机构配置档案管理现代化、档案信息化所需的设备，加快数字档案馆（室）建设，保障档案信息化建设与学校数字化校园建设同步进行。

4. 奖励与处罚

高校对在档案工作中做出下列贡献的单位或者个人，给予表彰与奖励：

①在档案的收集、整理、提供利用工作中做出显著成绩的；②在档案的保护和现代化管理工作中做出显著成绩的；③在档案学研究及档案史料研究工作中做出重要贡献的；④将重要的或者珍贵的档案捐赠给高校档案机构的；⑤同违反档案法律法规的行为做斗争，表现突出的。

有下列行为之一的，高校应当对直接负责的主管人员和其他直接责任人员依法给予处分；构成犯罪的，由司法机关依法追究刑事责任：

①玩忽职守，造成档案损坏、丢失或者擅自销毁档案的；②违反保密规定，擅自提供、抄录、公布档案的；③涂改、伪造档案的；④擅自出卖、赠送、交换档案的；⑤不按规定归档，拒绝归档或者将档案据为己有的；⑥其他违反档案法律法规的行为。

第二节　高校档案的收集与整理

档案资料是档案工作的物质基础，是提供利用服务的基本条件。由于学校在办学的各项活动过程中形成了各种类型的大量的文件材料，而这些文件材料在未来收集归档之前是分散在党政管理、教育教学、科研等许多活动过程中的。因此，将档案资料按照一定的方式收集、整理、分类装订、立卷之后移交档案馆统一保管十分重要。

一、高校档案的收集

在档案管理系统中，收集、整理、编目、检索、鉴定与开发利用等工作环节，构成了各种不同的分项工作系统，各项工作系统相互依赖、相互依存、相互作用，共同发挥档案管理的系统功能。在这个系统中，收集工作是档案形成过程中的最基础的环节，如果没有收集工作，就如同“巧妇难为无米之炊”，档案工作也就失去了根基。只有通过收集工作形成完备系统的档案资料，才能更方便于日后的档案利用工作，发挥档案的价值。因此，高校档案收集与归档工作是高校档案形成的基础。

（一）收集归档的内容

档案收集工作是档案工作的开端。面对浩如烟海的各种原始资料文件，往往不免有很多疑问：哪些文件资料是有档案价值的？哪些文件资料需要归档？需要归档的文件材料又该如何归档？因此，为了档案管理工作的有序开展，应在档案工作共同的管理法规、规范的指导下明确或建立各高校相应的工作标准。

1. 收集归档的制度

《中华人民共和国档案法》第十条规定："对国家规定的应当立卷归档的材料，必须按照规定，定期向本单位档案机构或者档案工作人员移交，集中管理，任何个人不得据为己有。"这是我国以法律形式明确的最重要的归档制度。同时，《高等学校档案管理办法》第二十四条规定："高等学校中的个人对其从事教学、科研、管理等职务活动所形成的各种载体形式的档案材料，应当按照规定及时归档，任何个人不得据为己有。对于个人在其非职务活动中形成的重要档案材料，高校档案机构可以通过征集、代管等形式进行管理。高校档案机构对于与学校有关的各种档案史料的征集，应当制定专门的制度和办法。"

做好档案收集归档工作是做好学校档案工作的保障。学校在成立档案工作机构后，就应根据党和国家以及上级机关的有关规定，建立相应的档案管理制度体系，归档制度是其中重要的制度之一。归档制度主要包括各类文件材料整理及归档办法，各类文件材料分类方案、归档范围和档案保管期限，归档时间要求，学校各部门和有关人员档案工作责任制，档案装订规范，卷内文件整理排列规范等内容。其中，文件材料分类方案、归档范围、保管期限表，简称"三合一"制度。"三合一"制度是基层文书档案人员在实践工作中形成的一项文书档案管理制度，一般呈现为表格形式，有按机构分类、问题分类两种体制，表现为文件材料分类方案、归档范围、保管期限三部分内容。

2. 文件材料的归档范围

这里讲的归档范围，亦即学校教育教学的基本活动领域。《高校档案管理办法》关于归档范围的确定具体要求高校应当对纸质档案材料和电子档案材料同步归档。

高校文件材料的归档范围如下。

（1）党群类

党群类主要包括高校党委、工会、团委、民主党派等组织的各种会议文件、会议记录及纪要；各党群部门的工作计划、总结；上级机关与学校关于党群管理的文件材料。

（2）行政类

行政类主要包括高校行政工作的各种会议文件、会议记录及纪要；上级机关与学校关于人事管理、行政管理的材料。

（3）学生类

学生类主要包括高校学生的高中档案、入学登记表、体检表、学籍档案、奖惩记录、党团组织档案、毕业生登记表等。

（4）教学类

教学类主要包括反映教学管理、教学实践和教学研究等活动的文件材料。按原国家教委、国家档案局发布的《高等学校教学文件材料归档范围》的相关规定执行。

（5）科研类

按原国家科委、国家档案局发布的《科学技术研究档案管理暂行规定》执行。

（6）基本建设类

按国家档案局、原国家计委发布的《基本建设项目档案资料管理暂行规定》执行。

（7）仪器设备类

仪器设备类主要包括各种国产和国外引进的精密、贵重、稀缺仪器设备（价值在 10 万元以上）的全套随机技术文件以及在接收、使用、维修和改进工作中产生的文件材料。

（8）产品生产类

产品生产类主要包括高校在产学研过程中形成的文件材料、样品或者样品照片、录像等。

（9）出版物类

出版物类主要包括高校自行编辑出版的学报、其他学术刊物及本校出版社出版物的审稿单、原稿、样书及出版发行记录等。

（10）外事类

外事类主要包括学校派遣有关人员出席国际会议、出国考察、讲学、合作研究、学习进修的材料；学校聘请的境外专家、教师在教学、科研等活动中形成的材料；学校开展校际交流、中外合作办学、境外办学及管理外国专家、教师、国际学生等的材料；学校授予境外人士名誉职务、学位、称号等的材料。

（11）财会类

按财政部、国家档案局发布的《会计档案管理办法》执行，高校可以根据学校实际情况确定归档范围。归档的档案材料包括纸质、电子、照（胶）片、录像（录音）带等各种载体形式。

根据国家教育委员会、国家档案局发布的《高等学校教学文件材料归档范围》，高校教学文件材料归档范围包括以下几个方面。第一，上级教育主管机关下达的指令性、指导性文件：教育改革、教学计划、专业和课程设置、招生、毕业生分配等方面的计划、指示、规定、办法等。第二，综合性教学文件材料：学校制定的各种教学制度、办法、规定、条例，教学工作的各种统计表。第三，招生工作的材料：招生计划、简章、专业介绍、新生名册，代培计划、合同，招生工作总结等。第四，学籍管理的材料：新生登记表，学生学籍卡片、成绩卡，在校学生名册，学生学籍变更（升级、留级、休学、转学、复学、退学）的材料。第五，学生奖惩材料。第六，教学计划、方案和教学大纲，教学改革方案、总结。第七，教材方面的材料：自编、主编教材的正本，各系各专业教材使用目录。第八，教学实习、生产实习方面的材料：教学实习、生产实习的计划、大纲、总结、实习指导书、实习讲义、实习结果鉴定，有代表性的实习报告等。第九，课堂教学材料：课程安排表，课程进度表，教师任课安排，典型讲义、教案，各系各专业的考试题。第十，优秀的、典型的毕业论文、毕业设计及评审意见。第十一，研究生及硕士、博士学位获得者的名册、学位论文及有关审批文件。第十二，毕业生分配材料：毕业生分配计划、方案、报告、总结、分配名单、毕业证书存根，供需见面的计划、合同。第十三，毕业生质量调查材料：学校对毕业生质量调查的计划、总结、调查表，使用单位对毕业生质量的评审意见等。第十四，师资培训的计划、考核和总结，出国进修等文件。第十五，教研室的教学总结、教师教学经验总结、教师教学质量奖励材料、教学情况调查表。第十六，教师工作量的规定及执行情况。第十七，夜大学、函授部和各类培训班、进修班形成的文件和材料。

因此，各高校应当在《高校档案管理办法》下，根据学校本身的特点和需要，在收集制度中划分出归档范围，做好档案收集的第一项工作。另外，除了应归档的文件材料，下面是不归档的文件材料范围，各高校可以根据自身特点做出取舍：

一是本校制发的重份文件，一般除特别重要的文件可保留 2 ~ 3 份外，凡同一文件均只保留一份正本，同时保留该文件的草稿、定稿；二是本校或不相隶属机关印发的无查考利用价值的一般事务性、临时性文件，如会议临时通知、要求上报文件材料的公函、洽谈工作的介绍信，外单位不属于主要职能活动的一般文件，如启用印信的通知、节假日放假通知等；三是未经签发的文电草稿、一般性文件除定稿外的历次修改稿，铅印文件中除主要领导人亲笔修改稿和定稿外的各次校对稿；四是询问一般性问题，提出一般性建议或意见的群众来信，无特殊保存价值的信封；五是学校内部互相抄送的文件材料；六是本校负责人兼任外单位职务形成的文件材料；七是从各方面搜集来的参考性文件材料；八是相关负责人参加非主管部门召开的会议带回的不需要贯彻执行和无查考价值的文件材料；九是其他单位任免、奖励非本校人员的材料；十是非隶属单位或越级抄送的一般的不需要办理的文件材料；十一是上级召开的重要会议文件，同级单位之间协商工作的往来文件以及下属部门年度以下的总结、统计报表、一般专题的报告等不必备案的文件材料。

（二）收集归档的原则

为了确保将应该归档的文件材料齐全完整地归档，在确定收集范围和划分保管期限时，应把握基本原则，概括地说，主要从以下几个方面加以把握：

1. 循规律原则

遵循文件材料的自然形成的特点和规律。学校档案是在学校各项教育教学活动中产生的，真实地记录和反映学校的历史面貌，文件材料整理工作应维护学校工作内在联系的整体性，顺应文件材料自身的形成特点和规律。其中包含三层意思：在整理文件材料时，一是注意活动的整体性，二是注意文件本身的完整性，三是在对文件进行分类和排列时保持文件材料之间固有的自然次序，如归档文件整理依照会议通知、报告、决议，重要文件的初稿、讨论稿、修改稿等自然形成加以排列。保持文件材料间的历史联系。所谓文件间的历史联系，就是文件在产生和处理过程中形成的内部相互关系。文件之间的历史联系，主要表现为文件的来源、时间、内容和形式等几个方面。

2. 校本位原则

校本位原则即在收集归档工作中要讲求和坚持“本位主义”，即在遵循档案工作基本性质和指导原则的前提下，将本校产生的文件材料列为重点，尤其是反映教育教学活动的材料和一些重大活动会议资料。坚持校本位原则，因为每所高校是自己档案材料的负责人，如果本该悉心保管的档案资料一旦丢失，往往无法从其他地方找到材料弥补，从而造成损失。因此，要把涵盖本校基本历史面貌，反映主要的教育教学活动，并在今后的工作中具有考查利用价值的所有文件材料纳入归档范围，切实搜集和保管好学校自己产生的档案，以最大限度保存学校的真实历史。

3. 人为重原则

人为重原则即重视与人相关的文件材料。以人为重的原则体现的是“以人为本”的概念在各项活动中的运用和落实，与人有关的文件材料也将在我们的档案工作中引起足够的重视。因此，今后在整理文件材料时，如果是涉及行政编制、社会保障、劳资政策、人事待遇，包括干部职工录用、转正、调资、定级、离退、聘任、复转等问题，凡与个人利益密切相关的文件材料，都是重要的原始材料，这些文件材料不仅利用率会越来越高，而且具有维护社会和谐的重要意义，因此是重要的归档材料，在定保管期限时应从长划定。

4. 维权益原则

维权益原则是指文件材料所反映的内容有法律依据，具有凭证价值，有利于维护学校和个人利益，主要涉及本校的产权、债权债务、学校与各有关集体或个人的经济利益关系等方面的文件材料，这一类的文件材料要保证收集归档。

5. 便利用原则

便利用原则是指档案的收集归档要方便保管利用。作为档案最重要的价值恐怕就是为各项工作提供资料了，因此档案的收集归档要有规律可循，便于日常查找调用，不能成为装样子的收藏品和展览品。

6. 重质量原则

随着质量管理理念在学校管理各个方面的渗透，我们不能忽视质量管理在档案管理工作中的作用。档案的收集归档要贯彻应用“质量观”，便要求档案馆（室）工作人员能够综合运用现代管理技术、专业技术、现代化设备和科学方法，能够科学有序地做好档案收集归档工作，建立档案的电子备案数据库，从而对馆藏档案有个清晰全面的了解，及时剔除无用冗杂档案，补充规整有价值、有需要的档案。

（三）收集归档的时间

学校各类文件材料的归档应区别处理。根据学校工作的特点，一般来说，教学类文件的归档时间以学年度为基点：学校内各个部门应当在一学年的下学期即 6 月底前归档，各院系等单位应当在次学年寒假前归档。科研类材料应当在课题或项目完成后两个月内归档，基建类档案应当在工程项目完成后三个月内归档。财会类归档材料应由学校财会部门按照会计档案归档的要求，负责整理装订成册。当年的会计档案可以在会计年度结束后，由财务处或本单位财务部门保管一年，期满之后编制案卷目录，于次年6月底前向档案馆移交。学校各教学单位本学期毕（结）业的学生材料，应在下学期开学两个月内向档案馆移交；学校各科研、基建、后勤等部门，应在项目完成并通过鉴定验收后两个月内向档案馆移交。各个高校可根据本校的教学等基本活动的计划安排，规定各类档案的归档时间，要在统一管理下，保证档案的及时收集归档，防止档案资料的丢失。

（四）收集归档的要求

高校教学档案收集整理的目的是开发学校教学档案信息资源，向社会、学校提供有价值的信息，为学校教学工作决策提供参考，加强学校与社会间的广泛交流与合作。然而当前高校档案收集与归档工作中仍然存在一些问题。例如：档案收集与归档工作缺乏强而有力的制约措施；档案管理手段落后、人才缺乏；应归档的材料残缺不齐，不能完整地反映教学活动及学校发展过程的全貌，或者有部分档案记载的内容与事实不符，造成档案质量下降；不能满足信息化的时代要求，收集整理手段落后，仍以传统手工操作为主；等等。档案在形成初期是分散的，将文件材料转化为档案，只有通过收集归档工作才能实现。因此归档时，要防止眉毛胡子一把抓的现象，注意突出学校特色，应对学校的档案收集归档工作做一下要求。

1. 档案收集归档要及时

及时全面地把档案收集归档，保证馆（室）藏档案的丰富完整，档案是否完整是衡量档案工作做得好坏的重要标准之一。因此在档案收集归档时要做到随时收集，随时处理，防止文件材料的遗漏和堆压，从而造成档案混乱和丢失。

2. 档案收集归档要全面

收集归档工作的全面性要求，不仅要按照归档范围严格进行档案的收集归档，还要做到三个方面。一是搞好平时收集工作。平时收集是指在执行归档制度外对零散文件的收集。加强文件的平时收集工作，是保证归档制度落实和不断完善的有效办法。平时收集的内容为零散文件的收集、“账外”文件的收集、专门文件的收集、重大活动文件材料的收集。二是同时做好裁撤机关档案的收集工作。近年来，有些高校需要进行合并或者转型，在此过程中，机构裁撤的情况不可避免，但是裁撤机关的档案应该做好相关的交接代管，不能出现机关裁撤，档案也随之丢失的情况，以避免档案丢失造成的相关损失。三是重视电子文件及其他非纸质档案的归档。档案可以划分为纸质档案、非纸质档案两大类。当今时代已步入数字化时代，电子档案与纸质档案已成为密不可分的关联体，因此，对非纸质的档案，如电子档案、照片、音像档案、实物档案等其他载体形式的档案也要同步收集归档。

3. 档案收集归档明重点

明确收集归档的重点是指各校在确定归档范围和保管期限时，应结合学校实际情况，特别强调对学校重点活动、重要会议、重要事件、基本建设项目、科研项目、教育教学改革、典型人物等方面的材料的收集范围，保证不缺失材料，并从长远角度出发确定保管期限，因为这些内容最能体现和代表自己学校与众不同的文化、精神内涵方面的特色，最能反映学校发展或前进的历史轨迹，都是作为永久保存的档案资源，对这些文件材料要保证收集齐全完整。

4. 档案收集归档重质量

首先，加强档案资料来源的调查和指导，收集的资料必须完整齐全、真实、文字清楚。其次，明确归档材料的质量标准，如档案的格式、字迹标准及规格，同时要严格注意档案的完整性和准确性，不完整的一定补齐，不准确的要严格核查。否则，就不能发挥档案的凭证查考作用，甚至给工作带来损失。

5. 档案收集归档强人员

强人员即提高档案管理者的业务水平。档案工作人员不仅要有较强的档案意识和高度的责任心，还要有一定的档案知识和处理技能，并且要有基本的档案价值判断能力。而且随着计算机的普及和通信技术的广泛运用，从事档案管理，不仅需要掌握档案学基础理论，具有专业知识、业务实践能力和专门的知识结构，还要掌握当前档案发展趋势和计算机的相关知识。

6. 档案收集归档立制度

形成领导重视，全体教职工配合的局面。档案管理者要按照健全的规章制度履行职责，才能把工作做好。此外，还要成立专门的领导机构抓档案管理工作。推行档案归档的标准化，档案馆接收档案时，应履行相关手续，填写档案移交清单一式三份，交接双方签字盖章。档案移交清单由档案馆和立卷归档单位分别保存。

总体上，收集归档工作在做好以上六点要求的同时，也要做好“三纳入”“四同步”和“四关系”。“三纳入”即纳入学校发展计划和规划、纳入学校管理制度、纳入管理人员岗位责任制。“四同步”即下达工作任务与提出相关文件材料的归档要求同步；检查高校工作与检查相关文件材料形成积累情况同步；评审、鉴定教学质量、教材、毕业论文、优秀教学成果与审查、验收档案，材料同步；毕业分配、上级评审材料、教师考核晋升与档案部门出具归档证明同步。“四关系”即处理好档案材料的完整与简洁的关系；处理好归档保存与再利用的关系；处理好常规档案与特殊档案的关系；处理好专、兼职档案人员收集整理的积极性与调动各个方面收集整理工作积极性的关系。

（五）收集归档的办法

收集工作是档案工作的重点，也是一个难点。因为要收集的档案在很大程度上处于不确定或稍纵即逝的状态。收集工作应注意培养广大教职工的档案意识，发挥基层人员的作用，调动全员参与的积极性，做好学校档案工作的重要一环。在高校档案的收集整理过程中必须做到完整、准确、精练、规范。鉴于高校教学等各项工作的连续性和长期性，在整理收集各类有关部门教学资料时，可抓住每学期开学、期中、期末三个关键时期定期收集整理，把档案的收集整理工作纳入经常化、制度化和正规化的轨道。档案收集工作是广角度、多层次的，要重视现行文件的归档。档案的收集方式主要有以下几种。

1. 随时收集

在一项工作完成之后，及时将有关资料收集归档。在部署工作时，同时安排对文件资料的归档，逐步形成良好的工作习惯。对于基建档案、照片档案、荣誉档案等则在项目完成之后随时收集，收到事半功倍的效果。特别是一些容易遗漏的档案资料，如出国人员带回应归档的材料，有关人员外出开会及调动应归交的材料等。

2. 制度归档

归档制度是使文件材料流向档案管理部门的规程，是为文件材料的收集所做的制度保证。根据学校文件材料的形成规律，在开展各项工作时，要同时关注文件材料的及时收集归档，即在归档管理办法的指导下根据文件材料的实际情况，按照公元年度、教学年底分别收集。一般每年 3 月为财会档案收集月，10 月为教学档案收集月。同时，每学年、每学期结束时，应进行阶段性的教学总结，布置下一阶段工作；某一项教学工作或活动结束时，如招生、教学评估、毕业生质量跟踪调查的工作均是收集建档的好机会。

3. 主动征集、上门收集

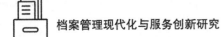

在日常工作中，有的人档案意识不强，办完一件事，文件材料没有及时归档，需要时文件早已不知去向了。在归档问题上，由于人们的认识不一致，有的人不愿上交该归档的材料，担心自己使用时不方便。因此，这就需要档案部门一是发挥工作的主动性，多说服动员，努力把该归档的文件材料收集齐全。二是尽可能参与到某些活动中去，了解活动过程，随时注意收集材料。三是对重要的或者散佚的文件材料，精心核查寻觅，还要采取主动上门征求的办法进行收集，弥补某些重要材料的空白。

4. 复制

对散失的或者孤本文件，采取复制的办法进行收集。如借用其他机关或个人的藏本，进行临摹或复印的方式，争取能够丰富馆藏档案，完善档案文件体系。

5. 接收

接收的档案，主要是撤销学校、撤并组织的档案，还包括接收内部撤销机构、单位的档案。近年来，不少高校进行了裁并等组织形式的改革。对于裁撤的学校组织、机构本身收藏的档案，要及时找到接收单位进行保管，防止机构裁撤带来的有价值的档案丢失，造成损失。

6. 接受捐赠

接受捐赠主要是接受校内外的校友的捐赠。对于一些年代久远，却有纪念等档案价值的文件材料，可能会由于当时工作的疏忽，造成遗漏，而校友作为活动的参与者、事件的经历者往往保存学校没有的资料，因此接受校友捐赠是很好的丰富档案的方法。

总之，档案资源是一个长久不断的积累过程，档案收集是一项经常的、深入的、具体的工作，不可能一劳永逸。应该坚持随时收集和集中收集相结合的办法，各种方法同时进行，建立完整的档案收集体系。

二、高校档案的整理

“档案管理所要解决的核心问题就是使无序状态的档案文件有序化。”归档文件材料的整理工作，就是按照科学的方法、规则，将零乱的和需要进一步系统化的文件材料组织成有序的单位，使之有效地提供利用的环节和过程。

（一）档案整理的内容

档案整理的内容包括以下三层含义。

首先，档案整理是对收集起来的文件材料进行加工的过程。在没有加工归档之前，原有各项工作的文件材料还不能称为档案，因此不能有效地提供利用。这便需要负责立卷的文书或业务部门把收集起来的档案资料进行基本的分类、组卷、卷内文件的排列、案卷封面的编目、卷内文件目录的填写、卷内备考表以及案卷的装订。

其次，档案的整理是将无序的文件材料系统化和有序化的过程。所谓系统化，即在整理时，按照文件材料的来源、形成时间、重要程序、形成等方面的不同特点，将文件材料进行基本的分类、组合、排列和编目，组成有序体系。保持文件材料之间的有机联系，使其能更容易地被检索和反映内涵。所谓有序化，是将文化材料按照一定的规律进行编排，使其系统脉络明晰，因果关系清楚，便于查证。以此，在日常工作中，便需要学校档案室（馆）对接收归档的案卷进行系统的整理。比如对于那些不符合整理要求的案卷，不便于保管和利用的案卷，进行局部调整，对于零散文件进行全过程的整理、对案卷进行系统的排位等。

最后，文件材料的整理是按照科学的方法和规则进行的，是一项专业技术性的工作。通过收集工作集中到档案室的档案，只有经过科学整理，使零散的文件材料实现条理、有序，并将其中的关键成分通过整理凸显出来，才能有效地提供利用。这不仅要求学校的档案管理工作要有法规的指导，还要求档案管理的工作人员能够掌握现代信息技术，提高业务水平。

（二）高校全宗的划分

全宗是指机关、团体、企事业单位或著名人物在社会活动中形成的档案的有机整体，是档案馆、档案室对档案进行科学管理的基本单位，也是国家档案全宗的基本单位。全宗理论的核心是“来源原则”，坚持全宗理论，必须维护档案来源的统一性和整体性，要求档案的收集、整理、保管、利用都必须以维护一个立档单位的全部档案材料的不可分散性为前提，同一全宗的档案文件不能分散，不同全宗的档案文件也不能混淆。在我国，全宗是档案管理的基本要求，是档案管理工作的理论依据，是档案保管、统计、监督的基本单位。按全宗管理不仅是根据来源区分档案的一种管理方法，也是我国规定的档案管理原则。要想很好地理解高校全宗的划分，首先要理解以下几个概念。

第一，全宗的构成者。全宗的构成者即立档单位，指构成档案全宗的国家机构、社会组织、个人或生产建设、科研项目的组织者。这些机构组织一般需要满足三个条件：工作上，可以独立行使职权，并能以自己的名义对外发文；财务上，是一个会计单位或经济核算单位，可以编制财务预算或财务计划；人事上，有一定的人事任免权，设有管理人事的机构或人员。当立档单位发生变化时，要酌情考虑是否变更全宗划分。对于以高校组织构成的立档单位发生变化时，应主要从其政治性质、生产关系和基本职能等方面去考察是否有根本性的变化。一般性变化，则不宜割断全宗构成者的时间联系，不宜划分新的全宗。

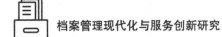

第二，全宗的表现形式。全宗的表现形式主要分为两种：一般表现形式和补充表现形式。一般表现形式主要有事物全宗，指以社会实践活动的客观事物为特征组成的全宗；人物全宗，指以人物为特征组成的全宗，其内容主要是著名人物在实践活动中形成的档案整体。补充表现形式主要有联合全宗，指由两个或两个以上的立档单位形成的，互有联系而不易区分全宗的档案构成的全宗；全宗汇集，由若干个立档单位形成的，可以区分全宗，但数量很少的档案，按照一定的特征组合起来构成的全宗；档案汇集，由不明所属全宗的零散文件，按照一定的特点集中起来。

第三，全宗的分类。分类亦称“归类”，是指根据事物的同和异将其集合成类的过程。全宗内档案的分类是档案整理中的一个重要环节，是确定立卷、编目和案卷排列上架的具体方法的基础。通过分类可以揭示出文件材料间的内在联系，为档案的整理、保管和提供利用创造条件。全宗内档案分类指的是在区分全宗以后，把同一全宗内的档案按照档案的来源、时间、内容和形式上的异同，将全宗内的档案分成若干层次和类别，构成有机体系的一项工作。这项工作主要包括选择分类方法、制定分类方案和档案文件归类三个方面，其中，分类的质量在很大程度上取决于分类方法的采用是否合理。因此，要根据档案形成的特点和规律来选择分类法，分类标准与做法要一致，分类层次要科学合理，不能过简过繁，分类要便于保管和利用。主要分类方法包括以下几种。

1. 按档案来源分

按档案来源分，主要有三种，即组织机构分类法、作者分类法和通讯者分类法。组织机构分类法，即按立档单位的组织机构来分类。作者分类法，即按文件的作者（机关或个人）分类。通讯者分类法，即按与立档单位有来往通讯关系的机关或个人分类。

2. 按档案的形成时间分

按档案的形成时间分，主要有两种，即年度分类法和时期分类法。年度分类法，即根据文件形成的年度将全宗内档案分成若干类别的方法。时期分类法，即把档案按照立档单位在发展变化过程中形成的不同时期（或阶段）分类，而在较长的阶段内又可按年度分类整理。

3. 按档案内容分

按档案内容分，主要有两种，即问题分类法和地理（地区）分类法。问题分类法，即按档案所反映的问题来分类。地理（地区）分类法，即按文件内容所涉及的地理区域分类。

在各高校实际的档案工作中，以上诸分类法中使用较多的是年度分类法、组织机构分类法和问题分类法，而单纯采用其中一种的比较少，大多结合使用。复合的分类形式主要有年度—组织机构分类法、组织机构—年度分类法、年度—问题分类法、问题—年度分类法。一般是以一个维度把档案分类，再在已分类的档案下面按照另一个分类法将档案分类。例如，年度—组织机构分类法，即首先把全宗内档案按年度分开，然后在每个年度下面再分组织机构。这种方法适用于立档单位内部机构经常变化但不复杂的全宗，现行机关的档案采用较适宜。而组织机构—年度分类法，便是首先把全宗内档案按组织机构分开，然后在组织机构下面再分年度。这种方法适用于立档单位内部机构多年稳定或调整不大的全宗，一般多用于撤销机关的档案。

（三）立卷与编目

文书材料的立卷，又称组卷，就是将学校工作中形成、运转，并处理完毕的有关文书材料，按着一定的规则和联系分别装订成册或装盒。对已经处理完毕的文书材料之所以要进行立卷，是由文书材料本身所具有的参考作用和凭证作用等历史价值所决定的。

1. 立卷的作用

文书材料立卷的具体作用，主要表现在以下几个方面。

其一，便于学校日后的考察利用。学校在日常工作实践中形成的有关文书材料，不仅具有指导工作和传播信息的现实价值，而且具有供日后工作查考利用和可做凭证的历史价值。文书材料中记载的学校工作开展的情况、机构演变的过程、问题处理的经过、事情成败的原因、人员的结构和变化等，对学校工作的继续和进一步开展，具有一定的参考价值。如学校研究教育改革、制定长远规划、总结工作经验、复查有关案件、处理合同纠纷、清理以往债务和起草有关文件等，都离不开对原有文件材料的查考和利用。

其二，便于学校在日后工作中有关文件继续贯彻执行。在文书材料中，有的效用是一次性的或短期的，如“通知”“通报”和“决定”等；但是许多文件的效用是长期的，有的可能几年或几十年。如租赁合同、基建计划和拨款方案等文书材料，在一个年度里可能会执行一部分，即使有了一定的进展和成果，也只能说明是工作仅仅告一段落，其余都还需要继续进行。对于长期产生实际效用的文书材料，必须长期保存，而且要保存好，也不能因机构和人员的变动而丢失。

其三，便于反映学校历史发展的真实面貌。一个学校的大量文书材料，都是在学校日常实践活动中根据实际需要而自然形成的。所以，一个学校的文书材料，就是该学校的专业设置、人员构成、工作成果和建造规模等全貌的真实记录。这些原始的文书材料，随着历史的不断发展，就构成了祖国教育事业发展的历史记录，构成了祖国宝贵的历史文化财富。所以，对文书材料进行及时立卷，不仅便于当今工作的查考利用，而且将会积累大量的历史资料，为后人研究历史、研究科学提供丰富的、有价值的借鉴性史料。

其四，便于保持文书材料之间的内在联系。学校在日常实践活动中根据实际需要形成的许许多多的文书材料，就某一份来说是孤立的，并独立地反映着一个特定的内容，但是就总体来说又可以将这许许多多的文书材料按其所反映的不同内容分成若干类，而且就同一类中的同一项工作或同一个问题所形成的若干份文书材料之间又是有着密切的乃至不可分割的内在联系的。立卷的作用之一，就是将具有内在联系的文书材料放在一起，以便于有关人员的利用，也便于保持事物本来的联系和全貌。

其五，便于保证学校文书材料的完整和齐全。学校日常工作中形成和运转的各种文书材料，由于工作需要，有的在文书人员手里，有的在领导同志手里，有的被其他单位临时借走。文书材料长期分散各处，不仅不便于其他人的利用，而且更容易丢失，也容易破损。及时将各有关文书材料收集起来组成相应的案卷，就可以避免丢失和破损，进而保证其完整和安全，只有这样，才能更好地保证为日后的利用提供服务。

其六，便于文书材料的保存。单位的文书材料由于规格不一，是不便于保存的。将文书材料加以分类，组成相应的案卷，并加以装订，既便于搬运，又便于保存。

其七，便于文书档案的收集。文书档案收集工作的一项重要任务就是要保证文书档案的齐全完整，而立卷的本身就是从基础上保证文书材料的齐全完整，并为档案馆的工作奠定良好的基础。

2. 立卷的依据

立卷工作的法律依据有《高等学校档案管理办法》《高等学校档案工作规范》《机关文件材料归档范围和文书档案保管期限规定》《电子公文归档管理暂行办法》等。立卷工作的校本依据是各高校的档案管理办法。

3. 立卷的原则

（1）以本学校形成的文书材料为主，避免重复立卷

立卷时，各学校都应该以本学校所形成的文书材料为主。如果各学校和各机关把所运转的各种文书材料立入卷内，会造成重复而引起不必要的麻烦。

（2）保证立卷文书材料的齐全完整，防止对反映学校重大活动的文书材料的遗漏

这一原则，是由立卷的目的和社会对文书档案工作的要求所决定的，在社会主义现代化建设中，无论是制定发展规划、确保方针政策，还是总结经验教训、制定改革方案，都需要参考大量的历史资料。而这些大量的文书材料，需要文书档案及时提供。研究历史事件更需要有大量的齐全完整的文书档案做依据。所以，立卷时就必须注意将学校各项重大活动中所形成的文书材料都组入卷内，将反映每一具体活动的文书材料都组入卷内，而且反映每一具体活动的文书材料也要齐全完整。

（3）尊重文书材料的历史联系，反映学校工作的真实面貌

文书材料的立卷，旨在为学校保存一套工作记录，但其更重要的目的是为祖国积累丰富的历史文化财富，确凿地记载祖国的文明发展史，并为日后总结工作经验和进行科学研究提供真实的凭证和大量的参考资料。所以，文书材料的立卷工作，是一项维护党和国家历史真实面貌的伟大事业。为使所立的文书档案能够很好地反映学校工作的真实面貌，在立卷工作中注意保持各文书材料之间的本来历史联系是非常重要的，因为文书材料是在工作实践活动中自然形成的，它们之间的先后顺序和主从关系，也是根据实际需要而自然确定的。

（4）以文书材料反映的问题为主，便于查考利用

在一个学校里，所立卷的文书材料一般都可以组成许多案卷。组卷时，可以考虑时间特征，也可以考虑作者特征。

（5）案卷的组成要适宜，便于管理

因为文书材料的大小都是有一定规格的，所以对组卷的适宜程度，主要是指案卷的厚与薄，案卷太厚了，不便于装订和翻阅，更不便于影印，太薄了，

在管理的文书档案中卷皮所占的比重又太大，写卷皮费的时间又多，所以组成中等卷为宜，即卷内一般在两三百页为宜。

4. 立卷的步骤与方法

做好预立卷工作。预立卷工作就是为使立卷前所搜集的文书材料便于立卷，解决所搜集文书材料的科学放置问题，各归档单位根据本部门文件材料形成规律，参照本校的档案归档范围和保管期限表，预先编制立卷类目。立卷类目，就是根据学校新的一年的实践活动可能产生的文书材料，遵照立卷原则，既兼顾文书材料之间的内在联系和当年的查考利用，又考虑年终立卷的需要和方便，而编制的预计性的全年案卷名册。预立卷工作的主要内容如下。

（1）收集材料

做好日常管理材料收集工作直接影响档案立卷工作的质量。因此，在日常工作中要树立敬业精神，不断增强档案意识，注意工作中重大活动的动向，摸清文件材料形成的规律，主动收集、及时追问文件的下落，以防遗漏，要做到脑勤、嘴勤、手勤、脚勤，做到文件材料勤收集、勤整理、勤维护，不拖拉、不积存。收集就是将办毕的文件材料随时或定期收上来，要求及时、齐全，次要文件连同有关资料一并收回。收集的对象主要是承办部门的有关人员，也包括学校的领导人。平时归卷是根据立卷的要求对随时产生的、处理完毕的文件材料归入拟制好的立卷类目中，兼职档案员应在当年年初或上一年年末，根据类目准备若干卷夹，并适当准备一些随时增补用的卷夹。卷夹封面和卷夹的卷脊上抄写类目名称。然后将卷夹按顺序排号，以备随时归卷和查找文件。通常的做法是为立卷类目的每一条目准备一个卷夹，随时将办毕的文件归入。

（2）鉴别

对收集来的文件进行分析判断，主要是看三项内容。一是检查文件材料是否办毕，“文件处理单”、签报、发文稿纸上的“办文结果”栏是否签署姓名，是否有领导批复。没有办毕的应立即退回，没有签署、办复的应进行补办。二是检查每份文件材料是否完整，有无缺页，是否正件、附件齐全，是否有错漏号码等，文书处理程序是否完成，处理的来龙去脉是否注明，遇有不清之处应及时询问承办人。三是鉴别文件材料的性质、特征、保存价值，以正确判定应归入哪个归卷类目。

（3）归卷工作

将检查完毕的文件按案卷类目对号入座，归入卷夹。经过借阅归还的文件，亦应随时销账归卷。对于不须立卷归档的文件材料，可以另备卷夹单独存放。

在平时归卷中要注意根据文件的变化情况，随时修改与调整案卷类目，增补有关条款。

（4）预立卷类目的修改与调整

事先编制的立卷类目难免会与实际形成的文件有出入，这是很正常的。在平时归卷过程中，兼职档案员可以根据文件的实际情况，随时进行修改或增补。每年年终或次年年初，应总结经验并结合下一个年度的工作计划，对类目进行一次全面的调整与修改，以备下年度使用。

（5）立卷

在立卷工作中，既要考虑文书材料的不同特征，又要兼顾文书材料的固有价值。做好立卷工作首先要按照立卷的六个特征进行分类，分别为问题特征、时间特征、作者特征、名称特征、地区特征、通讯者特征。具体按照以下标准进行。

问题特征，指的是根据文档材料所反映的问题、工作性质，以及所涉及的人物、事物，按照问题特征进行分类，就是将反映一个问题的材料归到一个卷内，便于日后考察利用，这一特征在立卷中运用得最多。

时间特征，指的是档案材料内容所针对的时间，这一时间与文书材料形成的时间大体是相同的。按照时间特征立卷，就是将属于同一时间（如年度、季度、月份等）的文书材料立在一个卷内，便于反映学校一定时期的各项活动。

作者特征，按照档案的制作单位或者同一作者在一定情况下形成的有关文书材料立在一个卷内，便于集中反映一个单位或领导人的各项活动。

名称特征，指的是各类文书的名称。按名称特征立卷，就是将名称（如“条例”“命令”“通知”等）相同的文书材料立在一个卷内，便于反映案卷的性质和价值。

地区特征，也称地理特征，指的是文书材料内容所涉及的地区。按地区特征组卷，就是将反映同一地区的各项活动立在一个卷内，不过这一特征在学校立卷中很少出现。

通讯者特征，又称以收发文单位为特征，指的是文书的收文单位和发文单位。按照通讯作者特征立卷，就是将一单位与另一单位之间的往来文件立在一个卷内，便于反映两个单位之间的共同活动和关系，这一特征在学校立卷中也很少用。

文书材料分别具有六个立卷特征，但并不是说立卷时要分别按着六个特征单独立卷。而是应该在一个卷内使各立入的文书同时具备较多的特征（两个、三个乃至四个），以便于材料之间的联系更为紧密。当然卷内各文书的几个相同特征，也并不是平行的，而是应是以某一特征为主，以它连接其他几个特征。这样的卷，所反映的内容比较集中。实践证明，以问题特征为主，连接其他特征，将有关文书材料组在一个卷内的立卷方法是可行的、有效的。

因此，各学校在组卷时基本都采取了这一方法。这一组卷方法的优点如下。其一，便于反映学校历史的真实面貌。学校的文书材料，都是根据实际活动的需要形成的，所以以问题特征为主的立卷方法便可以将围绕学校某一问题（或事件）而形成的各有关文书材料组在一个卷内或相邻的几个卷内，比较完整地反映学校历史的真实面貌。其二，卷内各文书材料的内在联系密切，逻辑性强，便于卷内文书材料的组合排列。其三，由于问题集中，便于日后对同类文书材料的查考利用。其四，因为在考察利用中人们往往是按照问题提出的，并且历史越悠久越如此，因此对这样的案卷入馆后则不必做更多的调整，可以节省档案馆的时间和人力。

5. 立卷中应注意的几个问题

立卷中经常遇到并需具体处理的问题包括几点。第一，适当考虑文书材料的保管期限，将同一问题而又同一保管期限的有关文书材料组在一个卷内，这是很理想的；但是如果文书材料较多，一卷容不下，组在相邻的几个卷内也是可以的。但是保管期限也不是绝对的，可以根据实际需要变通，以材料的完整保存和便于利用为基准。第二，适当考虑文书材料所反映的问题，以问题为主也不是绝对的，在同一保管期限的相近的两三个问题不能独立地组成一卷，可以组成一个综合卷，或称混合卷，这样的案卷，按问题查找起来也并不困难。第三，在卷内文书材料的排列上凡是属于同一问题的，各文书材料可按形成时间并结合其重要程度进行排列；凡综合卷内的文书材料，则应将问题集中在一起，然后按各种问题内的文书材料的形成时间和重要程度排列。第四，及时编写页号，以免材料混乱或丢失。第五，凡属绝密文书材料，一般要单独立卷，不必受文书材料多少的严格限制。

6. 编目

（1）登记卷内目录

在案卷的开头，往往都有个“卷内文书材料目录”，又简称“卷内文件目录”或“卷内目录”。这主要是为介绍卷内的文书材料内容和便于日后查找而设的，所以，如果卷内文书材料很少，也可不设。卷内目录，一般包括以下几项：顺序号，指的是卷内的文书材料排列顺序；出处、作者，指的是形成文书材料的单位和领导人；文书材料标题，又称“文件标题”“文件题名”；文号，指的是文书材料的原始发文号；页号，指卷内文书材料所在各页的顺序号；备注。

（2）拟定案卷标题

案卷标题，就是案卷的具体名字。通过它揭示卷内文书材料的概括内容，为查考利用提供方便。所以要求概括得精准无误，而且文字要通顺、简练。案卷标题的拟定，最好在登记卷内目录时同时进行，因为当时对卷内的文书材料的各种情况都比较清楚，以免事后忘记再重新翻阅。案卷标题一般由以下几个部分构成。一是作者。文书材料的作者可能是某一个单位或几个单位的人，也可能是几个单位或几个人，要写清单位和职务。二是卷内所反映的问题。卷内各文书材料所反映的问题是案卷标题的核心部分，是查卷和调卷的主要依据。所以，能否准确地标明卷内所反映的问题，是拟定案卷标题的关键。卷内所反映的问题少时比较好写；多则需要斟酌，加以概括，既要体现重点和中心问题，又要包括或联想到其他各有关问题。同时，在文字上要力求简练，并要注意体现党的方针政策。三是卷内文书材料名称。文书材料的名称体现了它本身的性质和重要程度，案卷标题中准确地标出卷内文书材料的名称，对日后查考大为有利。因为案卷的组成一般都以问题为主而不是以名称为主，所以，一个卷内往往有几个名称的文书材料，因此在拟定案卷标题时对各个文书材料的名称也要予以准确概括，特别要突出重点文书材料的名称。

（四）高校案卷的组织

高校档案管理工作是一项系统工程，设立专门的档案工作机构提高了档案工作在学校的地位，但是，有了档案机构还不能保证做好高校档案管理工作。同样是档案管理，高校的档案管理与普通档案馆的工作却有着很大的不同。从前面谈到的学校档案收集和整理的范围来说，要搞好学校档案工作，必须运用科学的管理手段和方法，在集中统一管理的基础上，努力做到制度化、规范化、现代化，实现有效管理。结合学校实际，要做好以下几方面的工作。

1. 建立健全管理制度

无规矩不成方圆，学校档案管理工作当然要依法办事、依章办事。我们开展高校档案管理工作，首先应该遵循《中华人民共和国档案法》，《中华人民共和国档案法》是我国档案管理工作的基本依据。《高等学校档案管理办法》不仅适用于各类普通高等学校、成人高等学校，也适用于各级各类普通教育学校的档案工作。除了国家、行业层面的法规，校本档案管理规章制度是档案人员和广大师生员工共同遵守的管理措施和行为准则，也是有效调整学校档案管理的相关关系，处理档案工作中的基本问题的原则性依据。学校档案工作除了加强宣传外，还要加强档案工作的规章制度建设。要依靠制度对全校的档案进行管理，因为没有一定规范化的制度要求，集中统一管理就难以落实，提供利用服务就更无从谈起。制定出适应学校特点的规章制度，使档案工作有章可循、有据可依、责任明确，是档案工作正常开展的保证。特别是在档案工作的初创阶段，建立必要的制度，形成制度化的管理，可以使档案工作更顺利地开展。

2. 学校档案管理法规

国家关于档案管理有《中华人民共和国档案法》和《高等学校档案管理办法》等相应的法规，在这些法规中提出了总的原则要求，但由于各校在规模、层次、级别上存在着区别，因此在开展学校档案工作时还需要根据《中华人民共和国档案法》和《高等学校档案管理办法》，结合本校的实际情况制定出本校的具体的实施细则、办法。要制定综合性的学校档案管理办法，其中应当明确本校的档案机构和工作职责，确定档案管理运行机制、归档规定和相关要求，根据本校的规模和馆藏档案量来决定综合档案室的级别、档案工作人员的编制人数等。学校的档案管理办法应作为统一、规范管理学校档案工作的总纲，统领学校档案工作。

3. 部门（文书）立卷归档制度

按照档案统一管理的要求，建立文书处理部门立卷制度对于规范文书处理，促进档案工作的科学化、规范化管理都有着重要的意义。文书立卷归档制度主要包括以下内容。

（1）明确归档整理责任

学校档案的来源广泛，要做到疏而不漏，就需要层层明确归档职责。对校内各部门立卷提出要求，把文秘人员或兼职档案员所承担的相应责任落实到位。

（2）明确档案归档范围

明确档案归档范围包括明确主要门类和载体的档案归档办法及要求。

（3）确定分类方法

在对全校档案整体把握的情况下，制定适当的分类方案。分类方案应根据学校规模、档案的构成情况考虑，一旦确定，不要经常更改，应在一段时期或较长时期内保持稳定，以利于归档和利用。

（4）统一归档要求

归档要求包括“时间要求、归档材料的质量要求、格式要求”等。其中基本要求归档文件材料应齐全完整。已破损的文件材料应予以修复，字迹模糊或易退变的文件材料应予以复制。归档文件材料形成时所使用的书写材料、纸张、装订材料等应符合档案长期保护的要求。具体应对格式、笔记、纸张做详细要求。

在实际工作中，由于学校的办学规模不同，机构设置、档案工作基础、文书处理等方面都存在着巨大的差别，有关人员的业务素质参差不齐，在具体实施时，应根据具体情况和实际特点，具体问题具体解决，坚持在方针指导下灵活处理。

4. 课题组立卷的归档制度

前面我们曾提到了“四同步”管理的规定，即在布置、检查、总结、验收各项工作的同时，检查、总结、验收档案工作，目的是使每项重要的教学、科研、党政管理等工作都能有系统、完整准确的文件材料归档。按照《高等学校档案管理办法》的要求：“学校各部门负责档案工作的人员应当按照归档要求，组织本部门的教学、科研和管理等人员及时整理档案和立卷。立卷人应当按照纸质文件材料和电子文件材料的自然形成规律，对文件材料系统整理组卷，编制页号或者件号，制作卷内目录，交本部门负责档案工作的人员检查合格后向高校档案机构移交。”这要求建立更周密的档案材料形成单位、课题组立卷的归档制度。

因为，关于文件材料的归档、移交和接收工作，不论旁人如何了解，都不会比当事者对其在项目工作或者研究活动中形成的档案材料更知根知底，尤其是项目方案论证、试验记录及实验报告、材料成分配方及设计图纸、图片等科研过程材料，一直是收集的重点和难点。因此，对于科研工作来说，不论是基础理论研究课题、技术研究课题还是应用研究课题，都将形成有价值的原始科技材料。建立单位、课题组立卷归档制度，就是要求各部门、课题组把在科研活动中形成的来源性、成果性档案材料及时、完整地收集起来，并进行立卷归档。学校的科研项目、重点建设项目是学校教育成果、发展的真实记录，各项目的档案资料也是一项重要的信息资源。根据《高等学校档案管理办法》的有关规定，对这些项目的档案归档工作实行项目责任制，明确程序，规范职责。

（1）保密制度

档案人员在日常工作中会接触到许多涉密的文件资料，像机要文件、考试考卷、学校的基础数据、科研、专利成果等。保守秘密是对档案工作人员的职业道德要求之一，档案人员要严格遵守国家保密法规，在任何时候、任何情况下，不但要严守党和国家的秘密，并且决不能见利忘义泄露或出卖学校内部的相关情报。此外，对领导尚未决定的涉及群众利益的事情，或者个人的隐私等内容，档案工作人员也有保密的义务。保密制度应包括档案的保密、保护措施和对档案人员的相应要求。

（2）档案保管、保卫制度

档案保管、保卫制度包括库房的管理规范、管理原则。档案库房要求“十防”到位（防高温、防潮湿、防火、防盗、防霉、防虫、防鼠、防尘、防有害气体，防震）。日常管理应严格执行和落实防火、防盗、防潮、防渍、防有害生物等有效保护措施。档案库房管理制度中还应明确管理人员的责任，对接收、移出、借阅和销毁档案资料的审批、交接手续均加以要求，切实维护档案的完整与安全。

（3）档案利用制度

档案利用制度包含开放档案与开放档案的利用两方面，包括利用手续、方式、要求、批准权限和管理办法，开放与控制使用的具体范围和开放档案的管理办法，等等。

5. 统一档案工作规范

档案工作是一项专业性的工作，技术性强，而且又面临许多变量。面对复杂的问题，需要细致的工作。档案工作的专业性使其可以进行标准化、流程化的作业，因此，统一工作规范有利于提高学校档案工作水平。需要全校规范的项目包括：按照有关的档案工作标准，结合本校档案的具体情况，明确学校范围内各类文件材料收集归档的范围，规范归档途径和管理方法；制定本校的档案分类方案，对全校的档案进行科学分类；统一学校全部的档案的目录号；确定档案的排架方式，做到排列条理，查找方便。

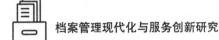

学校档案工作的科学管理，目的在于充分发挥档案的作用，发挥档案资源和信息的效益，为学校的教学、管理和科研服务。因此，学校档案管理工作必须遵循档案工作的规律，应用科学的理论和方法，通过扎扎实实进行业务基础建设，实现学校档案工作标准化、规范化、现代化，合理地管理和开发利用档案资源，满足学校各项工作的需要。

6. 理顺管理关系

当前，学校档案工作处于一种交叉的关系中，有学校的领导、教育部门的领导，还有所在地档案业务部门的领导，甚至还有行业的领导。在这种情况下，要做好工作，必须注意协调好各方面的关系。

（1）与上级的关系

关于学校与上级领导部门之间的管理体制问题，除了继续加强国家教育部门和省、市档案局的领导之外，还应加强各省、市教育主管部门对各校档案工作的领导。

（2）内部管理关系

设立了档案馆（室）的，学校档案馆内的档案工作的管理体制，根据学校的具体情况而定。一般来说，按照职能设立比较恰当，有利于健全岗位责任制，提高工作效率和管理水平，有利于档案管理的现代化，并能很好地发挥馆（室）一级机构的作用。

（3）业务管理关系

学校档案部门做到把全校所有档案都集中起来保管更好。现在比较通行的做法是学校档案馆（室）主要接收保管需“永久”“长期”保存的档案；一般“短期”保存的，如职能部门形成的需要经常使用的档案，放在各单位保管，以便工作查考。

（4）行政管理关系

要充分发挥学校档案馆的职能。根据我国的实际情况，现行学校档案馆（室）多采取双重的管理体制。在学校党委和行政领导下，统筹全校档案工作，贯彻落实国家有关档案工作的法令政策。同时，还要对全校档案工作进行监督检查，提供咨询指导等。

第三节 高校档案的检索与利用

档案检索，广义上是指对档案材料中能表征档案内容特征和形式特征的情报信息进行描述和揭示，使之有序存储，编制检索工具，建立档案信息检索系统，并按照一定的方法查找和利用档案材料的过程，包括存储和查找两个过程。狭义上仅指档案的查找过程。其实质是根据用户的信息需求，运用已组织好的档案检索工具和档案检索系统，将特定的档案信息查找出来。信息存储和信息查找两者密切联系、互相依存。档案利用是档案利用者通过档案利用工作系统查找、利用档案信息，满足其利用需求的行为过程。

一、高校档案的检索

档案检索原理就是将特定的档案利用需求与存储在检索系统中的档案检索

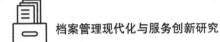

标识进行比较与匹配，选取两者相符或部分相符的档案信息提供利用的过程。无论手工检索还是计算机检索，其基本原理都是一样的。

（一）档案检索工作

具体说，检索系统对所要存储的档案信息，按照档案内部特征和外部特征赋予规范化标识，然后存入系统。在检索时，将所需档案的特征标识与所存档案的特征标识进行比较和匹配，凡是标识一致和匹配的，就将具有这些标识的档案从检索系统中输出。

档案检索的类型。档案检索包括许多类型，根据检索对象的不同，档案检索可以区分为三种不同的类型。①档案文献检索。它是档案检索的主体部分，以特定的档案文献为检索对象，包括全文检索、目录检索等。②档案数据检索。它以特定的档案信息数据为检索对象，包括统计数字、图表等。③档案事实检索。档案事实检索以特定档案信息所记录和反映的事实为检索对象，如某一事件发生的时间、地点、人物和过程等。

档案检索的发展经历了以下五个阶段：①手工检索阶段；②脱机批处理检索阶段；③联机检索阶段；④光盘检索阶段；⑤网络检索阶段。

档案检索是利用者获取档案信息的重要手段，是连接档案信息资源与档案信息用户的通道和“桥梁”，其主要作用表现在以下方面。

档案检索是有效利用档案信息资源、实现其最大价值的科学方法。档案检索提供了一套比较完整科学的利用和开发档案信息资源的方法，包括档案检索策略的制定、档案检索工具的选择、档案检索手段的选择等。现代检索技术的发展，推动了档案检索技术和手段的现代化，拓宽了社会档案信息资源开发的广度和深度。

档案检索是再学习的工具，是获取知识的有效途径之一。档案检索是人们获取档案信息和知识，提高自身素质和修养的重要途径之一。人们通过档案检索工具或档案信息检索系统，获取档案信息，完成知识更新，以适应社会的发展。

档案检索能有效提高科研工作的效率，节省人力、物力及时间。对于科研工作者来说，档案信息检索十分重要。一项科研课题无论是在立项之前，或是在研究过程中，甚至在研究完成后对成果的评价方面，都离不开查阅有关档案文献以及资料。科研人员如果掌握科学的档案检索方法，可以节省大量的时间，避免重复劳动。

（二）档案著录标引

档案著录是指在编制检索条目时，对档案内容特征和形式特征进行分析、选择和记录的过程。档案的标引，是用统一的标识符号，按照一定的方法与规则，对档案中具有检索意义的主题内容进行描述和著录，使档案的检索系统有一个统一的检索语言。其中赋予分类号的过程称为分类标引，赋予主题词的过程称为主题标引。著录和标引工作都是形成档案检索条目的必要步骤，但两者有一定的区别。第一，著录和标引虽然都从档案内容入手，但它们分析内容的范围不同。著录需要对档案进行全面分析，既要分析档案内容特征又要分析其形式特征，而标引的任务在于准确、扼要地揭示档案的内容特征，为利用者提供查检的标识，因此，标引只需分析档案的基本内容。第二，著录、标引的表达方式不同。著录对它所揭示的档案的内容特征和形式特征采用直录的方式，即用自然语言直接表述；标引则必须经过语言的转换，使用检索语言来表达档案的主题内容。

1. 档案著录

著录项目是揭示档案内容特征和形式特征的记录事项。包括题名与责任说明项、稿本与文种项、密级与保管期限项、时间项、载体形态项、附注与提要项、排检与编号项。内容特征是指从档案正文中直接获取的特征；形式特征是指从档案正文以外获取的特征。档案著录项目共分七项，每项分若干著录单元（小项）。

（1）著录项目

①题名与责任说明项。

题名与责任说明项包括正题名、并列题名、副题名及说明题名文字、文件编号、责任者、附件等。题名，即被著录的案卷或文件的名称，是直接表达有别于其他档案内容的著录项目。正题名，档案的主要题名，如单份文件题目或案卷的标题。并列题名，以第二种语言文字书写的，与正题名对照并列的题名。副题名，解释或从属于正题名的另一题名。说明题名文字，在题名前后对档案内容、范围等所做的文字说明。文件编号，如发文号等。责任者，著录对象形成者的姓名或形成单位。其包括第一责任者和其他责任者。第一责任者，即列于首位的责任者。其他责任者，即第一责任者以外的责任者。附件，文件正文后的附加材料。

②稿本与文种项。

稿本是指文件的文稿、文本、版本的名称，如正本、副本、草稿、定稿、手稿等。文种是指文件种类的名称，如命令、决议、通知、报告等。

③密级与保管期限项。

密级与保管期限项包括密级和保管期限项目。密级是指文件的机密程度，按文献保管等级代码表示分为六个级别，即公开、国内、内部、秘密、机密和绝密。保管期限是依档案价值划分的保管年限，分永久、长期、短期三种。

④时间项。

时间是指单份文件形成的时间，或者是案卷的卷内文件的起止日期。

⑤载体形态项。

载体形态是指档案载体的物理形态特征，包括数量，统计单位（页、张、卷、米等），规格（载体的尺寸）等。

⑥附注与提要项。

附注是指对各著录项目加以说明和补充的项目。提要用于对档案内容的简介或评述，比如对档案内容的概述、特征简介等。

⑦排检与编号项。

排检与编号项是档案目录排检和管理业务的注记项，包括分类号、档号、电子文档号、缩微号、主题词或关键词等。

（2）标识符号

标识符号是著录条目中每个著录项目标注的符号标志，用以表示著录项目的具体含义。

①为识别各著录项目、单元（小项）及其内容，添加如下规定的标识符。

“-”置于著录项目之前，用于稿本与文种项、密级与保管期限项、时间项、载体形态项、附注项。“=”置于并列题名之前。“：”置于著录单元之前，用于副题名及说明题名文字，文件编号、文种、保管期限、数量、单位、规格。“/”置于第一个责任者之前。“；”置于多个文件编号之间、多个责任者之间。“，”用于相同职责、身份省略时的责任者之间或同一责任者的不同职责、身份之间。“+”置于每一个附件之前。“[]”置于著录内容的两端，用于自拟著录内容、文件编号中的年度、责任者省略时的“等”字。“（）”置于著录内容的两端，用于责任者所属机构名称、责任者真实姓名、责任者职责或身份、外国责任者国别及姓名原文、中国责任者时代、历史档案中的朝代纪年、农历、地支代月、韵目代日转换后的公元纪年。“？”用于不能确定的著录内容，一般与“[]”号配合使用。“—”用于著录内容之间，用于日期起止、档号、电子文档号、缩微号各层次之间。“…”用于节略内容。“□”用于每一个残缺文字和未考证出时间的每一数字。未考证出的责任者及难以计数的残缺文字用三个“□”号。

②著录用标识符使用说明。

除“题名与责任说明项、排检与编号项”外，各项目连续著录时，其前均冠“.—”。如遇回行，不可省略该标识符。但各项目另起段落著录时则可省略该标识符。“.—”符占两格，在回行时不应拆开；“；”和“，”各占一格，前后均不再空格。如某个项目缺少第一个单元（小项）时，应将现位于首位的单元原规定的标识符改为“.—”。凡重复著录一个项目或单元时，其标识符也需重复。不著录的项目或单元，其标识符应连同该项目或单元一并省略。

2. 档案标引

标引工作的质量直接影响检索工作的准确率和周全率。档案标引包括主题分析、标识给定和标引审定三个步骤。

（1）主题分析

主题分析，即分析判断档案记录或反映的中心内容，确定被标引档案主题概念的过程。主题分析不当，就无法正确给定标识，从而直接影响档案的检索效率。这就要求必须对档案内容有全面、深入的了解。主题分析的主要内容是主题的类型和主题因素。主题的类型依据档案内容可分为单主题和多主题。单主题是指一件（卷）档案只表达一个问题。根据主题概念语义性质的不同，单主题中又有单元主题和复合主题之分。多主题则由几个单主题组成。

按照国家标准《文献主题标引规则》的规定，主题因素分为五种。主体因素，反映文件或案卷所论述的主题中关键性内容，作为对该文件或案卷的检索入口。通用因素，是指某些通用的词汇或概念，这些词本身不具有专业性，但它与主体因素相结合，可以加强主题的专指性。位置因素，是指文件或案卷所论述对象的空间和地理位置的概念，包括国家、地区、机构等方面的主题词。时间因素，是指文件或案卷所论述对象存在的时间概念，包括朝代、年度等方面的主题词。文件类型因素，是指文件类型和形式方面的概念。上述五种因素在一般意义上概括了文件（案卷）主题的范畴。但每一主题有所不同，有的主题包括了全部五种因素，有的主题仅包括了其中的一种或几种因素。

在标引过程中，将主题划分为这五种主题因素的主要目的在于确定标引的内容。在档案标引中，主体因素必须标出，时间因素一般也需要标出，位置因素作为文件作者时一般不标，作为论述对象时需要标出。通用因素和文件类型因素可以依据具体情况进行标引。

档案主题是通过对其内容特征和形式特征的分析而得到的，内容特征是其根本依据，形式特征是其辅助依据。进行主题分析一般可采用以下方法。

①阅读与理解标题。文件标题是文件形成者对文件内容的概括，一般能够正确全面地反映文件主题。但是也有些文件标题对文件主题内容反映得不够准确与完整，如结构不完整的标题，报告、总结、计划、会议记录等内容的综合性文件标题等。因此，标题是主题分析的重要依据，但不是唯一依据。②阅读与正文相关的文摘、简介、领导人批语等，从中往往可以发现标题中未予表达的主题内容，但有些文件没有这些部分。③浏览正文，可以了解文件的大致内容，这对于全面揭示文件主题，尤其是揭示隐含的主题概念有重要的意义。一般来讲，仅依据标题来确定文件主题是不够的，还需要浏览正文。拟定的标题是否确切，要通过正文内容来验证。④查阅文件外部特征，包括作者、时间、密级等，有助于明确文件的形成背景和作用范围，对确定文件主题有一定意义。

在进行主题分析时，要从档案本身出发对上述特征进行分析，还要结合利用者的信息需求、检索工具体系所揭示的角度等多种因素，综合分析主题构成要素。

（2）标识给定

标识给定，即“概念转换”，是指把主题分析确定的主题概念转化为规范的检索标识，记注在档案著录条目上的过程。档案标引包括分类标引和主题标引。由于分类语言和主题语言揭示事物的角度不同，其标引的方法和要求也不相同。分类标引从事物的共性出发，按照档案内容反映的职能分工、学科或专业特性，将其归入相应类别，然后依照档案分类表给出相应的分类号；主题标引则从事物的特性出发，根据主题分析的结果，依照主题词表给出最确切的主题词。在有关分类标引规则的规定中，要严格按照相关要求，保证标引工作的质量，需遵循以下分类标引规则：

①档案分类标引必须根据《中国档案分类法》及其分类规则，辨清类目的确切含义及范围，避免脱离类目之间的关系和类目注释的限定片面地理解类目含义。②档案分类标引必须充分考虑实际检索的需求和检索方式，根据档案的内容和用途，保持适当的标引深度。通过周密的主题分析，概括出档案内容中论述比较具体的、有一定参考价值的、具有检索意义的主题。避免出现标引不足或标引过度。③档案分类标引必须符合专指性的要求，将标引对象归入最恰当的类目，赋予准确的分类号，不能用上位类目或下位类目的分类号做标识。只有当分类表中确无恰当类目时，才允许归入上位类。④分类标引应该为多途径检索提供条件。凡一份文件或档案涉及两个或两个以上主题时，除按第一主题或最重要主题标出分类号外，对其他主题再给出相应的分类号，但不宜超过3个。⑤档案分类标引应保持一致性。凡同一主题的档案，无论何种文本或体

裁类型，所标引的分类号均应一致，对于某些难于归类或分类表上无恰当类目对归的主题，无论归入上位类或密切相关的类目，以及增设新类目，都应该做出记录，以后遇到类似情况，均按前例处理。

关于主题标引规则通常包括两种。主题标引的一般规则包括：档案主题标引必须用《中国档案主题词表》的正式主题词进行受控标引，其书写形式要和《中国档案主题词表》保持一致；标引的主题词必须准确、专指地表达档案的主题概念，一般不得以其上位词或下位词进行标引；当词表中单个主题词能够表达档案主题概念时，必须使用单个主题词标引，不得使用组配标引；当查不到确切反映档案主题概念的单个主题词时，才可选择最直接相关的几个主题词进行组配标引；当找不到专指的主题词，也无法通过组配标引表达档案的主题概念时，可选用最直接的上位概念或相近概念进行靠词标引；如仍不能满足需要时，可选择适当的自由词进行增词标引。若标引对象为人名、地名、机构名以及产品、设备型号和名称等，则可用自然语言直接标引；每件（卷）档案的标引深度，原则上以能够完整、准确地反映主题内容，充分揭示具有检索意义的档案信息为依据，但一般不宜超过 3 ～ 5 个。

此外，还有主题词组配及其规则。主题词组配标引，是指标引档案时，利用主题词表中若干主题词的逻辑组合，表示档案主题或某一复杂概念的过程。组配是检索语言的一种重要功能，起到提高标引的专指度，控制词表的体积，扩大检索途径，适当调整检索范围的作用。主题词组配的一般规则是，首先，组配必须是概念组配，而不是字面组配。组配标引必须采用词义组配的方法。概念组配反映主题之间的逻辑关系，为标引的准确性提供保证；字面组配虽然有时也能拼凑成匹配概念，但是，由于各组配之间毫无联系，往往容易出现虚假组配或错误组配。其次，组配必须选用与主题词关系最密切的或最邻近的主题词进行组配，不能越级组配。最后，不要用泛指的主题词或相互矛盾的主题词进行组配，以保证组配结果清楚、确切，表达一个主题。

（3）标引审定

标引审定就是通过对检索标识质量的审查，将标引结果固定下来，它是标引工作的最后一个环节。标引质量包括标引的客观性、专指性、全面性、一致性和适当标引深度。标引审定的内容包括：主题分析是否准确，其中包括主题提炼得是否全面，有没有遗漏隐含主题，被标引的主题是否有检索意义等；检索标识是否正确，即检索标识是否专指，标引是否符合标引规则和组配规则；标引深度是否得当，即无标引不足或标引过度的现象；条目格式是否规范，即著录项目、著录符号是否符合档案著录规则；主题标引是否一致，即相同主题前后标引的内容和方法是否相同。

审校程序分为自校、互校和总校。自校是标引审校的初始环节。标引人员对自己的标引结果进行校对，发现主题分析不准、归类不当、前后不一致等应及时予以纠正。互校是标引审校的中间环节。标引人员对标引结果互相进行校对，纠正因个人理解不同引起的错误，保持不同人员标引的一致性。总校是标引审校的最后环节。在自校、互校后，必须选派熟悉业务、通晓目录工作的人员担任总校。通过总校进一步消除误差，保证标引工作的整体优化。同时可以对标引工作中所遇到的问题进行综合分析，统筹考虑合理的解决方案。

（三）档案检索工具

档案检索工具是由反映档案内容和形式特征的条目，按照既定的顺序组成的档案检索信息的载体。它的基本职能有两个方面：存储，即把档案的有关特征著录下来，按照一定的顺序加以排列或进行客观的描述，以二次文献或三次文献的形式将档案信息集中起来；查检，即向利用者提供档案的线索，供利用者了解和查询档案时使用。

1. 档案检索工具的作用

档案检索工具既是存储结果的最终体现，又是查检活动的必要条件，对检索效率具有重要的甚至可以说是决定性的影响。档案检索工具在档案管理中具有的作用表现在以下几个方面。

（1）桥梁作用

在档案管理部门中，档案的数量庞大，并随着时间的推移而增加，对于利用者来说，如果不借助科学的方法和手段，便无法从中获取所需的档案。档案检索工具在档案和利用者的特定需要之间架设了一道“桥梁”，利用者借助检索工具便可以较为迅速准确地获取所需档案。也有人将这种桥梁作用比喻为“打开信息宝库的钥匙”，使用它才可以开启档案信息宝库之门，满足特定的需求。

（2）交流作用

档案检索工具中存储了大量的档案信息，它不仅可以提供查询，同时可成为档案馆（室）与利用者、档案馆（室）之间的交流工具。利用者借助它可以了解档案的分布等信息，档案馆（室）借助它可以互相了解馆藏情况，提高服务质量。

（3）管理作用

档案检索工具记录了档案的主要内容和形式特征，集中、浓缩地揭示了馆藏档案情况，档案工作人员可以通过检索工具了解馆藏档案的内容、形式、数量等情况，为档案管理业务活动提供一定的依据。各种检索工具还是档案工作人员查找档案、提供咨询、开展档案编研工作的必要手段。

2. 档案检索工具的分类

档案检索工具的种类较多，根据不同的标准可进行不同的分类。目前比较常见的分类方法有以下几种。

（1）按编制方式分

目录，是将档案的著录条目按照一定的次序编排而成的检索工具，主要有分类目录、主题目录、专题目录等。

索引，是将档案及其组合的某一内部或外部特征及其出处按照一定的原则和方法排列起来的检索工具，如人名索引、地名索引、文号索引等。索引与目录没有严格的界限，一般说来，目录是对档案文献的内容和形式特征进行全面、系统的著录，著录项目比较完整；索引则是对档案中的某一部分特征进行著录，如文件涉及的人名、地名等。著录项目比较简单，有的只有排检项及其出处（档号）两个项目。

指南，是以文章叙述的方式，综合介绍档案情况的检索工具，主要有全宗指南、专题指南和档案馆指南。

（2）按载体形式分

书本式检索工具，亦称簿式检索工具，是将著录条目连续排列并装订成册的检索工具。其主要优点是体积小，便于管理；可以印刷出版，便于各档案馆之间进行情报交流和馆外查询；编排紧凑，便于阅读，手工检索扫描速度快，成本较低。其主要缺点是缺乏灵活性，编制时需要一定时期的积累材料。编完后不便于增减条目和调整条目之间的顺序。

卡片式检索工具，是将一个条目著录于一张卡片，将卡片按一定顺序排列而成的检索工具。其主要优点是具有较大的灵活性，便于逐步积累材料；便于增减条目；便于调整条目之间的顺序；由于每一条目独立存在，复印后可编制不同的检索工具。其主要缺点是卡片数过多、体积大、不便管理；不便于传递和交流，一般只能馆内使用；手工检索时逐张翻检，扫描速度较慢，成本较高。

缩微式检索工具，是以缩微摄影方式制作的以胶片为载体的检索工具。这种检索工具用于手工检索时使用缩微阅读器放大阅读，也可用于计算机检索。缩微式检索工具的主要优点是密集存储，节约空间；体积小，便于携带和交流；便于拷贝复制；耐久性好，便于长期保存和使用。缩微式检索工具是在书本式或卡片式检索工具的基础上形成的，而且需要具备一定的拍摄和阅读条件才能制作和使用。

机读式检索工具，是以代码形式存储在磁件材料上供计算机识读的检索工具。它将档案的内容和形式特征以特定的编码形式和结构记录存储于计算机的磁鼓、磁盘、磁带上。使用时可以用荧光屏显示，也可以打印出文字目录。机读式检索工具的主要优点是存储密度大；检索扫描速度快；可进行多途径检索。但是前处理和输入工作量大，需要配置计算机、检索软件等编制检索数据库。

（3）按检索范围分

全宗范围，即以一个全宗的档案为检索和介绍对象的检索工具。如全宗文件目录、全宗指南等。

档案馆范围，即以一个档案馆的全部档案为检索和介绍对象的检索工具。如全宗目录、分类目录、主题目录，档案馆指南，人名索引、地名索引等。

专题范围，即以档案馆内有关某一专题的档案为检索和介绍对象的检索工具。如专题目录、专题指南、专题人名、地名索引等。

馆际范围，即以全国或某一地区若干个档案馆内的全部或某一专题的档案为检索和介绍对象的检索工具。如综合性或专题性联合目录、馆际档案史料指南等。

（4）按功能分

馆藏性检索工具，是反映档案实体整理体系及其相互关系的检索工具，如全宗目录、案卷目录、案卷文件目录（全引目录）等。一般来说，馆藏性检索工具是在档案整理过程中形成的，它在反映档案实体整理体系的基础上为利用者提供了一条检索途径。馆藏性检索工具的著录单位都是档案实体的一个单元，并以此单元名称作为排检项，如案卷目录以案卷为著录单位，以案卷标题为排检项，案卷文件目录以文件为著录单位，以文件标题为排检项。馆藏性检索可借助它了解和分析馆藏情况，便于按照档案整理顺序查找档案。其缺点是目录组织方式受档案整理顺序的限制，检索途径单一；检索范围一般不能超出全宗范围，检索深度不够。

查检性检索工具，是脱离档案实体排列顺序，从档案的某一内容或形式特征提供检索途径的检索工具，如分类目录、主题目录、专题目录、人名索引、地名索引、文号索引等。编制查检性检索工具是一项独立的编目工作，它是通过著录标引后选择特定的项目作为排检项，按照特定的顺序排列而成的。查检性检索工具的排检项不一定是档案实体的单元名称，而可以是档案的某一内容和形式特征，如分类目录以分类号为排检项，主题目录以主题词为排检项，名人名家索引以人名为排检项等。它们不是按照档案的整理顺序排列的，而是按其内容或形式上的某种联系而排列的，如分类目录按类目的逻辑顺序排列，主题目录按主题词的字顺、音序排列等。查检性检索工具的主要功能是建立多种检索标识，提供多途径检索，不受档案整理顺序的限制，可以打破全宗、案卷等档案实体单元的界限进行检索，可以选择任意的检索深度。

介绍性检索工具，是介绍和报道档案内容及其有关情况的检索工具，如专题指南、全宗指南、档案馆指南等。介绍性检索工具采用文章叙述式，它不记录档案的检索标识，不建立排检项目，因此借助它不能直接获得档案文件，可视为间接性检索工具。介绍性检索工具的主要功能是，全面概括地介绍档案的情况，客观评述档案价值，发挥宣传报道作用，向利用者提供一定的档案线索。

（四）档案检索语言

1. 检索语言的特征

档案的检索原理是简化查找过程，即将有关档案文件的内容浓缩成档案著录条目，用浏览条目代替浏览档案文件原件，从而缩短查找时间，提高档案查找的效率。检索语言是根据检索的需要而创制的、表达文献主题概念和检索课题概念的人工语言。检索语言由词汇和语法构成，词汇表达主题概念标识，它可以是分类号、主题词或代码，全部标识的总和构成该语言的词典；语法是规定如何创造和运用检索标识以实现有效检索的一整套规则。检索语言主要包括分类检索语言和主题检索语言两类。检索语言的特征表现在以下几个方面。

（1）单一性

检索语言的功能要求检索词汇的概念必须准确，只允许有唯一的含义，以避免人们使用时产生歧义或多种理解。为此，检索语言必须对词汇进行限定，人为地规定它们的单一含义，为著录标引人员和利用者提供共同的依据。这就是检索语言的规范化。

（2）专业性

专业性是指检索语言的词汇及编排方法要符合档案的特点，便于档案工作人员在档案标引和查找时使用。

（3）特指性

特指性要求检索语言在表达一定信息主题时所使用的词汇有较强的区分事物的性质和明细程度的能力，以便于进行检索标识的相符性的比较。

2. 检索语言的作用

（1）将自然语言转化为规范的检索标识

在检索的存储和查检过程中，一个共同的步骤就是要进行概念转换。这是因为在日常交流中可以自由地进行语言表达，可以使用几个不同的词语表达，而每个词语也并非只能表达一种含义。如果把这些多义性的概念引入检索系统势必产生误检或漏检，因此著录人员必须以规范化的检索标识表示档案的主题，利用者也需使用规范化的检索标识来表达自己的查找意图，这样，检索的匹配才有保障。

（2）明确检索标识之间的逻辑关系

在标引和查检的过程中，经常会遇到几个意思相近的检索标识，检索语言进一步提示各检索标识之间的逻辑关系，便于准确地把握其含义。例如，分类语言通过等级关系明确了类目的范围，主题语言则通过参照系统指示概念的含义，从而提高了检索语言使用的准确性。

（3）为检索标识系统化排列提供依据

档案检索工具之所以具有快速查找的功能，就在于检索条目是按照一定的顺序组织起来的，而决定其排序的依据就是检索标识。因此，检索语言对检索标识均采用一定方法进行排列，固定标识的位置，实现标识的有序化，如分类语言采用系统排列法等。目前我国编制的档案检索语言有《中国档案分类法》和《中国档案主题词表》。

二、高校档案的利用

档案利用工作也称为档案提供利用工作，即档案部门为满足社会利用档案的需要，向用户提供机会和条件的工作。档案工作是为了发挥档案的作用，满足社会各方面对档案的需要。

（一）档案信息的开发与利用

为达到开发与利用档案信息这一目的，档案部门进行了一系列的职能活动，做了大量的收集、整理、鉴定、保管、统计、检索和编研等工作，但这些只是为档案作用的发挥创造一些可能性，而要让档案的作用得到实际的发挥，要让档案用户获得所需的档案信息，还必须通过直接地向用户提供档案信息的工作，这就是档案利用工作。

档案利用工作是档案工作中最有活力的一个环节。开展档案利用工作对整个档案工作的开展具有决定性的影响。档案工作的成果，需要档案利用工作来加以体现。档案工作的各项成果必然要受到社会各界的检验，评判其是否真正符合社会的需要。档案部门正是通过档案提供利用这一窗口来及时获得外界对其成果的信息反馈的。档案部门也要通过档案利用工作这一窗口来捕捉外界的政治、经济、科学、文化等各种动向，以便不断地调整自己的馆藏结构和服务方向。因此，科学的档案利用工作，能够对档案工作的其他环节起到检验、调整和促进的作用。诸如调整档案的接收范围、改变档案的组合方式、调整档案的保管期限、改进档案的检索系统、编制档案的参考资料等。由于档案利用工作将与外界发生最密切的联系，因此，其也是一种对档案工作最实际、最有效的宣传方式。做好档案利用工作，不仅能够引起各方面对档案工作的重视，还会从档案收集、档案整理等业务工作中得到具体的回报。

档案利用工作的指导思想是提供良好的服务，充分发挥档案的作用。档案工作是一项服务性质的工作，这种服务性主要体现在档案的提供利用工作方面。要做好这项工作，档案工作人员必须注意以下几点。

一是熟悉馆藏和档案检索系统。作为一名档案工作人员，必须熟悉和了解自己所掌管的档案情况乃至馆藏全部档案的有关情况，这是提供良好服务的首要条件。要做好档案利用工作，光有一种主观愿望是不够的。如果对馆藏档案不熟悉、不了解，就难以及时准确地查寻用户所需要的档案，就不能主动地向用户提供档案利用的有关信息，难以启发和引导用户开辟新的查询领域。档案种类繁多、内容非常丰富，如果不进行长期的、深入细致的分析和研究，是很难把握馆藏档案有关信息的。这就要求档案人员通过档案的收集、整理、鉴定、保管、统计、编制检索系统、编写参考资料等途径，有意识地了解馆藏档案的内容，了解档案的存放位置和有关档案的利用价值等。档案人员对档案情况的熟悉和了解，当然不应该也不可能替代档案检索系统，但是，这种熟悉和了解能够对馆（室）藏档案的检索系统起到某种拾遗补阙的作用。只有这样，才能提供高质量的服务。同时，档案工作人员还应熟悉馆藏档案的检索系统，要熟悉各种检索系统的检索范围及其特点，熟悉各种检索系统之间的交叉、替补等关系，了解各种检索系统的使用方法并能熟练地加以应用。通过熟悉档案检索系统还能够进一步熟悉和了解馆藏档案。

二是树立良好的服务精神。作为一名档案人员，应该树立良好的服务精神。档案利用工作代表着整个档案工作的成果，要与社会各方面发生联系，为用户直接服务，因此，要求档案人员具有高度的责任感和良好的服务态度。虽然档案的利用较多的是被动利用，但档案人员应在被动利用中争取主动服务，使档案利用工作始终处于最优化的服务状态。档案是国家财产，公民有权利利用它。

档案馆也是一个科学文化事业机构，其服务对象本身就具有社会性。在档案提供利用工作中，档案人员可能会遇到各种各样的利用者，有官方用户、有私人用户，有为公务考察而来的，有为历史研究而来的，也有为私人事务而来的。在接待各种用户时，档案人员应持一视同仁的态度，进行同等的服务。

三是档案利用工作是档案工作价值的直接体现。档案工作的直接目的就是为社会提供各种内容的档案信息来为社会服务。为了达到这一目的，档案工作需要由一系列的业务环节所构成。然而，在这些业务环节中，只有档案利用工作才能最直接地、最全面地体现整个档案工作的价值；档案工作也只有通过实际地提供档案信息，才能向社会证明自身存在的意义和价值。因此，档案利用工作代表了整个档案工作的成果。

四是提供必要的设备和条件。由于档案类型的多样化和档案内存的复杂化，档案人员应当为提供利用工作准备必要的设备和有关的资料。为满足用户对档案利用的不同需求，档案部门在有条件的情况下，还可设立相应的研究阅览室、机密档案阅览室等。

五是正确处理利用和防护的关系。档案部门有义务向社会提供有关的档案信息，但是为了使档案的作用能够得到长期的、持久的发挥，档案部门应禁止用户以任何有损于档案的方式来利用档案，必须对档案采取切实有效的防护措施，使档案不仅能够被当代人利用，而且能够被后代人利用。因此，档案人员应当制定一些利用档案的规章制度和办法，采取一些必要的措施，使档案既能得到最充分的利用，又能得到适宜的防护，使其作用得到持续的发挥。在档案提供利用工作中，档案人员应权衡目前利用档案的要求和为后代保存档案的要求之间的轻重缓急关系。档案的防护与档案的利用不是一对相互排斥的概念。档案防护的根本目的是更长期地、更有效地实现对档案的利用。

（二）档案的保密与开放

人们对档案的利用是有差异的。某些档案在近期内就可以得到广泛利用，某些档案却要经过相当长一段时间后才能得到广泛利用；某些档案可以在大范围内提供利用，某些档案却只能在小范围内提供利用；某些档案可以在一般的条件下提供利用，某些档案却要在严格限定的条件下才能提供利用。

1. 档案的保密

对档案提供利用的时间、范围和限定条件起决定性因素的就是档案的保密问题。

（1）保密的概念

所谓“秘密”，一般指不宜为他人所知晓的事项。在档案管理过程中所涉及的“秘密”主要包括国家秘密、集团秘密、个人秘密等方面。《中华人民共和国保守国家秘密法》第一章第二条规定，“国家秘密是关系国家的安全和利益，依照法定程序确定，在一定时间内只限一定范围的人员知悉的事项”。同样，在档案管理过程中涉及的其他方面的“秘密”，也是关系到某部分、某一个人的安全和利益，在一定时间内只限一定范围的人员知悉的事项。

（2）保密的范围

国家对保密的范围是有严格限定的，在《中华人民共和国保守国家秘密法》（以下简称《保密法》）和《中华人民共和国保守国家秘密法实施条例》（以下简称《实施条例》）等法律中都有具体而明确的规定。因此，档案人员在具体划分需要保密档案的范围时，必须严格按照国家的有关规定，不允许人为地扩大保密档案的范围。根据《保密法》及其《实施条例》，属于国家秘密的档案一般应包括以下一些方面：国家事务的重大决策中的秘密事项；国防建设和武装力量活动中的秘密事项；外交和外事活动中的秘密事项以及对外承担保密义务的事项；国民经济和社会发展中的秘密事项；科学技术中的秘密事项；维护国家安全活动和追查刑事犯罪中的秘密事项；其他经国家保密工作部门确定应当保守的国家秘密事项。

同时，对某些泄露后会造成以下后果的，也应当列入国家秘密的具体范围。例如：会危害国家政权的巩固和防御能力的；会影响国家统一、民族团结和安定的；会损害国家在对外活动中的政治、经济利益的；会影响国家领导人、外国要员安全的；会妨害国家重要的安全保卫工作的；会使保护国家秘密的措施可行性降低或者失效的；会削弱国家的经济、科技实力的；会使国家机关依法行使职权失去保障的；等等。

（3）密级和保密期限

密级是指秘密的等级，《保密法》规定，国家秘密的密级分为“绝密”“机密”和“秘密”三级。“绝密”是最重要的国家秘密，泄露会使国家的安全和利益遭受特别严重的损害；“机密”是重要的国家秘密，泄露会使国家的安全和利益遭受严重的损害；“秘密”是一般的国家秘密，泄露会使国家的安全和利益遭受损害。

保密期限是指某项秘密要保密的时限。《保密法》要求各机关、单位依照国家秘密及其密级具体范围的规定确定国家秘密事项的密级时，应当同时确定保密期限。根据国家保密局制定的《国家秘密保密期限的规定》，国家秘密的保密期限，除有特殊规定外，绝密级事项不超过三十年；机密级事项不超过二十年；秘密级事项不超过十年。保密期限在一年及一年以上的，以年计；保密期限在一年以内的，以月计。国家秘密的保密期限，自标明的制发日起算，不能标明制发日的国家秘密，自通知密级和保密期限之日起算。如果确定国家秘密事项的保密期限，确需长于上述规定所限定的保密期限的，应当上报有关中央国家机关批准；有关机关应当在接到报告的三十日内做出答复。

（4）档案的解密

档案的保密性和开放性是矛盾统一体的两个方面，过分强调档案的保密势必限制档案的充分利用，但只求档案的利用率，任意扩大利用范围，又会危及档案的保密和安全。我们既不能重保密，轻利用，使档案的价值得不到充分体现，也不能过分强调档案开放，从而造成泄密事件的发生。所以，我们必须正确认清形势，有的放矢地开发档案信息资源，确定开发工作的正确思想，实现档案的信息价值，在做好保密工作的前提下有效利用档案。

《保密法》及其《实施条例》规定，国家秘密事项的保密期限满即自行解密；国家秘密事项经主管机关、单位正式公布后，即视为解密并免除通知。保密期限需要延长的，由原确定密级和保密期限的机关、单位或者其上级机关决定。国家秘密事项在保密期限内不需要继续保密的，原确定密级和保密期限的机关、单位或者其上级机关应当及时解密。

国家秘密的密级和保密期限，应当根据情况变化及时变更。密级和保密期限的变更，一般由原确定密级和保密期限的机关、单位决定，也可以由其上级机关决定。国家秘密事项变更密级或者解密后，应当及时通知有关的机关、单位；因保密期限满而解密的事项除外。国家秘密事项变更密级或者解密后，应当及时在有关文件、资料和其他物品上标明；不能标明的，应当及时将变更密级或者解密的决定通知接触范围内的相关人员。

2. 档案的开放

开放档案是档案利用的又一种形式。所谓开放档案，就是向社会广泛地提供相关的档案，用户只要经过一般的手续即可利用档案。

（1）档案开放的概念

目前，可以开放的档案一般包括两种类型：一种是在形成之初就不涉及机密的档案；另一种是在形成时具有一定的机密性，现在保密期限已满的档案。根据国家的有关规定，凡我国公民，只要持有合法的证明，如身份证、工作证、学生证或其他能够证明自己身份的文件，均可利用开放的档案。

（2）档案开放的本质

档案开放的本质就是让更多的人利用更多的档案，充分发挥档案的价值。开放原则是法国《人权和公民权宣言》思想在档案领域的鲜明体现。在法国档案工作改革的影响下，欧洲国家逐渐接受并实行了开放原则。比利时、荷兰、意大利、英国等一系列国家都在档案法规上明确规定公共档案馆向社会公众开放。凡属国家的档案，都可以向公众免费提供利用。

（3）档案封闭期

档案应当最大限度地开放利用，这是符合档案价值规律的，也是符合档案工作宗旨的，是社会所需要的。世界各国在普遍实行档案开放原则的同时也意识到，并非所有的档案一经形成都适宜开放。特别是一些性质和内容特殊的档案，如果不加限制地随意开放，很可能会造成严重的不良后果。因此，很多国家规定了档案的“封闭期”，即在文件形成后的一定时期内不向公众开放，只有过了规定期限并履行解密手续后才允许公众借阅。

国家档案馆保管的档案，一般应当自形成之日起满三十年向社会开放。经济、科学、技术、文化等类档案向社会开放的期限可以少于三十年，涉及国家安全或重大利益以及其他到期不宜开放的档案向社会开放的期限，可以多于三十年，具体期限由国家档案行政管理部门制定，报国务院批准施行。

（4）档案开放的办法

各级国家档案馆开放档案的利用手续是：大陆公民持有身份证或工作证、介绍信，可直接到档案馆利用。台、港、澳同胞和华侨如查取本人及其亲属历史证明，可持本人回乡证或身份证等有效证件，直接到有关档案馆利用；利用其他开放档案，须经大陆邀请单位、合作单位或接待单位介绍，提前二十天向国家档案局或有关档案馆提出申请，说明自已的身份和利用档案的目的与范围以及其他有关情况。外国组织和个人的利用手续按《外国组织和个人利用我国档案试行办法》办理。档案开放对档案部门的提供利用工作提出了更高的要求。首先，要求继续解放思想，消除过分强调保密，强调机要性，不敢合理利用的“左”的影响。应当明确，在形成期已满三十年的档案中，需要继续限制利用的只是极少的一部分。绝不能任意地扩大档案的保密范围。其次，必须建立和健全合理的规章制度和办法，研究和确定具体的开放范围，使档案的解密工作制度化、程序化。最后，档案馆应加强检索系统的编制工作，争取做到尽快地向用户提供开放的档案检索系统，并应设有开放档案阅览室，配备必要的阅览和复制设备，为用户提供方便。

（三）档案需求的分析

1. 档案用户研究的意义

档案用户即档案利用者。档案发挥作用，产生经济效益或社会效益，是通过档案用户对档案信息的实际利用来实现的。因此，开展档案用户研究，是档案提供利用工作的一项重要内容。

（1）开展档案用户研究能化被动服务为主动服务

由档案工作的特性所定，档案的提供利用工作是一项被动服务的工作。因为档案人员往往不能事先得知档案用户的需求，很难早做准备。只能在用户来到档案馆（室）后才能根据相关咨询要求对档案信息进行实时检索。这就必然产生工作效率低和工作质量、效果差的问题。这时在较短的时间内，档案人员很难提供完整的、系统的档案信息。这种被动服务的形式仅仅是档案信息的浅层次开发，档案的作用不可能得到充分的发挥。开展档案用户研究，能够使档案人员及时了解和掌握档案的利用动向，及时地、高质量地开发档案信息资源。

（2）开展档案用户研究能提高档案部门的工作水平

档案部门一般的工作方式是等用户研究。各项档案业务工作虽然是围绕着提供利用工作展开的，但是提供利用的具体方向不明了，因此，各项业务工作的开展多少也带有一定的盲目性。通过开展档案用户研究，及时地获得和掌握档案利用工作的信息反馈，可以根据用户需求来改进工作中的一些薄弱环节，从而提高整个档案工作的水平。

2. 档案用户需求研究

档案用户需求研究可以分为以下几个方面。

（1）对档案用户需求方式的研究

各种类型的档案用户对档案信息的需求方式是不同的。有的要求使用“一次文献”，有的要求使用“二次文献”；有的十分强调“时机性”，有的十分强调“准确性”；有的要求大量、系统地利用档案，强调族性检索，以便对档案信息加以筛选，有的只要求利用某一份文件，强调特性检索；等等。档案人员应根据用户的不同需求，有针对性地提供多种形式的服务。

（2）对用户表达需求和实际需求的研究

档案用户对档案的实际需求在表达时往往不能完全吻合，可能存在一定程度的误差。有时表达需求大于实际需求，这是用户需求尚有不确定性，希望扩大检索范围；有时表达需求小于实际需求，这是用户不了解馆藏档案的全面情况，只表达了直接需求，没有表达间接需求。档案用户表达需求时产生的误差，势必降低档案检索的查全率和查准率，导致无效劳动或影响到档案作用的充分发挥。因此，档案人员应认真研究用户的实际需求，纠正其表达时的误差。档案人员在接待用户时应深入了解用户查阅档案的真实意图，并尽可能提供开放的档案目录，供用户自行检索，以此来校正表达需求。

（3）对用户指名需求和主题需求的研究

“指名需求”是指用户能够直接指明档案的名称甚至档号；“主题需求”是指用户只能提出所需档案的主题内容，而提不出档案的具体名称以及档号。对于指名需求，档案人员一般比较容易给予满足，但也应了解其使用档案的意图，如果馆藏中还有与其使用意图有关的、更适合的档案，应当给予指导和提供。对于主题需求，档案人员应认真分析用户所诉主题，澄清模糊度，有针对性地向用户介绍有关档案材料，确定咨询领域。同时，应提供相关的检索系统，尽可能将用户的主题需求转换成指名需求，降低调卷难度。

3. 档案用户心理研究

人的行为受到人的心理活动支配。档案用户从产生档案利用需求到生成查找档案的行为直至达到利用档案的目的，在很大程度上受到自身心理活动的支配。档案人员应认真分析和研究档案用户的心理活动，做好档案提供利用工作。档案用户到档案馆（室）来利用档案的心理特征主要表现为希望得到有关的档案信息，满足需要。围绕着这一点，档案人员应开展相应的研究。

（1）档案部门工作实际与用户心理协调的研究

用户利用档案的心理需要是否能够得到满足，往往与档案部门的工作实际有着密切的联系。在此产生作用的主要有以下几方面的因素：

①档案利用服务工作与用户心理的协调。优质的档案利用服务工作能适应档案用户的心理特点，满足用户的心理需要。当用户提不出确切的查询范围，当用户对查询有过高要求而不能满足时，档案人员良好的素质和诚恳热情的服务态度，就能使用户较为顺利地完成查询过程。即使档案部门所提供的服务没能满足用户的实际需求，也应当能够满足用户的心理需求。②档案利用环境与用户心理的协调。用户心理状态也会受到档案利用环境的影响。不适宜的档案利用环境会造成档案用户心理状态的劣化，从而直接影响到档案作用的正常发挥。因此，档案利用环境应布置得庄重大方，切忌花哨，应使档案用户有一种整洁、明朗的感觉。相关提示的措辞及布置须讲究一定的艺术性，左一个“不准”，右一个“严禁”，只会给用户造成一种心理压力，使人望而生畏，望而生厌。③档案利用条件与用户心理的协调。除了提供优质的服务和良好的环境

外，档案部门还应提供必要的利用条件，以优化用户的心理状态。如档案部门应为用户提供必要的检索系统和有关的参考资料，尽可能满足用户的实际需要。

（2）档案利用过程中用户心理的研究

在档案利用过程中，用户的心理活动也是处于一种变化状态的。用户的情感和意志活动会对档案的利用过程产生一定的影响。心理学告诉我们，当人们在认识客观事物时，会对客观事物采取一定的态度，产生情感或情绪，并对事物采取一定的行为。有的用户在利用档案的过程中非常顺利，满意而出，对档案部门产生好感；也有的用户在利用档案的过程中非常不顺利，大失所望，继而对档案部门产生不信任感，甚至会对档案造成损害。对此，档案人员必须密切关注档案利用过程中用户心理的变化情况。

（3）用户潜在利用心理的研究

某些用户往往带有不愿为他人知晓的利用目的，或者不便于直接表达的利用目的，因此，其表达的需求一般是经过修饰的，是间接的。对于用户的这种潜在利用心理需要，只要在许可的范围内，如符合有关规定，所利用档案属于开放范围等，一般应予以满足。因此，档案人员应具有一定的洞察力，当发现用户有这种潜在利用心理时，如明显地扩大查询范围等，可以考虑首先提供其实际需求的有关档案，而不至于造成我们的无效劳动。在一般情况下，档案人员对用户的利用目的不应加以干预。

（四）档案服务的方式

档案服务是指采用多种有效的方式，直接提供档案及其信息加工材料，及时、准确地满足用户对档案信息的利用需求。提供档案服务的方式很多，档案管理部门根据本行业的工作特点，以及实际工作的发展需要，选择和发展有效快捷的服务方式，为用户提供档案信息资源。

1. 档案阅览

档案是历史记录的原始材料，多为单份、孤本或稀本，部分内容具有一定的机密性。为此，档案部门可采取建立阅览室接待利用的方式，让利用者查阅利用档案材料。阅览室接待利用有很多的优越性：有专门设施、专人监护和咨询，便于档案的保护和保密，为利用者提供较好的阅览条件；可以提高档案的周转率、利用率，避免因一人借出馆（室）外而妨碍多人利用；便于了解和研究档案的情况，从而改进档案利用工作。阅览室是查阅利用档案的场所，要求环境清静，陈放必要的设备，并配置各种档案检索工具和手册、规范、百科全书等工具书，以及适量的绘图和计算仪器等，为利用者提供必要的条件，阅览室的大小可根据利用者人数的多少和利用的频繁程度而定。

2. 外借使用

外借使用是指档案馆（室）为满足党政领导机关的工作需要，按照一定的制度，暂时将档案借出馆（室）外给利用者使用的一种服务方式。档案的外借必须建立借阅制度。

（1）出借手续

档案外借使用要经过一定的审批手续，借出档案时采用双卡制登记手续，即每一个借阅人有一张借阅证（卡），档案的每一个保管单位有一张出借记录卡（或代卷卡）。出借档案要交接清楚，并履行登记签字手续。

（2）出借利用的规定

为保护档案对档案出借利用做了相关规定，主要有：孤本、珍贵的档案一般不可借原件，尽量提供复制本；出借机密、绝密档案，要经领导批准同意，并办理审批手续；利用者借阅档案，包括复制本应精心爱护，不允许在档案上修改涂抹，或做其他各种标记；摘抄或复制机密以上的档案，要经过有关领导审批；借阅者负有保密的完全责任。

（3）催还

对于借出的档案到归还期限仍迟迟不归还的，档案部门要及时地催借阅者归还，其目的是避免档案因长期滞留在利用者手中而影响其他借阅者使用，加快档案利用的周转率；同时也避免档案出现损坏、散失、失密和泄密现象，保护档案的完整、安全。

3. 复制利用

复制和利用是指档案馆根据利用者的合理需要，以档案原件为依据，通过静电复印、拍照等复制方式，向利用者提供档案复制本的一种服务形式。

（1）档案复制的方式

①单份文件的复制。

单份复制主要是为了满足利用者各种档案查考的需要，提供必要的单份文件复制品。如复制相关的政策文件等。

②全套文件的复制。

全套文件的复制就是围绕一个专题、项目、课题或型号，提供全套文件的复制服务。例如：为机关工作提供某次会议的全部文件或某项政策贯彻实施的所有文件；在设备的使用维修活动中，提供有关的配套复制图纸作为管理和检修的依据与凭证；为科研、设计成果进入技术贸易市场和实现转让的目的，提供必要的文件复制本；等等。

（2）档案复制利用的优点

①充分地发挥档案的作用。

利用者不到档案馆（室）即可获得所需要的档案材料，既方便用户，又可在同一时间内满足较多利用需要。

②有利于保护档案原件。

制发档案复制本，避免了利用者直接使用原件，利于保护档案材料。但档案复制本的印发不利于保密，因此，在制发范围和批准权限方面应妥善处理。

4. 陈列展览

档案的陈列展览是指档案馆（室）把档案中可以公开的部分，按照一定的主题以展出档案原件或复制品的方式，系统地揭示和介绍档案馆（室）有关档案的内容与成分的一种服务方式。

（1）陈列档案的选择

①陈列档案的内容选择。

陈列档案是通过有关档案的展示，让利用者阅览、挑选自己所需档案的一种直观服务方式。为此，陈列档案应当按专题进行组织，在内容上具有典型性和代表性，能记录和反映典型历史事物或管理、生产和科学技术的发展成就。

②陈列档案的材料选择。

陈列档案的目的不同，所选择的档案材料也各不相同。如以宣传教育为目的的，要选择典型性和代表性档案文件；为进行科技交流和科研、设计成果转让服务的，则要选择技术上具有新颖性和适用性的科技档案，表明科技成果的先进性和效益性，以期实现转让和交流。

（2）档案陈列的作用

①档案展览与陈列本身就是提供档案信息的现场，利用者可以从中得到较为集中系统的档案信息的内容与线索，甚至发现从未见过的、难得的珍贵史料信息。②可在一定范围内组织较多的观众参观，服务面较广泛。③展示主题鲜明、有代表性的档案材料，能够给参观者留下深刻印象，起到较好的宣传教育作用。④可展示档案馆（室）藏档案的丰富内容，进而引起人们对档案的关注，扩大档案的社会影响力。

5. 咨询服务

档案咨询是档案部门以档案为依据，解答利用者的疑问，指导其利用档案信息资源的一种服务方式。

（1）咨询服务的类型

按咨询性质划分，咨询服务可分为检索性咨询和内容性咨询。检索性咨询包括两个方面，一是介绍档案的馆（库）藏结构与档案的主要构成，指导利用查找所需的档案资料；二是向利用者介绍检索途径、检索工具的种类及其使用方法等。内容性咨询是指档案馆（室）解答利用者关于相关档案的内容、数据或专题的询问。如关于特定事件、会议、人物、文件的相关事实与数据的询问等。

按难易程度，咨询服务可分为一般性咨询和专门性咨询。一般性咨询指档案馆（室）针对利用者提出的关于档案馆（室）的基本情况、档案利用的规章制度、库藏档案的种类及内容成分等问题所进行的一般性解答服务。专门性咨询是指档案馆（室）根据对有关档案文件的分析研究结果，解答利用者关于特定档案文件的研究价值、文件中记载事实、数据的真实性或有关专题档案的范围等方面的询问。

按咨询形式，咨询服务可分为口头咨询和书面咨询。口头咨询是指档案馆（室）以口头解答或电话答复等方式，回答利用者在查阅、使用档案文件活动中的有关难题的一种咨询服务。书面咨询是指档案馆（室）以正式的书面材料的形式，解答利用者提出的有关档案、档案目录、档案机构等方面的询问。

（2）档案咨询服务的步骤

接受咨询问题。档案馆（室）要通过利用者填写《档案咨询登记表》的方式，审查核实利用者咨询有关问题的目的、内容、范围及需解答问题的程度，以便选择咨询服务的具体方式与途径。

查找档案材料。根据档案咨询问题的分析研究结果，确定查找档案文件的范围，选定档案检索工具，明确解决问题的方法和途径，并据实查找有关的档案文献。

答复咨询问题。其具体方法和形式主要有：为利用者直接提供有关咨询问题的答案，如按利用者的要求提供有关事实、数据，介绍检索工具的使用方法；为利用者提供有关档案的信息线索；对于无法确定准确答案的咨询问题，也可以为利用者提供选择性的答案或档案资料，以便利用者决定取舍等。

建立咨询档案。对已经答复的或未能答复的咨询问题，档案馆（室）应有目的地建立相应的咨询档案。凡是具有长远的、重要保存价值的，或者今后有可能重复出现的，以及未能解答的咨询问题材料，包括各种咨询服务记录、反映解答咨询问题过程及其结果的材料等，均应归档保存。

6. 出具档案证明

出具档案证明是档案部门根据利用者需求结合馆藏档案记载情况而给出相应书面证明材料的一个复杂活动过程，它涉及利用者、档案管理者和馆藏档案记录状况等多方面关系的理解与掌握，它是开展档案利用服务的主要方式之一，具有很强的政策性和原则性。

出具档案证明要符合以下要求：

（1）出具档案证明必须经过审批程序

利用者要求出具档案证明时要填写申请书，申请书中应写明出具档案证明的原因、所要证明的事实及其发生的时间、地点等背景情况。申请书经领导审查批准后相关部门才可制发档案证明。

（2）出具档案证明必须真实可靠

提供档案证明必须真实可靠、简明确切，不加评论或删节，与档案记载相符。若遇档案中对同一问题有几种不同的记载，则应同时提供。

（3）出具档案证明必须注明出处

在档案部门提供的证明材料上还应标明档案材料的出处和根据，写好的证明应仔细核对，经审查批准，加盖公章后方能生效。

第六章　新媒体环境下的档案服务

在信息社会，新媒体是手段、是途径，其最终目的是传播信息内容。作为具有权威性的信息资源之源，档案信息在科学研究、经济建设等各项活动中具有独特的资源优势，是需要借助新媒体广泛传播的重要信息之一。档案信息服务是新媒体信息服务的重要部分。新媒体的应用为各种档案信息服务方式提供了无限可能。本章从档案信息服务方式角度来研究新媒体对档案信息服务的影响。

第一节　新媒体及其主要特征

美国哥伦比亚广播电视网技术研究所所长戈德马克于1967年发表了一份关于开发电子录像商品的计划。该计划书中首次出现“新媒体”（New Media）一词。该词在我国的出现和广泛使用是进入21世纪后。

一、新媒体的含义

美国On Line杂志认为，新媒体是“由所有人面向所有人进行的传播”。国外学术界普遍认可和广泛引用的概念是，新媒体是一切具有交互特征及数字化分布属性的数字媒体对象。

本书中采用的新媒体定义如下：媒体是指传播信息的中介，即载体或平台。新媒体是相对于传统意义上的大众传播媒体而言的，是指随着传播新技术的发展和传媒市场的进一步细分而产生的新型传播媒体，主要是指宽带网络、移动网络两类新媒体。

二、新媒体的类别

（一）数字新媒体

按照各类媒体出现的先后顺序划分，目前媒体可以分为五类：期刊、报纸、书籍等纸质平面媒体为第一媒体，广播为第二媒体，电视为第三媒体，互联网为第四媒体，移动网络为第五媒体。数字新媒体由传统的第一、第二、第三媒体发展而成，在互动性方面稍差，但在内容的个性化方面具有优势。

（二）网络新媒体

网络新媒体为人类进行信息交流创造了全新的模式，使得信息瞬间便可传播到全世界。信息的利用及其作用，较之以前的社会有了质的飞跃。

计算机网络是计算机技术与通信技术结合的产物，它把分布在不同地理区域的、功能独立的多台计算机与专门的外部设备用通信线路连成一个规模大、功能强的网络系统，从而使众多的计算机可以方便地互相传递信息，共享硬件、软件、数据信息等资源。

在 Web 2.0 之前，网络信息主要存储在服务器上集中提供给用户，用户通过浏览器被动地接收信息，所获信息的质与量取决于信息提供者即网站建设者，信息使用缺乏创造性和个性化，这个阶段被称为 Web 1.0，相对于 Web 1.0，Web 2.0 是一次从核心内容到外部应用的改变。

（三）移动新媒体

移动新媒体是基于无线网络的媒体。首先，它继承了第四媒体即互联网所具有的不受时间、空间限制的特点。无论何时何地，只要有信号和移动互联终端，就可以使用移动新媒体。其次，移动新媒体覆盖人群广，拥有广泛的受众基础，使用手机和无线网络的移动终端用户全部是它的受众。

智能手机是移动新媒体的典型代表。移动新媒体的应用形式主要包括无线传播的短消息、手机杂志、手机报、手机可阅读电子书、手机可收听网络广播、手机电视、手机博客、手机微博、各种社交媒体手机版、移动社交、移动应用、移动互联网门户网站等。

三、新媒体的特征

（一）网络化

新媒体是以网络为先导发展起来的，网络是新媒体的代表，网络化是新媒体最基本的特征。网络构筑起崭新的虚拟空间，新媒体离不开网络空间。第四媒体就是指互联网本身，而第五媒体移动网络的出现和发展依赖于无线通信网络与国际互联网的结合发展。网络是新媒体信息传输的媒介，新媒体通过网络突破时间和空间的限制，快速便捷地传输各类信息。在新媒体的形成和发展中，网络扮演着不可或缺的角色。

（二）数字化

数字化是指新媒体传播的信息是以二进制数字代码形式记录和表示的。这是新媒体的主要特征之一，是新媒体与以往所有传统媒体的根本性的区别。数字化的信息既可以是单一的信息形式，也可以以文字、图片、声音、影像等复合形式呈现。

（三）便捷化

便捷化是指新媒体的信息传播手段便捷化，即克服了传统媒体受时空限制的局限性，具有全天候和全覆盖的特征。例如，通过手机，人们实现即时与他人通话或收发短信。再如微博问世后，信息的传播呈现多维、立体、交叉、全景的特点，并且可以做到一天 24 小时不间歇。新媒体信息传播可以在瞬间通过网络、手机等传播到世界任何角落，新媒体覆盖的任何地方的用户都可以随时接收到地球上所有角落发出的全部信息，在时间上实现即时性，在空间上达到广泛性。

（四）互动性

互动性是指新媒体信息传播是双向互动的，这也是新媒体的一个显著特征。传统媒体的信息传播都是单向的、线性的、“一点对多点”的传播方式。例如：报纸登什么，读者就只能读什么；广播放什么，听众就只能听什么；电视播什么，观众就只能看什么。而新媒体提供了各种信息发布的平台，使得信息传播变为多点对多点。人们既可以作为接收者在平台上获取消息，也可以在平台上发布消息成为发布者，还可以互相反馈信息，实现互动。例如，数字广播新媒体可以实现听众与主持人的互动，听众还可以通过数字广播平台任意选择自己想听的节目。人们不仅参与媒体的传播活动，还可以随心所欲地从媒体中选择所需信息。新媒体不仅可以做到媒体与受众之间的互动，还可以实现受众与受众的互动。

（五）个性化

首先，个性化是指作为新媒体用户的个人，可以成为信息的传播者，通过博客、微博、手机短信、微信等新媒体工具，向特定人群或所有受众传播自己生成的信息，表达个人的观点。其次，个性化是指信息服务机构可以根据信息利用者的个性化利用需求，通过新媒体应用为利用者提供个性化信息服务。最后，个性化还包括分众化，即任何的个人都可以通过新媒体与他人沟通交流，并因具有共同的个性而形成一个个志趣相投的小团体。传统媒体的受众是无差异的、普遍的广大群众。新媒体的受众可以因个性的不同而分割为气味相投或利害相关的“小众”。

（六）多元化

首先，多元化是指新媒体信息内容的多元化，新闻、娱乐、科技、广告等可以无所不包并且更富有层次性。其次，新媒体信息的来源、种类、受众等都趋于多元化，完全可以满足不同类型信息利用者对信息的不同需求。最后，新媒体信息的表达形式和接收设备多元化，表达形式可以是文本、图形图像、音频、视频等多种表达形式，使信息更加丰富。同一表达形式的接收设备可以是手机、手持阅读器或计算机。

除了上述主要特征外，新媒体还具有多种特征，包括海量化、社群化、民主化、碎片化、开放性、平等性、自由性、全息性（指新媒体的传播行为具有全息性，即构成系统的各个部分可以具有不同的功能，但要实现系统的整体功能，每种事物与其他一切事物之间都存在互动的、相关的影响）、低成本等特征，而且新媒体的形态还会随技术进步而日益优化。

第二节　档案网站与档案信息服务

一、档案网站概述

档案网站是档案部门在互联的公共信息网络上建立的站点，它以网页方式提供相关信息和相关服务，构成公共信息网络的一个节点。档案网站建设是档案部门信息化建设的一项基础性工作和档案信息服务的重要手段。

我国档案网站建设始于20世纪90年代中期，目前，我国档案网站建设在数量上已初具规模。国家档案门户网站的建成，以及各省级平台相继与政府门户网站实现互联，为逐步构建全国档案工作信息网奠定了基础。

目前，国内众多档案馆开设了档案门户网站，将档案信息按照一定的主题或分类法进行组织，提供网页浏览、查询、下载等功能，以此提供网络服务。

（一）档案网站的类型

随着信息技术的发展，档案网站的功能和类型不断丰富，目前已建成的档案网站根据其所建环境、服务对象、建设主体和技术手段的不同而分为不同类型。这里仅介绍根据不同主体建设的网站类型，主要有档案局（馆）网站、专业部门档案馆网站、企事业单位档案网站、档案刊物网站、个人档案网站等，其中前三种是主流档案网站。

1. 档案局（馆）网站

档案局（馆）网站包括国家档案局网站和地方档案局（馆）网站。国家档案局网站既是国家档案局的官方站点，也是全国档案信息网站的门户网站。国家档案局网站上提供了全国各省、自治区、直辖市档案局（馆）网站的链接，起到了引领网站的作用。地方档案局（馆）网站是发展最快、数量最多的一类网站，这些网站依托地方档案馆的馆藏资源提供在线档案信息服务，同时在网络上实现档案行政管理和行政服务功能。因此，地方档案局（馆）网站兼具档案局政务窗口、网上档案馆和地方档案网站门户的三重作用。地方档案局（馆）网站名称不一。

2. 专业部门档案馆网站

专业部门档案馆网站是基于国家专门档案馆馆藏而建立的网上专业档案利用、服务站点。如外交部档案馆网站、上海市城市建设档案馆网站、辽宁省地质资料档案馆网站、贵州省测绘资料档案馆网站等。

3. 企事业单位档案网站

企事业单位档案网站是企事业单位依托本单位档案馆（室）资源而建立的提供档案宣传、查询和利用的站点，如上海大学档案馆网站、北京师范大学档案馆网站等。

4. 档案刊物网站

档案刊物网站是档案杂志社或档案出版机构在网上建立的具有网络出版、网上发行功能的档案站点，是为档案学者和档案从业人员提供学术探讨、业务交流和专业资源共享的园地。

5. 个人档案网站

个人档案网站是由档案专家、学者、档案从业人员或在校学生创建的，以探讨学术思想、交流工作经验、传递专业信息、分享专业体验为目的的各种形式的档案站点（包括博客）。

（二）档案网站的作用

1. 档案宣传的新途径

档案网站为档案部门宣传档案工作提供了新的方式和新的窗口。互联网是继三大媒体（报纸、广播、电视）之后飞速发展起来的第四媒体，能够克服传统的档案宣传形式的诸多局限，成为档案部门加强和深化宣传工作的新窗口、新阵地。

利用网站宣传档案工作主要的优点有：生动活泼，图文声影并茂，容易被广大利用者所接受；传递迅速，宣传面较广，不受时间及空间的限制；针对性比较强，档案网站的利用者的素质一般都比较高，能够通过自助方式找到所需信息资源，取得较好的宣传效果；兼容并蓄，能与报刊、广播、电视等多种宣传途径互联互补；档案宣传与档案利用结合得比较紧密，宣传的同时也可提供档案信息资源利用，使利用者更乐于接受，这是网站宣传的独特魅力。

2. 档案信息服务的新手段

档案网站为档案馆提供了改善服务的新手段、新渠道。档案馆可以充分利用网络分布广泛性、开放性、动态性和非线性等特点，在网上公布馆藏指南和检索目录，定期或不定期进行特色档案信息发布等，通过网站为社会各界开辟一个档案信息服务的新通道。

为提高档案信息资源的利用效率，充分发挥档案信息资源的作用，除正常接待查档外，许多档案馆开展了函电代查、代抄、代复制、档案咨询等多种形式的服务活动。互联网的发展又为档案馆提供了新的服务手段。电子邮件是互联网提供的一种快速、高效、方便、廉价的信息传递方式，使用电子邮件不仅可以传递文字信息，还可以传递声音、图像、影像等多媒体信息。档案馆通过电子邮件这种形式可以突破函电代查、代抄、代复制的局限，为利用者提供更加及时、准确、全面的信息服务。一般档案馆都在主页上公布一个可供联系的电子邮件地址，这样远在外地、海外的利用者可以将其查档要求通过电子邮件告知档案馆，档案馆再根据其要求查阅后，将查档结果以电子邮件的形式传送给用户。

二、信息阅览服务

（一）馆藏档案信息

馆藏档案信息全称可以表述为馆（室）藏档案信息，是指档案馆、档案室所保存的各类档案的内容信息、特征信息等各方面的信息。向社会公众介绍和公布档案馆以及档案室所藏的档案信息是档案网站最主要的内容，是涉及面最广、最能吸引利用者的部分。

在网络新媒体中，各级各类档案馆和档案室所发布的馆藏档案信息应该是信息量最大的，也应该是最为集中和最丰富的。因为这类档案信息最能直接满足社会各界对档案的利用需求。所以馆藏档案信息应是档案网站的核心信息，为社会提供内容丰富、形式多样并具有参考价值和经济价值的政治、经济、科技和文化信息。

馆藏档案信息根据加工层次可以分为三类：一次信息、二次信息和三次信息。一次信息是指未经任何人为加工的档案原文信息。一次信息比较全面和详细，具有独特的凭证价值和情报价值，能直接在科研、生产中起到查考和借鉴作用。二次信息是将大量分散、无序的一次信息，用科学的方法加工、整理而产生的具有有序化、浓缩化特征的信息。三次信息是指围绕某个特定的课题，在利用二次信息的基础上，选用一次信息，经过综合研究和归纳分析形成的综述性档案信息。多数档案文献的编研成果都属于三次信息。

在档案信息服务中，档案机构要根据实际情况在档案网站中适当地提供这三类信息。

一是尽最大可能提供一次信息，即档案全文信息。档案全文信息是指档案机构收集到的电子文件，或者是对传统档案的原件进行数字化处理后得到的数字副本。

二是尽量全面地提供二次信息，即馆藏档案目录信息。馆藏档案目录信息是指对馆藏档案材料内容和形式特征的书面或其他方式的表达，可借以记录和识别一份文件或一个案卷。

三是结合本档案机构特色提供三次信息，即档案编研信息。档案编研信息包括全宗介绍、大事记、年鉴、组织沿革、基础数字汇编、专题概要等各种形式。

目前，我国档案网站上提供的馆藏档案信息以二次信息居多，二次信息中又以介绍性目录信息居多。一次信息、三次信息、检索性目录信息数量与所占比例都尚未形成规模。在今后的档案网站建设中，要重点考虑提高一次信息和三次信息的比重，以提供具体化的、系统化的馆藏档案信息，使网站上的馆藏档案信息利用达到实用性的功能层次。

（二）档案工作信息

档案工作，从广义上说，包括档案业务管理工作、档案行政管理工作、档案教育工作、档案科学研究工作、档案宣传工作、档案国际合作与交流工作等。据此，可以将档案工作信息分为档案业务管理工作信息、档案行政管理工作信息、档案教育工作信息、档案科学研究工作信息、档案宣传工作信息、档案国际合作与交流工作信息。

档案业务管理工作信息是档案馆或档案室将其档案管理业务的某些环节或内容延伸至档案网站，以适应管理环境的网络化，提高档案管理的效率。档案业务管理工作信息多基于政务网或局域网进行发布，通常结合了办公自动化系统、档案信息管理系统或是档案馆业务管理系统。而基于互联网发布的档案业务管理工作信息一般包括档案发布、档案征集、档案检索、在线移交、业务咨询等。

档案行政管理工作信息是档案行政管理机构将其行政管理职能拓展至档案网站，以向政府机关或社会提供档案行政服务。档案行政管理工作信息一般包括政策法规、标准规划、管理制度、文令公告、行政监督、组织协调、业务指导、咨询服务、在线申报、在线审批等方面的内容，具有政策解读、文令发布、网上办公等政务功能。

档案教育工作信息是将档案教育功能拓展至档案网站，以发展档案教育，培养档案专业人才。

档案科学研究工作信息是将科学研究功能拓展至档案网站以促进科研工作的发展和档案学科发展。

档案宣传工作信息是将档案宣传功能拓展至档案网站以向社会和公众传播档案信息和档案思想，从而提高社会档案意识。

档案国际合作与交流是档案事业重要的组成部分，也是国家对外文化与科技交流的重要方面，这方面的工作信息对于档案工作者、档案学者和社会公众都具有一定的价值和意义，理应通过档案网站进行发布。

（三）利用服务信息

利用服务信息是面向档案利用者，告之档案机构与档案网站提供何种服务及获得服务的途径和方法的信息。它一般包括本档案机构服务项目、服务内容、服务对象、服务方式、服务政策和服务限制，档案馆（室）查档指南（查档手续、查档范围、查档方法、查档程序、查档收费等），档案馆（室）阅览条件、开放时间，为研究者提供的各种可用工具等。

（四）政府公开信息

随着社会信息化和电子政务的深入发展，档案馆承担起了公开政府文件信息的责任。《中华人民共和国政府信息公开条例》规定档案馆是政府信息的法定公开场所之一。面向政府机关和社会公众提供政府现行文件利用已经成为各级各类国家档案馆的一项重要职能，许多档案馆建立了现行文件阅览中心。

在档案信息服务过程中，这项职能同样延伸至档案网站。我国有许多档案网站提供政府公开信息查询阅览服务。

文件是档案的前身，既具有时效性，又与广大人民群众的利益密切相关。档案机构提供政府公开信息查询利用，既开拓了档案服务的新领域，也为推进政府政务公开及政府工作的民主化、透明化起到积极的促进作用。档案网站的现行文件利用则吸引了更多的档案潜在利用者，达到了良好的社会服务效果。

（五）社会环境信息

许多档案网站适当地提供所在地政治、经济、历史、文化等信息，也介绍了与馆藏档案相关的各地区政治、经济、历史、文化等信息。这些信息对于档案网站用户来说是相应的社会环境信息，既可以体现档案馆的历史文化特性，又可以为利用者提供较为全面的服务。档案网站还可以适当提供相关专业信息，如关于图书馆、博物馆等工作或研究中的新理论、新技术、新方法，适当提供一些相关专业、搜索引擎链接、热点网站推荐，以方便利用者快速、便捷地查找所需相关信息。

（六）休闲娱乐信息

档案网站无疑是专业网站，但为了吸引社会公众的眼球、凝聚档案网站的人气，档案网站可以结合档案信息内容适当提供一些休闲娱乐信息，可以结合馆藏特色档案信息建设大众文化休闲园地，通过历史回溯、地方风情、文化寻踪、名人轶事、古城旧影等内容提供具有文化性和娱乐性的档案信息。

三、信息检索服务

信息检索服务是档案网站档案信息服务的重要内容，在档案网站内容建设过程中，应当确立检索服务的核心地位。信息检索服务是指使用网络档案计算机检索系统（或被称为在线档案计算机检索系统，档案计算机检索系统的网络版）进行检索。

档案网站信息检索服务具有“零距离”“全天候”“多用户”的特点，是实现信息查阅无距离、无时间限制的重要手段，对档案网站拓展服务面、提升服务工作水平，扩大档案工作的社会影响力起到重要的积极作用。

网络打破了时空和地域的限制，在新媒体环境下，利用者将有可能不再专门针对某一个档案馆的信息进行检索，而是针对整个网络中全部意义上的档案信息资源。这是档案网站最基本的功能。其检索内容包括政府现行文件、主动公开信息、历史档案以及其他文献资料，检索层次可以是目录信息、全文信息或编研成果，检索途径有题名、档号、关键词、分类号等，检索方式有简单检索、高级检索等。网上档案信息检索还可采取动态检索链接机制，提供“站内检索”“站外检索”或“复合式检索”，实现跨库检索。对于内网网站，采用身份识别、权限控制、内容分级管理等机制；对于面向社会公众的外网网站，目前仅限于开放档案的目录查询和部分开放档案的全文查阅。

在未来建设发展中需要进一步加强资源建设、提高数据质量、优化检索途径、完善检索功能、提供指南和帮助、增强检索结果处理能力、加强多媒体技术研究、扩大检索范围、丰富检索系统形式。

四、信息搜索服务

信息搜索服务是指对网络中档案信息资源的搜索、定位，或称其为对网络中档案信息资源的发现。其针对的对象是不特定的、处于无序状态的网络信息，检索后返回的值是统一资源定位符（URL），即相关网址。返回的 URL 所指向的网页或能提供网络档案计算机检索系统，或者包括了以静态页面形式发布的各种档案信息。

在实际应用中，信息搜索服务一般依赖搜索引擎实现。搜索引擎也是网络新媒体中重要的媒体形式。

搜索引擎是一种信息发现服务系统，用以实现对网络中各类信息资源的搜索、定位，或被称为对网络信息资源的发现。其实质是查找特定信息相关网址的工具。其针对的对象是静态页面文件信息，检索后返回的值是 URL，即相关网址。搜索引擎的主要特点是采用基于 Web 浏览器的用户界面、检索结果按相关性排序并分批输出、在很多场合查询方式与浏览方式结合使用。

五、交流互动服务

档案信息服务利用档案网站提供交流互动服务，从而收集档案利用者的反馈意见，征询社会各界对档案服务的建议，答复各类利用者的咨询、提问，在档案机构与社会公众之间架起双向沟通的桥梁，使档案网站成为档案工作者、档案学者、档案利用者多方交流和协助互动的平台，使档案信息服务在内容层次和服务程度上大大地深化。

交流互动服务用于宣传档案工作，解答有关问题，供利用者和档案工作者进行交流和发表个人思想观点，集思广益。还可利用高效、快速、便捷的网络通信系统，为利用者传送档案信息或复制件、传送检索结果、开展定题服务、提供参考咨询。甚至可以定时将公布的档案信息和档案宣传信息推送给利用者，或开通 FTP 文件传输系统，为利用者提供远程文件传递服务。档案机构、档案工作者、档案学者、档案利用者甚至社会公众还可以参与学术讨论组共同探讨和交流档案问题。

六、导航服务

导航服务主要为网站用户提供路径线索和标识，体现网页间的有机联系，使利用者了解网站的布局及主要内容，在网站浏览过程中具有结构感和方位感，始终知道自己在网站的什么位置，并可以通过导航功能快捷地访问相关页面。

导航服务一般包括页面导航、内容导航和网站地图。页面导航可以在网页上提供查询导航条，提示当前的访问路径，明确当前网页在网站中的位置，并可供访问者点击它去访问相关内容。内容导航一般通过主题列表、选项菜单的形式对属于同一个栏目或同类信息内容的全部网页进行信息提示，以帮助利用者就某一栏目的各方面内容进行进一步的浏览。网站地图可以对网站内的档案信息进行组织，建立索引，它按照网站层次建立树型目录，将网站内涉及的所有栏目按所属关系依次列出，同时提供超链接连接到相应网页。

七、调查统计服务

网络新媒体使得档案调查统计工作更为方便和快捷，档案网站通过调查统计服务，提高档案工作和档案网站服务质量。档案网站通过设计调查统计信息，让利用者自由填写或是建立一些激励机制鼓励利用者填写，实现与利用者的沟通。调查统计结果既可以应用到档案工作中，也可以提供给利用者和网站用户。

应用到档案工作中的调查统计服务主要针对利用者，用以分析利用者和利用需求，得出有价值的结论。通过征求利用者的意见，便于对档案工作、网络设备、网站内容、功能及形式等进行改进和完善。

八、下载服务

档案网站应根据情况适当地提供下载服务。一是实现对档案信息的下载。

例如，浙江档案网的部分全文和照片可以进行有偿下载。黄埔军校人名录中每个人的照片就提供了付费下载高质量照片的途径，馆藏资料中的一些老报刊资料的扫描件也提供了付费下载服务。二是对档案工作中相关信息的下载。例如，下载档案行政管理工作和业务工作中的各种表格，包括优秀档案工作者申请表、参加档案培训申请表、档案查询登记表、预约登记表等。三是与档案工作有关的工具软件的下载。例如，国家档案局推广使用的档案管理软件等。

档案网站作为档案信息服务的服务窗口、宣传窗口、对话窗口、中介窗口、交流窗口，汇集了各类档案信息，在档案信息服务中发挥了重要作用。在新媒体环境下，档案网站依然是除到馆服务以外档案信息服务的最重要形式。通过档案网站开展档案信息服务，可以向社会提供开放档案信息和现行文件查询利用，让社会公众了解关于国家档案工作的法律法规、方针政策，提升社会档案意识，加大档案信息服务力度。虽然各类档案网站在档案信息资源的丰富度、特色内容的构建度、与用户的互动程度等方面还有待提高，但是由于具有登录方便、利用快捷等优势，其受众面正在逐步扩大。

第三节　微博与档案信息服务

一、微博概述

随着社会信息化程度越来越高，档案利用服务工作的平台较之从前有相当大的拓展，尤其是依赖于计算机网络的服务平台更是吸引了越来越多档案工作者的注意。近年来，逐渐出现了依托微博平台的档案利用服务工作。微博，即微博客的简称，是网上个人日志类信息发布平台博客的微小化，是一个信息分享、传播以及获取的简便平台。

微博利用无线网络、有线网络等实现即时通信。博主随时将自己的最新想法以短信形式发送给手机和个性化网站群，而不仅仅是发送给个人。微博赋予所有用户属于自己的沟通平台，相当于有了一个私人媒体。在私人媒体上，每一个人都可以成为信息制造者，并将所产生的信息方便地进行传播交流。微博推动人与信息的融合，推动信息源变得无限广泛。

二、我国基于微博平台的档案利用服务工作现状

目前国内人气较旺的微博平台有新浪微博、网易微博和搜狐微博。我国基于微博平台的档案利用服务工作现状有以下三个特点。

（一）档案馆类型层次丰富

目前已经开设官方微博的档案馆类型多样，层次丰富。既有公共档案馆中的综合档案馆和城建档案馆，也有内部档案机构中的高校档案馆。在综合档案馆中，既有市级档案馆，也有该市所在的区县级综合档案馆，如宁夏银川市档案局官方微博和宁夏银川市金凤区档案局官方微博。这一方面体现出我国各级各类档案局（馆）在拓宽档案信息服务平台渠道工作中能积极思考，创新思维，走出一条与传统方式不同的道路；另一方面也体现出我国各级各类档案局（馆）在档案信息化的工作上取得了一定的成绩，能够使许多老旧档案以电子文件的形式向公众开放。

（二）高校档案馆微博发展强劲

高校档案馆官方微博在档案局（馆）官方微博中取得了较好的发展。分析其原因主要有两点。第一，高校是学科理论研究的前沿，有了丰富理论的支撑，相对应的实践工作往往也走在全国的前列。第二，高校档案馆的粉丝，即选择接受官方微博所提供的档案利用工作的人群多为高校学子。该类人群的特征是信息化水平高，对于新生事物的接受程度高，是通过微博平台进行信息传递交流的主力人群之一。比起传统的档案馆查阅、外借档案，在官方微博上获取信息更能吸引这类人群。因此，他们往往会关注本校档案馆官方微博，以增加自身对于学校历史的了解。

（三）整体发展呈初级阶段

虽然我国基于微博平台的档案利用服务工作已取得了一定的发展，但是无论从已经开设官方微博的档案局（馆）数量上说，还是从其发布微博的质量上说，都说明该项工作在现阶段整体处于初步发展阶段。我国目前共有档案馆4000余所，而在新浪微博上开通官方微博的档案局（馆）不到一百所，大多数都长时间不更新，不足以满足群众获取档案信息的需求，时间一长，官方微博就成了经过认证的摆设，无法发挥提供档案服务利用的作用。

三、微博在档案信息服务中的作用

（一）推送公共档案信息，促进公共档案馆建设

近年来，建成公共档案馆成为我国各级档案馆的建设目标。公共档案馆是应该由国家设立并管理的，由保障公民利用档案信息权利的制度安排的，为社会公众提供服务的综合档案馆。

与网站建设相同，档案微博可推送的公共档案信息包括如下三类。

1.馆藏档案信息和编研成果信息

与档案网站上访问此类信息不同，在微博上此类信息以非常简短的文字道出珍贵档案的信息，有利于提高利用者的阅读兴趣。在微博上发布此类信息要注意结合广大人民群众的生活，结合特色馆藏档案，学会用微博讲述老照片的故事或是对珍贵档案进行引人入胜的介绍。与在档案网站上访问此类信息不同，在微博上此类信息可以让作为受众的利用者就自己感兴趣的内容与发布信息的档案馆工作人员及时沟通，乃至引发利用者到相关档案网站或档案馆进一步详细了解自己感兴趣的内容。

2.档案工作信息

微博因为内容简短，发布、接受以及查看形式多样化，为档案工作信息传递提供了最佳的途径。最新颁布的档案法规政策，最新的档案工作动态，近期档案馆的展览活动，节假日开闭馆时间等都可以通过微博及时发布。档案工作信息通过微博的推送，方便利用者了解档案工作的实际情况，也可以壮大档案馆举行活动的声势。

3.利用服务信息

利用微博发布服务项目、查档指南、开放时间等利用服务信息比档案网站发布具有更好的效果，有利于指导利用者直接找到所需档案，有利于方便公众顺利地到档案馆查档。例如，在档案微博进行查档指导，让公众知道可以到县区档案馆查询劳动工资档案以找到工龄证明信息等，避免利用者盲目地东奔西跑。利用微博发布利用服务信息有利于促进档案馆服务转型，由被动服务向主动服务转变。

（二）推送政府公开信息，促进政府信息查阅中心建设

与网站建设相同，档案微博也可以推送政府公开信息。作为政府信息查阅中心是档案馆的基本职能之一。在档案微博上发布政府公开信息，既是档案馆

服务民生的表现，也是政务公开的主要内容。

很多档案微博是以政务微博身份面向社会的，其功能一是发布权威信息，拉近档案与公众的距离。档案微博推送政府公开信息和政务信息的内容摘要及目录，有利于社会公众及时、迅速地浏览和了解政府信息，使政府信息查询更加贴近社会、贴近公众。二是通过微博打造档案工作网络平台，提高办事效率。

（三）实现交互式咨询服务，促进档案机构与公众交流

微博交互性强，可以用于拓展档案咨询服务。档案咨询服务最大的特点在于互动性和实时性强。以往利用者通过电话、档案网站进行问题咨询。有了微博以后可以不受时空限制方便地表达自己的诉求、意见和建议。档案机构通过微博及时回应各方问题。如果涉及利用者个人隐私的问题，还可以通过私信的方式进行互动。社会公众利用微博向档案机构咨询问题，档案机构利用微博解答利用者的疑问，回馈问题更加及时，有利于实现档案咨询服务的直接性、亲和性以及时效性，使档案咨询服务变得更加快捷、范围更加广泛，提高档案信息服务的质量和效率。同时，档案机构可以从利用者在微博中的留言中了解人们对档案机构的印象，期待档案机构有哪些服务，期待什么样的服务方式，需要利用哪些档案，等等，省去现场调研的麻烦。微博还是档案宣传和档案征集的良好平台，有利于推动档案馆的建设。

微博运用日记形式的只言片语的语言交流方式，所呈现的是类似于对话的网上形态，能达到与朋友一起聊天那样自然、轻松的状态，使交流双方更亲近。档案机构通过微博实现交互式咨询服务，可以做到及时反馈，实现与利用者之间零距离交流，还有利于改变档案机构刻板、沉闷的形象。

（四）推送与文化相关的档案信息，促进城市文化建设

档案是人类社会活动的成果，是国家和民族文化的集中体现，是国家文化财富的一部分。许多档案被誉为文化瑰宝。档案馆具有文化存储和文明记忆功能，同时还具有社会教育、文化传播和休闲功能。通过微博打造档案馆的“文化传播平台”，可以促进城市文化建设。

在微博中解读档案中的历史故事，推广有吸引力的档案文化活动，可以使沉寂的历史鲜活起来。城市举办的与文化、档案相关的大型活动、各种展会，也可以通过档案微博向社会发布，还可以利用微博做好文化遗产的宣传服务工作。通过微博建立与其他档案机构的链接，扩大档案机构的社会文化联系，形成“微博群”，充分发挥联动作用和群落功能。

四、开展基于微博平台的档案利用服务工作的优势

与传统的档案服务利用工作相比，在微博平台上开展此项工作无疑是一大创举。微博平台之所以能吸引到档案工作者，必然有其特有的、区别于其他平台的优势所在，结合微博自身的特色分析，基于微博平台的档案利用服务工作有以下三点优势。

（一）服务工作的主动性

传统的档案服务利用工作是建立在用户需要什么，档案馆就提供什么的基础上的，档案馆常常处于被动地位。众所周知，档案信息资源是一种重要的社会资源，对于推动社会文化科学事业的发展有着重要的作用。然而，普通群众在日常生活中往往会忽略档案的信息属性和参考价值，这就需要档案工作者主动开发档案资源，并选择适当的平台。目前，大多数档案局（馆）官方微博都以主动提供档案信息为主，积极挖掘馆藏资料向公众发布，做到了从被动服务到主动服务的转变。

（二）信息发布的即时性

微博一直以来就以其信息发布的即时性作为卖点，几乎每条社会热点、焦点新闻都会成为微博讨论的“座上宾”，紧贴时事发布相关内容也成了微博的特色之一。各类档案局（馆）官方微博也将这一优势延续了下来，常常围绕某一个热点事件来发布相关的档案信息。官方微博能够根据时间、事件等当前热点，找寻馆藏的档案信息并发布，使利用者可以及时地获取信息，让大量沉睡着的档案充分发挥作用，起到了很好的服务利用作用。

（三）服务利用的互动性

微博的常用功能除了信息发布之外，还有信息评论和信息转发。信息评论即在某条微博下面开设评论功能，供看到这条微博的浏览者表达自己的观点和进行讨论。信息转发即将某条微博原文转发到自己的微博主页面，让关注自己微博的“粉丝”也能看到这条微博，扩大该条微博的传播范围，使更多的人参与到讨论之中。档案馆与档案利用者以及档案利用者之间对于档案内容的交流，从一方面来说能帮助双方挖掘出档案背后更多的信息，另一方面更能进一步提升人们的档案意识。我们知道，档案管理水平不仅与社会环境、社会发展水平息息相关，与社会档案意识也有紧密联系。随着社会档案意识的进一步提高，档案管理水平必将跨上新的台阶。

五、开展基于微博平台的档案利用服务工作的不足

档案服务利用工作是一项历史悠久的工作，当它和微博这个信息时代的产物碰撞时，同样也会产生一些不和谐因素，这些是档案工作者在开展基于微博平台的档案利用服务工作中需要重视的部分。

（一）档案信息真实性难以保证

在新浪微博上，提供档案利用服务的信息发布者可分为两种，第一种是经过新浪验证的，具有档案局（馆）官方微博资格的信息发布者，另一种则是未经过验证的，通常以个人名义发布档案信息的用户。纵然前者提供的档案材料可信度较高，可是往往不如后者所提供的一些野史吸引群众。

尽管新浪微博无法强制要求利用者选择浏览官方微博发布的档案信息，但应给予适当的提醒来引导利用者。一方面在非官方认证微博主页面醒目位置加上一句友情提示：由于该微博信息发布者未经过官方认证，其所发布信息的真实性难以保证。另一方面在非官方认证微博主页面右侧加上档案局（馆）官方微博的链接，并进行简短的介绍与推荐。通过这两项措施，引导利用者对非官方微博档案信息的真实性进行理性判断，并逐步将档案信息发布者的关注点从非官方微博过渡到官方微博。

（二）档案利用保密性难以保证

档案信息资源的开发利用与保守机密的目标是一致的，对于档案的利用服务工作，也必须要遵守保密原则。档案何时何地开放，开放到什么程度，都应有一定的规定，以确保档案的保密性。通常来说，档案利用者在实体查档时都需要提供有效证件，部分内容特殊的档案还需要单位或者组织机构开具介绍信，才能开放档案提供查阅。当这一过程移植到微博平台上后，对于查档者的身份认证就成了问题，该采取怎样的方式来最大限度地保证查档者身份的真实有效，从而保障档案的机密性值得档案工作人员思考。

当前，我国没有完善的法律法规对微博平台上的档案开放范围做出详细的规定，档案开放的程度通常建立在原件在实体档案馆是否开放的基础上。考虑到网上查档与实地查档有区别，档案行政部门应制定相应的政策来划分出一部分适合在网上公布、不需要验证利用者身份的档案。对于涉及知识产权、版权、隐私权的档案，应当遵守国家有关保密的规定，不得损害国家、集体和其他公民的利益。

六、基于微博平台的档案利用服务工作的未来展望

基于微博平台的档案利用服务工作的未来发展具有以下两个特点。

（一）档案局（馆）官方微博将占据基于微博服务利用工作的主流地位

虽然目前档案局（馆）的官方微博影响力不如非官方影响力大，但是其发布信息的真实性高这一优势非常明显。随着政府对官方政务微博的重视程度的提高，档案局（馆）官方微博也将进入高速发展的时期。在这个信息爆炸的时代，比起繁杂的未经证实的信息，群众更需要的是真实可靠的信息。鉴于政府在民众心目中的公信度之高，档案局（馆）必将在基于微博平台的档案服务利用工作方面占据主流地位。

（二）档案局（馆）官方网站将与其他政务微博相互协作、共同发展

政务微博是一个群体概念，档案局（馆）官方微博是其中的一分子。各政务微博在业务上将相互协作，成为信息互通，功能互补，业务互助的政府信息公开系统。该信息公开系统在保持个体相对独立的同时，能保持总体统一融合的状态，从而促进个体之间的共同发展，最终将推进我国政务微博的总体发展。

第四节　移动应用与档案信息服务

一、移动应用概述

移动应用的英文为 Mobile Application 或 Mobile App，简称 APP 或缩写为 MA，是指移动应用服务及移动应用程序，也称手机应用程序或“手机客户端”，是为智能手机、平板电脑设计的、在这些移动设备上运行的第三方应用程序。

自从苹果手机风靡世界以来，移动终端实现了功能增强化和平台开放化，移动应用成为信息传递和处理的一种主流方式。苹果公司苹果应用商店（iTunes Store）的 App Store 开创了手机软件业发展的新篇章，使得第三方软件的提供者参与其中的积极性空前高涨。App Store 是苹果公司为 iPhone、iPod touch 以及 iPad 创建的服务，它允许用户从 iTunes Store 浏览和下载一些适用于在 iPhone、iPod touch 以及 iPad 上使用的应用程序。这些程序的下载包括购买或

免费试用，程序类别涉及游戏、教育、生活、商务、旅游、体育、新闻、娱乐、美食、医疗、天气、音乐、图书等，可以说无所不包。各种适合移动应用的信息产品层出不穷，很多办公、娱乐活动直接在手机上就能完成。

移动应用较之计算机、WAP渠道优势明显。它具有不受时空限制、产品服务调整灵活、开发成本较低、开发周期短等优势。以移动应用为入口的上网人群正快速增长。目前移动应用还在蓬勃发展，开发前景广阔。

二、移动化档案信息服务的特点

（一）泛在化

“泛在”是近些年比较流行的一个词，其含义是指无处不在。随着移动互联网的兴起，人们广泛地应用智能手机等移动终端设备，让各种通过移动终端设备提供的服务变得随时随地，网络用户可以随心所欲地享受这些服务，从而使这些服务变得泛在化。移动化档案信息服务同样具有了泛在化特点。它冲破现有物理档案馆和数字档案馆的樊篱，遵循利用者的新需求，适应利用者行为的变化，模糊档案馆（室）与利用者之间的边界，使得任何人，在任何时间、任何地点，以任意方式阅览个人感兴趣的任何档案信息成为现实。

（二）便捷性

因为泛在，所以便捷。作为第五媒体的移动新媒体，被形象地称为“影子”媒体。因为手机等移动终端设备往往24小时不离身，其移动性、便携性的优势实现了边走边用。利用者可以利用碎片时间享用档案信息、移动服务，在不需要档案工作者干预的情况下，自助完成多种方式的服务。它突破了到馆服务的时空限制，改变了上网必须使用计算机的前提条件，可以方便、快捷地实现档案信息服务。

（三）主动性

在传统档案利用服务中，档案馆（室）是坐等利用者上门的被动服务方式。即使在网络档案信息服务中，档案网站也需要通过各种手段吸引利用者的注意。至今我国档案网站还存在受众面小、影响范围窄的问题。利用移动新媒体，档案信息服务可以打破之前被动式的服务局面，实现档案机构的主动服务。一方面，利用者使用移动终端设备随时随地享用移动化档案信息服务，并及时向档案馆（室）进行咨询；另一方面，短信、微信等移动新媒体应用形式都带有一定程度的强制性，可以将档案信息推送给受众。档案馆（室）利用移动平台及时主动地公开档案、宣传档案信息，能够最大限度地提升公众的档案意识。

（四）确定性

确定性是指相对于网络新媒体来说，移动新媒体有利于明确上网者的身份，使档案信息服务的对象具有确定性。档案信息在安全保密方面始终具有一定的特殊性，即使公开的档案信息有些可以提供给利用者使用，但不便于大范围地传播。现在凡是涉及这方面的档案信息都没有通过网络利用。近些年，国家有关部门和手机运营商就手机的个人身份信息认证问题取得了一些进展。未来的手机有可能用于确认身份，甚至发挥身份证的作用。届时，当前二者需要提供利用者身份证明的服务也可以通过移动应用程序实现。只要利用者通过档案馆（室）的资格审核成为移动化档案信息服务的对象，日后便可不再需要相关证明，只需进行 WAP 登录就可以查阅全国范围内的档案信息，从而提高档案利用服务效率，而且能够优化档案信息利用服务的质量。

三、移动应用在档案信息服务中的应用

（一）国外移动应用在档案信息服务中的应用实例

我们以美国国家档案与文件署（NARA）开发的移动应用程序为例看移动应用在档案信息服务中的应用。

1. 教师文献

《教师文献》帮助用户使用保存在美国国家档案馆的文献信息，从而有助于用户理解过去的故事、事件。用户可以选择一个历史主题然后挑战《教师文献》设计的任务，或是到一间“教室”里找到专门为自己设计的任务，而后使用 Docs Teach.org 网站提供的代码完成这些任务。

2. 总统文件

《总统文件》是由联邦登录处与政府通告处联合推出的免费移动 Web 应用程序。其功能是报告总统的日常活动，包括总统的行政命令、演讲、陈述、与国会和联邦机构的通信、批准的行动、提交到参议院的提名、白宫的公告、白宫新闻稿等。

（二）国内移动应用在档案信息服务中的应用实例

目前，国内档案机构开发及提供的移动应用虽然数量还不多，但是已经有了一些实例。目前我国已有的几个“档案 APP”包括以下几种。

1. 福建省档案专业人员继续教育网络平台

福建省档案专业人员继续教育网络平台是福建省档案局（馆）开发提供的。该平台是基于计算机互联网络、基于移动学习终端技术等现代远程教育方式，针对档案专业人员，结合云端访问技术实现的新型移动学习平台。

2. 广州市国家档案馆移动应用程序

广州市国家档案馆移动应用程序是广州市国家档案馆开发提供的。该移动应用程序主要向社会介绍该档案馆建筑的基本情况，并为该馆的档案展览提供语音导览。它主要包括以下四个部分。

一是对广州市国家档案馆场馆概况进行介绍。二是对广州市国家档案馆在馆内开办的档案展览提供语音导览。三是为来馆参观者提供场馆地图，让参观者在参观过程中了解馆内空间全貌。四是为来馆参观者提供场馆攻略，包括参观须知、团体参观预约服务、交通指引、该馆工作时间和联系方式。

广州市国家档案馆是近些年我国档案馆新馆建设的典型代表，体现了我国档案馆走出政府机构的深墙大院独立建馆，面向社会大众提供信息公开、公共服务和文化服务并满足社会公众文化学习和休闲观光等多种需求的发展趋势。广州市国家档案馆移动应用程序将该馆作为一个旅游景点和文化景点介绍给社会公众。该移动应用程序在 App Store 归为旅游类。

3. 武汉档案手机档案信息及文化推送系统

武汉档案手机档案信息及文化推送系统是武汉市档案馆开发提供的。它可称得上是我国首个由综合档案馆推出的真正的档案信息服务移动应用，是真正基于馆藏档案信息向社会提供档案信息服务的系统，向社会提供武汉市档案馆开放解密的历史档案信息。

该移动应用的封面与使用界面图片精美、颜色厚重，具有档案特色。一打开程序一股浓厚的历史气息便扑面而来。

该移动应用提供订报、阅读、查询、互动、设置五个服务模块，对外可实现面向所有市民的解密历史档案订阅及阅读功能，对内可实现内务推送功能，方便档案馆内部日常工作。可供订阅的信息类别包括档案文化、珍档荟萃、江城印象、名人留踪、相关报纸、相关杂志六类。互动板块用于与利用者进行交流互动。

该档案信息及文化推送系统开创了国内档案信息服务领域移动应用的先河，极大地减少了档案服务障碍，是构建未来手机档案馆的有益尝试。由于各大移动应用商店分类缺乏“档案类”，该移动应用程序在 App Store 归为新闻类。

第七章　大数据环境下的档案管理与服务创新

近年来，随着社会信息化的飞速发展，人们对档案信息资源的需求也不断增长，大数据时代的来临也使档案的管理与服务发生了翻天覆地的变化。由于档案信息资源难以避免地受到馆藏类别以及地域的制约，已经无法适应与满足信息时代公众对档案信息资源的需求。所以，在一体化信息资源管理系统中纳入档案信息化建设，将封闭而又单一的档案信息资源转化成类别丰富、综合开放的档案信息，实现档案信息化以及档案信息资源共享显得尤其重要。

第一节　大数据环境下的档案信息资源挖掘

一、大数据技术

（一）大数据

大数据的起源可以追溯到 21 世纪，互联网网页以每日约 700 万个的速度呈现爆发式增长，随着越来越多的用户使用互联网，用户在互联网上检索准确的信息也变得愈发困难。谷歌公司为提高用户使用互联网的效率，率先建立了覆盖数十亿网页的数据库，成了大数据应用的起点。而大数据技术的源头，则是谷歌公司提出的一套以分布式为特征的全新技术体系。

大数据从出现至今，一直都是全社会关注的焦点，至今仍无公认的定义。对于大数据，可以从资源、技术和应用三个层次理解，“大数据是具有体量大、结构多样、时效强等特征的数据；处理大数据需采用新型计算架构和智能算法等新技术；大数据的应用强调以新的理念应用于辅助决策、发现新的知识，更强调在线闭环的业务流程优化”。大数据不仅“大”，而且“新”，是新资源、新工具和新应用的综合体。

（二）大数据对档案信息化的保障

1. 档案数据高效存储保障

目前，馆藏数字档案量已经从TB级别跃升至PB级别，与此同时，科技进步衍生出的数据呈现出了分布式和异构性特点，需要归档的数字资源繁多，包含结构化、非结构化和半结构化数据。非结构化数据，如文本、图片、各类表格、图像和音视频等，半结构化数据，如E-mail.HTML文档等，都不便于使用关系数据库二维逻辑表来表现。

传统关系型数据库已经无法满足对数量庞大、类型多样的档案资源的组织与管理需求，需要引入大数据管理系统对档案进行分布式存储、快速检索。大数据存储方法有很多种，如Hadoop、NoSQL等，它们都具有一些共同的特点，即利用硬件的优势，使用可扩展的、并行的处理技术，采用非关系模型存储处理非结构化和半结构化的数据，并对大数据运用高级分析和可视化技术。

2. 档案数据价值挖掘保障

在档案数字资源中，不同的档案数据中蕴含的价值存在差异，有可能导致用户获取价值信息的难度增大。如何从这些资源中提炼、挖掘出有价值的档案信息，并以人们易于接受的方式传递给用户，是目前档案工作者必须解决的问题。

大数据时代带来新的技术，为档案工作者提供解决问题的方式。档案工作者可以采用大数据技术，在海量档案数据中发现关联，从不同角度对其进行聚类和分类，以多维度、多层次的方式展现档案数据，将非结构化数据转换为结构化、半结构化数据，从而使用户更准确、更容易获得档案信息。必要时，还可以通过可视化技术，形成图形图像，直观地展示最终结果。

二、大数据技术在档案领域的应用背景

大数据时代数据的种类和规模都空前庞大，成为一种最重要的社会资源，且亟待人们对其进行开发和利用。大数据时代改变了人们的生活、生产和思维方式，对社会各方面造成了巨大影响，档案信息资源在新的社会背景下也发生了巨大改变，并愈发显现出大数据的特征，如何对海量档案信息资源进行高效、系统的挖掘，从而实现深层次开发和利用成为当下档案工作的中心。传统的档案信息资源挖掘工作不能满足新形势下档案信息资源的开发要求，将以云计算、语义引擎和可视化分析为代表的大数据技术应用到档案信息资源的挖掘工

作中，可以为其带来巨大机遇。世界各国对于大数据技术深入推广、积极倡导，我国也出台了相关政策进行支持，为大数据技术深入应用在档案信息资源挖掘领域提供了支持。

（一）大数据技术为档案信息资源挖掘工作带来新机遇

国际咨询机构麦肯锡对大数据做出以下定义："大数据是指无法在一定时间内用传统数据库软件工具对其内容进行采集、存储、管理和分析的数据集合。"因此，在大数据时代必须要使用新的数据处理技术才能实现对数据资源更好地开发和利用。大数据背景下档案信息资源也具备了大数据的特征，主要体现在以下三点：一是各级档案机构所产生的档案信息资源总量日渐庞大且增长迅速；二是档案信息资源种类日趋繁杂，而且结构日渐复杂；三是档案信息资源的价值丰裕度、凝聚度很高。对具备大数据特征的海量档案信息资源进行广泛采集，深入挖掘，对档案信息资源发挥最大化效用具有不可估量的意义。

档案信息资源的挖掘工作是指对海量的档案信息资源进行采集，并对采集到的数据进行集成、变换等处理，最后选择相应的挖掘模型，实现对档案信息资源价值的开发和提取，从大量的档案信息资源中挖掘价值、提取知识，从而实现其更为广泛和高效地利用的过程。

档案信息资源的大数据化给其挖掘工作带来了很多困难，如档案信息资源的采集问题、价值分析问题和结果提取问题等，但是大数据技术的使用也给档案信息资源的挖掘工作带来巨大机遇，主要体现在以下三点。

①大数据技术可以实现档案信息资源更系统、全面的采集。大数据处理技术强调对整体数据进行分析和挖掘，以此取代传统档案信息挖掘中以抽样代替整体的方法，可以改变因为遵循传统经验思维搜集局部档案信息进行分析而造成的挖掘成果的片面性和不完整性。云存储技术手段为信息采集提供了足量的空间，为档案信息资源的系统、全面采集提供技术支持。②大数据技术可以实现档案信息资源的智能化提取，并提高挖掘的精确度和效率。基于云计算的大数据价值分析技术可以在挖掘过程中提高精确度，可视化技术则对档案信息资源进行全面直观的呈现，语义处理技术为档案信息资源的智能检索创造了条件，有利于挖掘效率的提升。③使用大数据技术对档案信息资源进行挖掘，可以弥补由于档案缺失而造成挖掘结果价值低的不足。大数据技术通过对海量档案信息资源进行处理分析，创建数据资源库，在某一部分档案信息资源存在缺失时，可以根据档案信息资源间的关联性原则对相关资源进行追踪，以补充缺失的档案信息，以保证档案信息资源挖掘结果的完整性和可靠性。

（二）国家政策引领与支持

大数据概念自提出伊始，就成为最热门的名词之一。大数据技术给社会带来了强烈冲击，深刻影响着社会的各个领域并引发思想变革。

几年前，国务院发布了《关于印发促进大数据发展行动纲要的通知》，在此通知中指出了我国大数据技术发展的形势和意义，认为大数据成为重塑国家竞争优势的新机遇，并提出了在我国发展大数据的指导思想和总体目标。这份通知提出：在未来的国家发展过程中，应利用好我国的数据数量优势，努力实现数据数量、质量和数据应用水平的协同发展，注重对数据资源潜在价值的挖掘，将大数据这一战略资源的作用得到最大限度的发挥，以提升国家竞争力。

在这份《促进大数据发展行动纲要》中树立了未来发展大数据的指导思想，包括“大力推进政府信息系统和公共互联开放共享，消除信息孤岛，着力推进数据汇集和挖掘，推进数据资源向社会开放”，这些指导思想对于档案信息资源挖掘过程中使用以云计算为代表的大数据技术，实现档案信息资源共享、消除档案信息资源孤岛、实现数据广域采集都具有引导作用。

目前，我国已经认识到大数据对于国家未来发展的重要价值，并为大数据技术的发展提供思想指导和政策支持。档案信息资源是国家记忆的主要构成部分，也承担了保存国家记忆的重要使命，是未来国家战略资源最重要的组成部分之一。在国家积极倡导大数据技术应用的当下，大数据技术与档案信息资源的挖掘工作紧密结合，构建起一个基于网络的多种类结构的数字资源库。使用大数据技术对大数据化档案信息资源进行深入挖掘和利用，顺应时代的要求和政策的支持方向，能够扩大档案信息资源的社会影响力。

三、大数据技术在档案信息资源挖掘过程中的具体应用

大数据技术对社会生活的各个方面造成冲击，深刻影响着人们生产和生活的方式。在档案信息资源的具体挖掘流程中，以云计算技术、可视化技术和语义处理技术为代表的大数据技术正在得到日渐广泛和深入的应用，并取得明显的效果。

（一）云计算在档案信息资源挖掘中的应用

1. 云计算的概念及特征

云计算是一种基于互联网的计算方式。这种方式利用分布式计算和虚拟资源管理等技术，通过网络统一组织和灵活调用，将分散的信息资源集中起来形

成共享的资源池，并以动态按需和可度量的方式，向使用各种形式终端的用户提供服务。在云计算环境中，应用软件直接安装到了“云”端的服务器中，而不是用户终端上，用户仅需要通过 Web 浏览器登录到“云”端的管理平台就可以使用软件并得到所需服务。“云”是对计算服务模式和技术实现的形象比喻。“云”由大量基础单元——云元组成，各个云元之间由网络连接，汇聚成为庞大的资源池。

2. 应用必要性

云计算的应用必要性体现在以下几个方面。首先，可以平衡档案信息资源挖掘基础设施建设。目前，我国档案信息资源开发挖掘工作由于地区经济发展不平衡、经费投入差别大，而在基础设施建设上存在较大差别。一些发达地区在档案信息资源挖掘基础设施的建设上投入大量资金，确保了工作需求得到满足，但是有些经济欠发达地区的基础设施建设存在较大缺陷，没有足够的设施和技术对档案信息资源进行挖掘、开发。这种情况下，通过云计算的基础设施服务来统筹规划档案机构的挖掘工具、管理服务器、存储器等基础设施，通过建设营造云计算环境，向分布的档案机构提供基础设施服务支持，这样不仅可以节省档案信息资源挖掘基础设施建设的资金，还可以平衡不同经济状况地区的档案信息资源开发状况，使挖掘技术力量较弱的档案部门可以应对档案信息资源开发工作。其次，可以拓宽档案信息资源采集渠道。档案信息资源挖掘工作过程中最基础的部分是对海量档案信息资源的采集。广域的数据采集对于档案信息资源挖掘成果的系统性、全面性至关重要。通过云计算构建“档案云”平台，实现档案信息资源共享，对各档案机构、企事业单位的档案信息资源进行统筹规划，消除以往的档案信息资源“孤岛”，将其融合为一个档案信息资源的“海洋”。

云计算存储空间大、计算能力强、安全性高，现在通过云计算实现数据共享的技术条件已经成熟，并在档案信息资源管理领域有所应用。随着档案信息资源的大数据特征进一步明显，云计算必将在档案信息资源的挖掘和开发领域发挥更加重要的作用。

（二）可视化技术在档案信息资源挖掘中的应用

1. 应用必要性

大数据背景下档案信息资源种类、结构更加复杂，数量也更巨大，在档案信息资源挖掘过程中，需要对诸多海量的、多元化的、结构复杂的档案信息资源进行直观认知，使档案信息资源的管理者和使用者可以清晰地洞察档案信息资源背后所隐藏的信息，并将这些信息转化为可以对自身生产生活发挥实际作用的知识。对档案信息资源进行挖掘必须要对原始资源有清晰、直观的认识，随着档案信息资源总量的增大，这一过程愈发困难。对于档案信息资源的开发者和挖掘者而言，海量的档案信息如同一个巨大的黑洞，必须对这些资源进行逐一认识、排查，发掘隐藏价值，当原始挖掘对象的总量很大时，还需要对原始信息资源进行检索。在传统的档案信息资源检索条件下，为了浏览所有结果，用户只能不断翻页。在档案信息资源的挖掘过程中引入可视化技术，把档案信息资源以及其内部不可见的语义关系以图形的形式直观地呈现，同时在使用计算机对档案信息资源进行处理时更加注重人机交互的过程，能更加系统、高效地对档案信息资源进行挖掘，并准确提取其潜在价值，使之发挥更重要的社会效用。

2. 具体应用过程

信息可视化的定义是使用计算机技术，使复杂的数据信息以交互的、可视化的形式体现出来，以提高人们对其的认知水平。可视化技术的主要研究重点在于它倾向于对复杂的数据信息进行综合分析，将其转化为易于理解的可视化图形，通过图形以最直观的视觉方式展现数据中隐含的信息和规律。人类从外界获取的信息 80% 来自视觉系统，因而可视化的主要任务在于建立起符合大家普遍认知的、易于理解的心理印象。信息的可视化技术已经发展多年，现在愈发成为人们分析抽象、复杂数据的重要工具之一。在现实生活中，存在很多信息可视化的使用案例。在互联网星际图中，星球的大小代表了该网站访问流量的多少，星球之间的距离则表示了相关网页链接出现的频率和强度，通过该图，可以对全球网站的活跃程度以及它们之间的相互关联有极为清晰明了的认识。

在档案信息资源挖掘领域，信息可视化技术也可以发挥类似的作用。首先，构建一个完整的档案信息资源数据集，即档案信息资源可视化界面，对该数据集中的档案信息资源有全面的认识。其次，对目标所在的相关档案信息资源领域进行放大并剔除不需要的档案信息。之后结合用户的具体需要向用户展示具体细节，通过用户的具体操作和实践过程探索在档案信息资源可视化分析中使用者的行为，以此对可视化系统的实现提供指导，注重档案信息资源之间的关联性和系统性，向用户展示档案信息资源数据项之间的相关性。

档案信息资源的可视化描述是实现其高效、准确挖掘的前提。这一过程的主要内容是构建反映档案信息资源具体内容的图符、多维度空间描述图、特征库、知识组织体系和相应的数据压缩格式。对于档案信息资源，尤其是以文本形式存在的文书类档案信息资源，可以根据这些档案形成的时间先后将其进行图形化显示，将它们的特性以图形的形式进行表示。当前可应用于档案信息资源挖掘工作中的文本信息可视化技术有很多种，如标签云技术，将原始档案信息资源的原始属性根据词频规则总结出规律，并按照这样的规律对其进行排列，用大小、颜色、字体等图形属性对原始档案信息资源的关键属性进行可视化表述。除此之外，还有图符标志法，这种可视化方法可以把专业的、复杂的档案信息资源以十分直观和易于理解的形式向挖掘者和使用者进行展示。在档案信息资源挖掘过程中利用可视化技术了解挖掘对象的属性和关联性，对采集的海量数据进行去噪处理，有利于管理者和使用者更清晰地认识这些信息资源，从而实现档案信息资源的准确高效提取。

（三）语义处理技术在档案信息资源挖掘中的应用

1. 应用必要性

在大数据背景下，档案信息资源的总量呈现出急剧增长的态势，且其结构形态也表现出复杂的特点，多媒体类档案占据了越来越大的比重。在此背景下使用人工方法对档案信息资源进行采集、开发和利用的难度越来越大。语义处理技术在大数据挖掘的过程中为机器提供了可以理解数据的能力，使用自然语言处理技术对原始档案信息资源进行处理，构建数字化档案信息资源跨媒体的语义检索框架，为深入挖掘档案信息资源提供技术支持，可以在语义理解的基础上提高档案信息资源挖掘算法的语义化程度和性能，最终实现对海量、繁杂档案信息资源的快速挖掘、智能提取，提升挖掘质量和挖掘效率。

2. 具体应用过程

语义处理技术的主要作用是对原始的档案信息资源进行自然语言处理，以便机器更好地“理解”使用者的目的和需求，从而实现档案信息资源更为精确的提取。自然语言处理是基于计算机科学和语言学，利用计算机算法对人类自然语言进行分析的技术，属于人工智能领域的一个重要方法。自然语言处理的关键技术包括对自然语言的词法进行分析、对语言含义进行分析、对语句语法和内容进行分析，以及语音识别技术和文本生成技术等。在档案信息资源挖掘的过程中，这些技术可以使计算机对原始档案信息资源有深入的理解和认识，使计算机“理解”这些自然语言，有利于档案信息资源挖掘者系统地掌握档案信息资源的内容概要，对档案信息资源进行内容检测，依照关键词义、语义对档案信息资源进行系统分类整理，对原始信息进行深入挖掘检索、质量检测，还可以实现自然语言所表达内容信息不同形态之间的转换，有利于档案信息资源的丰富拓展以及清晰表述，对档案信息资源挖掘效率的提升意义重大，同时也为智能检索技术的应用奠定基础。

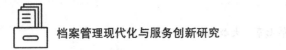

自然语言处理技术主要包括两大类，即机器翻译技术和语义理解技术。机器翻译技术，即使用计算机实现对自然语言内容的认识和提取，并将其以文本或其他形式输出，把一种类型的自然语言翻译成另一种类型。语义理解技术则强调把检索工具和语言学进行有机结合，通过对关键词专用检索工具的开发，以及对原始信息的前文扫描，弄清其词义、句意之间的相互关联，从而实现检索工具在语义层次上对检索目标词汇的理解。在自然语言处理技术中会用到汉语分词技术、短语识别技术、同义词处理技术等，对原始语言信息进行系统区分、鉴定和提取。

总的来说，在档案信息资源挖掘过程中，语义检索的主要应用技术方法有两种：语义分析法和分词技术。前者目的在于在资源挖掘中对检索关键词进行语义分析，对关键词进行拆分，并查找拆分后关键词的关联，以及搜索与关键词含义存在关联的其他关键词，最终实现对查询者目的的解读，搜索出最符合使用者要求的结果；而分词技术则是在档案使用者对档案信息资源进行查询时，将其查询词条按照相应标准进行划分，然后按照对应匹配方法把划分后的字串符进行处理，实现对目标资源提取的一种技术。

第二节　大数据环境下的档案信息资源开发与利用

一、大数据环境下档案信息资源开发与利用的主体、客体、目标

利用是一个满足需要的过程，档案信息资源利用的实现首先需要档案馆（主体）进行信息开发、传播；而后需要利用者（客体）有利用需求；最后主体提供的档案信息恰好或一定程度上能与客体利用者的需要相契合。大数据环境下，档案信息资源利用的主体、客体、目标都发生了一定的变化。

（一）主体

档案馆是永久保管档案的基地，拥有丰富的档案信息资源，是档案信息资

源开发的主体。其中综合性档案馆较其他档案馆在人才、资源方面具有独特的优势，是档案信息资源开发与利用的主要力量。在大数据环境下许多档案馆推出了手机短信、微信、微博等微媒体服务，也有少数档案馆开发了APP提供档案服务。但是服务方式的增多和档案馆既定的人力、物力资源入不敷出导致一些档案馆面对新环境力不从心，出现了“有数量没质量”的情况。

（二）客体

档案利用者产生档案利用需求，是档案馆的服务对象。在大数据环境下，一方面，档案利用者的范围在整体上有所扩展，更多的群体可以通过档案馆的微信公众号、微博、APP等途径利用档案实现其参考价值；另一方面，档案利用需求具有“刚性规律”，刚性档案需求的利用者变化较少，而这些刚性需求的利用者是档案馆的主要服务对象。在移动互联网大浪潮下我们要时刻保持冷静，处理好“为谁服务，以谁为主”的问题。

（三）目标

档案信息资源开发与利用的目标是将主体与客体结合以满足利用者的信息需求，在大数据环境下，这一目标是在满足利用者需求的基础上使利用者的利用更加简单、自由，进而促进利用者的利用。在大数据环境下，要分析用户档案的信息需求，合理选题选材，并通过移动互联网将开发出来的档案信息资源以简单便捷的方式提供给用户。满足利用需求，提升客户体验是大数据环境下档案信息资源开发与利用的最终目标。

二、大数据环境下档案信息资源开发与利用的特征

大数据环境下档案信息资源开发与利用有了一些新的特征，把握变化才能更好地适应这一环境。

（一）空间上的移动性

移动环境指的是人或物处在不断变化的空间环境中。一方面，这一特点为档案利用提供了便捷，用户获得和利用档案信息的空间自由度加强。另一方面，对档案利用工作提出了挑战：移动空间环境中的干扰因素增加，用户对档案信息利用呈现出碎片化趋势，对于档案信息的质量要求更高；移动环境对无线网络、信息传输等的技术要求也更高。

（二）时间上的碎片化

由空间的移动性导致档案信息资源利用时间的碎片化。这一特点在实现了随时利用的同时对档案信息资源开发者提出了新的要求。大数据环境下人们已经进入“读图时代”，图片、小视频成为受欢迎的形式，档案信息资源开发形式应该与时偕行。另外，集中阅读时间碎片化对档案信息资源的内容也产生了一定影响，人们更加倾向于简单娱乐性的内容。所以档案信息资源开发者应该把握住大数据环境下的新特点，提供用户需要的内容。

（三）用户主导档案信息资源开发

大数据环境下网民的“话语权”得到增强，更加有利于表达自身诉求。传统的由“档案馆”主导的档案信息资源开发逐渐向用户主导转变，一些类似于“我需要的档案信息”的调查活动使用户加入档案信息资源开发的“选题”“选材”“编辑”中。利用者也是开发者，使得档案信息资源利用率得以提升。

（四）档案信息资源利用的深度得到拓宽

大数据环境下档案信息资源的利用从简单的“实物利用”向“知识利用”转变。档案的凭证性作用依然重要，但是在大数据环境下人们参考档案指导实践活动、利用档案信息进行创作、通过档案记忆历史的例子随处可见。档案信息资源开发与利用的深度得到拓宽。

（五）档案信息资源利用的方式增多

传统档案信息资源利用主要通过到馆利用、档案编研成果利用、档案网站利用来实现，大数据环境下档案利用途径变得更加丰富。微信、微博、手机APP等多种途径可供选择，使档案走进千家万户。

三、大数据环境下档案信息资源开发与利用的不足之处

我国各级各类档案馆已经开始利用移动互联网提供多种档案信息利用服务，取得了一定的成绩。然而面对这一新事物，由于问题本身的复杂性及经验上的不足，在实践中显现出了一些问题。针对现状我们主要提出了功能定位、内容、推广几方面的问题，对于法律制度、观念等具有固有滞后性的问题在此不提。

（一）功能定位模糊

大数据环境下，档案馆的定位是指对档案馆利用服务的定位。定位的作用

在于指导工作方向，定位确定了档案信息资源开发的方向。换句话说，定位决定档案信息资源开发的“选题”与“选材”。在目前档案馆提供的移动互联网服务中不乏定位模糊的现象。举例而言，一些档案微博中多是局馆新闻动态的内容，少有关于档案利用信息的发布，而局馆动态主要是为档案局（馆）本身服务的，也就是其微博定位并非为预期利用者服务而是为自身服务。在大数据环境下，档案馆在档案信息资源的传播方面做出了很大的努力，投入了很多资源，如开通微信公众号、微博等，但是在选题、选材等内容方面少有对移动互联网的利用。

定位主要是档案馆要把握好“为谁服务”和“主要为谁服务”的问题。大数据环境下档案利用者的范围整体扩大，但是其中主要是传统环境中那些对档案信息资源具有刚性利用需求的群体。在主要服务这些既有利用者的基础上，尽可能地为其他利用者服务。在档案馆的发展中我们通过“档案利用登记表”积累了许多档案利用者的数据，通过大数据我们可以分析利用者的特征，找到主要服务对象和他们的利用需求，进而进行科学的选题。但是实际上，无论在实践中还是在研究中我们只关注了“档案利用登记表”的形成和管理，涉及利用档案登记表预测利用趋势的例子却凤毛麟角。

（二）粗糙编辑缺乏吸引力

“人靠衣装，佛靠金装”，在这个拼“颜值”的时代，精益求精的编辑是档案信息资源开发与利用中的重要一环。面对大数据环境下的信息大爆炸，精巧的编辑形式有时候是敲开档案信息资源利用大门的“敲门砖”。

档案信息内容的表现形式至关重要。大数据环境下，人们阅读信息的空间移动性和时间碎片化使得我们进入了“读图时代”。相对于文字，我们更喜欢简单直观的图片；相对于图文，我们更喜欢声像结合的“短视频”。在这一方面我们的服务有一定的不足，通过我们的亲身体验，档案馆在微媒体上提供的档案信息仍然以文字方式为主，视频文件极少。这些不符合当前利用者习惯的形式会对档案利用效果产生不利影响。另外，平铺直叙的标题、规规矩矩的格式是我们的现状，引人入胜的标题与独特漂亮的格式应该成为编辑过程中的更高追求。

（三）传播方式缺乏顶层设计

目前档案馆推出的传播方式众多，手机短信、微信公众号、微博、WAP、APP 应用程序多种多样。但是由于档案馆的资源有限，众多服务使得档案馆力不从心，结果事倍功半。主要表现有服务众多却无人管理，有一些档案公众号自开通以来从未发布过任何信息，还有一些档案公众号根本无法提供服务。另外由于缺乏顶层设计和整体规划，各种服务方式之间互相重合而又不能完全覆盖，导致各种方式的优势得不到体现。这种“有数量，没质量”的情况不仅没有达到我们的预期目的，也造成了资源的浪费和利用者的不满。

第三节　大数据环境下的档案信息服务创新

当前，我们处于信息技术快速发展的大数据时代，我们在享受着大数据时代给我们带来便利的同时，也不同程度地承受着各种困扰。这种情况在档案信息服务利用领域亦是如此，各种新型信息传播技术的应用给原有的档案信息服务方式带来了前所未有的冲击，但是它们也给档案信息服务模式的创新带来了发展机遇。

一、大数据时代档案信息服务研究现状

到目前为止，档案学术界尚未形成一个统一的概念，但存在着这样一个潜在的共识，“大数据作为结构化数据、半结构化数据与非结构化数据的总和，不是对数据量大小的定量描述。它是在种类繁多、数量庞大的多样数据中进行的快速信息获取”。大数据共有四个特点：一是数据量大，大数据的数据数量从 TB 级上升到 PB 级，乃至会上升至 ZB 级；二是类型繁多，大数据的数据来源种类繁多，数据形式也是多种多样，包含“文本、图像、视频、网络日志、地理位置信息、用户行为信息等”；三是速度快，大数据的一个重要特点就是增长速度快，有较强的时效性，很容易被其他的数据信息所替代，因此传统的数据管理模式已经无法满足快速的现代数据信息的管理分析需要，一般会采取实时分析和分布式处理方式来管理数据信息；四是数据价值具有稀疏性且相关度不高，数据量虽然庞大且蕴含着巨大的价值，但是单个数据的个体价值很小，只有将所有相关的数据进行综合整理分析之后，才可以发挥巨大的潜在价值，从而对结果进行较为准确的预测。

二、大数据时代档案信息服务模式面临的挑战和机遇

随着科学信息技术的迅速发展，人类也从信息时代跨入大数据时代。相比较传统的信息环境，在大数据时代，档案用户的信息需求与档案工作者的服务

模式都发生了前所未有的变化，给原有的档案信息服务模式带来了巨大的冲击。而任何新事物都是一把双刃剑，大数据在给档案信息服务带来挑战的同时，也带来了前所未有的发展机遇。目前，档案信息服务模式主要有两种：一是传统实体档案服务模式；二是现代网络档案信息服务模式。大数据时代的来临对这两种服务模式带来不一样的冲击。

（一）当前档案信息服务模式

当前档案信息服务模式大致可分为以实体档案为单位的传统实体档案服务模式和以网络为平台的现代网络档案信息服务模式。以实体档案为单位的传统实体档案服务模式是中国自产生档案服务机构以来在实践活动中逐渐产生的，并形成了一套具体完善的档案信息服务理论。以网络为平台的现代网络档案信息服务模式是伴随着网络的产生而产生的，主要是指电子档案的服务利用模式。目前电子档案服务理论还不够完善，并且存在一些实践问题。虽然如此，提供电子档案信息服务已然成为世界先进的档案信息服务模式，在中国提供电子档案利用服务也逐渐成为一大趋势，并逐渐向主流方向发展。

1. 传统实体档案服务模式

传统实体档案服务模式指以往的档案信息服务机构工作人员就实体档案，对其进行收集、整理、鉴定、保管、统计等，进而为档案需求者提供利用服务。同时该档案服务模式提供服务的方式主要有阅览服务、出借服务、复制供应、咨询服务、交流服务、档案证明和档案展览等。这些服务理论和服务方式是在前人的实践基础上积累和总结起来的，是人类智慧的结晶。随着社会的发展以及先进科学设备的引进，传统档案信息服务方式受到一定的影响，但在以纸质档案为主体的中国，以实体档案为单位的传统实体档案服务模式仍占据着主要位置。同时，先进技术的引进也加快和推动了传统档案服务模式的工作进程。

2. 现代网络档案信息服务模式

顾名思义，现代网络档案信息服务模式是档案服务机构利用计算机网络为档案信息利用者提供档案信息服务的一种服务模式。“以网络为平台的现代网络档案信息服务模式是档案服务机构顺应时代潮流而提供档案服务利用的一种先进服务模式”，该模式极大地提高了档案信息服务质量和服务效率，同时该服务模式也拓宽了档案信息服务范围，为档案服务事业的进一步发展创造新的条件。无论是数字档案馆的网络服务，还是现代档案网站提供的档案信息，主要有馆藏档案资源介绍、档案咨询、档案政务、档案展览、档案推送等档案信息，并且大部分省、市都开通了档案网站，这项举措大大提高了档案信息服务效率。现代网络档案信息服务模式主要为利用者提供电子档案信息服务，虽然较为简捷方便，但电子档案的安全性和准确性在大数据时代也面临着极大的挑战。

虽然这两种档案信息服务模式能够分别对实体档案和电子档案提供利用，并且取得了良好的效果，但是在大数据时代，这两种模式也存在着一些问题。对于传统实体档案服务模式而言，服务理论、服务手段等急需跟着时代的进步而发生改变，以适应现代化的需要。对于现代网络档案信息服务模式而言，该模式还未形成较为完善的服务理论，仍然处于初级阶段，这需要档案服务工作人员的继续努力，从而促进其快速发展。总而言之，这两种模式既有优点又有缺点，这需要档案工作者继续为档案服务事业努力。

（二）大数据背景下档案信息服务面临的挑战

无论是传统实体档案服务模式，还是现代网络档案信息服务模式，在大数据时代，尤其是电子档案数据信息的快速增长，给以往的档案信息服务模式带来了很大的冲击。数据信息的快速增长及繁多的种类，给档案信息服务带来的挑战主要有以下四个方面，下面进行逐一分析。

1.如何查询所需要的档案信息

随着档案信息化建设的发展，在对档案信息进行查询时，往往所需要查找的档案信息会淹没在大量的不必要的档案信息数据中，“特别是对电子档案的查找，而且检索性能急剧下降”。同时，依靠人工查询有用的信息，在传统纸质档案时代是可行的。但在大数据时代，在纷杂的档案信息中查找有价值、值得挖掘的信息是很困难的，这是一件心有余而力不足的事情，这给档案信息服务的初步实现带来很大的问题。因此，如何在大量复杂的档案信息中快速而准确地查找到利用者所需的档案信息是档案服务工作人员要解决的首要问题。无论是用传统实体档案服务模式查询信息，还是用现代网络档案信息服务模式查询信息，大数据都给其带来了严峻的挑战。

2.如何改变原有的服务理念和方式

档案信息服务理念和方式具有间隔性和稳定性，服务理念和方式一旦形成就很难再改变。“档案信息服务理念和方式的产生是顺应当今时代的发展要求的，在相当长的一段时间内是稳定的。”大数据时代是一个全新的时代，它对社会各个领域都产生了各式各样的影响，包括档案界信息服务的理念和方式。因此，只有重视最基本的理论观念性问题，才能够在主观因素上提高档案信息服务水平和工作效率。如何在原有的档案信息服务理念和服务方式的基础上加入大数据时代的元素来顺应社会的发展和群众的需要是一个重要问题，亟待解决。

3. 如何加强基础服务设施建设

在大数据时代，档案信息服务机构基本上都引进了大量电子设备以提高工作质量和服务效率。传统的档案信息服务机构的服务设备面临着淘汰的风险。因为大数据时代的档案信息数量繁多、来源复杂、种类多样，其储存远远超过以往的档案信息排架的承受能力，急需档案信息服务机构进行基础设施建设来满足其保存和管理要求，从而提供个性化、人性化服务。同时，档案服务机构也要解决好档案信息服务系统的运行问题，维护系统的正常运行，以保障档案信息的完整性、安全性以及原始性。加强档案服务基础设施建设是提高服务水平和服务效率的客观条件，这一点应该得到社会的重视。

4. 如何培养高素质档案信息服务人才

当今国际实力的竞争与其说是科学技术的竞争，倒不如说是国家人才的竞争。人才决定国家的综合实力，档案界亦是如此。若想提高档案信息服务质量，要考虑的首要问题就是如何提高档案工作服务人员的专业素养以及综合素质。大数据时代的档案工作人员不仅要掌握最基本的档案管理以及服务知识，还要学习数据分析、数据挖掘等各种计算机知识。只有掌握了这些知识，档案工作人员才能更好地分析数据，然后做出准确的预测以提高档案信息服务水平。这点要求是对于从事档案行业工作人员的最基本的要求。在当今的档案信息服务部门，尤其是对缺乏数据管理的人才部门来说更要注意好这个问题。

（三）大数据背景下档案信息服务面临的机遇

虽然在大数据背景下，大数据给档案信息服务带来了挑战，但它同时也为档案信息服务带来了很多机遇，无论是服务内容，还是服务模式及服务思想的改变等。这为传统实体档案服务模式和现代网络档案信息服务模式的发展带来新的契机。

1. 有助于丰富档案信息服务内容

数据的快速增长为档案服务提供了丰富的档案资源，使得档案服务机构的工作能够打破原有的限制，而提供海量的档案信息资源。就档案馆而言，“档案资源除了储藏在本馆内的档案资源外，还可以通过与其他档案馆进行档案信息资源共享，实现档案信息资源云共享”。这项举措在很大程度上克服了本馆档案资源的局限性，为利用者提供丰富而有效的档案资源。所以说，这些海量的档案信息资源为档案馆信息服务提供了内在的硬性支持，使其提供的服务内容更加丰富多样，满足利用者的多方面需求。

2. 有助于完善档案信息服务方式

以往的档案信息服务模式基本上都比较倾向于被动服务，档案服务机构很少去主动服务，而且服务方式极为简单被动。最常见的服务模式是用户提出查档要求，档案馆根据其需求查找相应的档案信息资源以提供利用，并且利用者还要办理各种利用手续，程序复杂，给利用者带来极大的不便。而在大数据时代，档案服务机构可以在保持原有的服务方式基础上，利用各种电子设备和数据技术扩大服务范围，提高服务质量。同样拿档案馆来说，档案馆信息服务应该首先要立足于大数据背景下，在提高原来服务水平和服务质量的同时，还应积极主动地向社会发布一些档案信息，进行档案推送，提高服务效率。同时，档案馆还要积极发挥电子档案信息资源的作用，扩大电子档案信息资源的利用范围，发展档案数字化。这也就要求档案服务机构的服务方式和服务流程都要做出相应的转变以适应现代化的需要，其服务方式也要从被动式逐渐向主动式转变。

3. 有助于转变档案信息服务思想

以往的档案信息服务思想是将档案信息服务看作本机构的一种正常业务来完成，被动而又消极。而在大数据时代，档案利用者则对档案信息服务机构的服务质量和水平提出了更高的要求。档案信息服务机构可以以此为契机转变服务思想，从消极被动向主动热情转变。同时，档案信息服务也要以用户为中心，在满足用户个性化需求的同时也要提供更好的人性化服务。大数据为档案服务机构服务思想的转变提供了现实基础，其丰富的档案信息资源使档案服务机构为用户提供准确的解答、优质的服务成为可能。

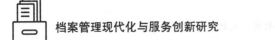

三、档案信息服务创新研究的主要内容

大数据给档案信息服务模式带来了冲击，未来档案服务机构的核心竞争力在很大程度上取决于其信息服务的能力，这就要求档案服务机构就服务方式进行创新。大数据时代是信息化时代，不仅包括繁多的数据，也包括各种数据平台，如 Web 2.0、微博、微信等。下面笔者就数据平台对档案信息服务创新的方式产生的影响谈一下自己的认识。

（一）基于云计算的档案信息服务

在云计算背景下，构建数字档案馆是受“服务型数字档案馆”的启发而提出的。之所以构建数字档案馆，是因为数字档案馆能够使档案云服务平台应用起来，并且使其系统能够得到有效维护，最大限度地实现档案信息云服务，满足档案信息用户的各种需求。基于云计算构建数字档案馆提供档案信息云服务已经是当前档案信息服务模式的一大趋势。

基于云计算构建数字档案馆主要是对全国的数字档案信息资源进行统一管理，为档案信息服务工作者提供便捷的服务平台。当我们在改善原有的数字档案馆服务模式以及创建新的服务模式时，我们可以借鉴丽水市云服务共享系统的成功之处，在此基础上进行调整，在保持该馆档案特色的同时，也要适应当前利用者的利用需要，提高服务质量和效率。大体上，数字档案馆云服务系统模型包括以下五个部分：数字档案信息资源、档案云服务基础、档案云服务控制、档案云服务应用、用户终端设备。

1. 数字档案信息资源

基于云计算的数字档案馆可以将多个实体档案馆、机关档案室、数字档案馆等的档案信息资源进行组合，形成一个云档案共享网络。这种方式能够很好地提高数字档案信息资源的利用率，更加全面地满足利用者的利用需求。随着机密性档案的不断公开降密，越来越多的档案信息展现在世人面前，供利用者查阅，档案信息的利用范围也越来越广。因此，为满足利用者的信息需求，数字档案馆需要不断收集实体档案馆的档案信息资源来充实档案云服务资源库。

2. 档案云服务基础

档案云服务基础是实现数字档案馆云服务的基础部分。该部分主要包括服务器、交换器、虚拟机、操作系统等，是实现数字档案馆云服务的硬件要求，为数字档案云服务提供操作平台。云计算中的应用程序只是在互联网上运行，不需要在本地计算机安装，避免了用户的安装、维护等麻烦。档案云服务在数字档案馆服务中占有基础性地位。

3. 档案云服务控制

档案云服务控制是数字档案馆云服务实现的核心部分，包括数据管理、用户管理、员工管理、系统管理、系统维护等。该部分主要是对档案资源、服务器、虚拟机、交换器、操作系统等设备进行管理和控制，保证该系统的正常运行，为档案云服务的应用打下基础。

4. 档案云服务应用

档案云服务应用是数字档案馆云服务实现的重要环节。该部分主要包括档案的收集、整理、利用、保存、借阅、统计等众多档案基础管理性工作。正是因为档案云服务的应用，才能将数字档案信息资源与用户连接起来形成档案云服务网络，从而简化档案用户的借阅程序和档案工作者的工作内容。

5. 用户终端设备

用户终端设备主要是为档案用户提供进入数字档案馆云服务平台的端口服务，这可以是任何一种移动终端，如电脑、iPad和手机等。任何档案馆、档案室以及其他档案管理机构和个人等都可以不受限制地访问任何数字档案馆中的档案信息资源，以满足自身的信息需求。

基于云计算构建数字档案馆创新性云服务在理论上没有太多的问题，但在技术上和生活实践中存在着很多困难，这需要档案工作者有勇气、有目标、有毅力地对原有的档案信息服务模式进行革新。随着云计算技术在档案信息服务方面的影响力不断扩大，越来越多的人力、物力和财力投入档案信息服务当中去，未来的档案信息服务模式将会焕然一新。

（二）基于 Web 2.0 平台构建档案信息服务互动系统

若想在 Web 2.0 背景下对档案信息服务模式进行创新，档案信息服务机构必须要做好档案服务机构与用户之间的交流。我们认为，要想创新必须要有创新的思维、清晰的思路。在思路创新的基础上，我们将其运用到档案信息服务机构，创立基于 Web 2.0 的档案信息服务互动系统。该系统在借鉴 NARA 的基础上结合本机构的服务特点进行创建，主要包括以下三大板块，即用户板块、档案信息服务人员板块和咨询板块。

1. 用户板块

用户板块主要包括用户管理和用户认证两个部分。用户管理部分主要是负责存储和管理用户相关信息，通过用户认证后就可以获得其个性化的档案信息服务。例如，检索相关档案资源，与档案工作者交流，用户向档案机构推荐相关信息资源等。用户认证部分则是档案服务机构对档案用户的权限设置，只有通过认证的用户才可以使用系统内的信息资源。

2. 档案信息服务人员板块

档案信息服务人员板块主要包括信息发布、资源简介、交流方式（QQ、博客、微信）等。信息发布主要是本档案机构发布给员工的内部工作信息，如值班日期、工作模式、管理规定等内部服务性和管理性文件。资源简介部分主要是利用 RSS 技术将本机构的档案信息发送给利用者，并且将文字、图片或视频档案结合使用来引起用户的兴趣。交流方式则是档案机构提供给员工进行信息交流、发表心得体会的重要方式。

3. 咨询板块

咨询板块是用户与档案工作人员进行沟通的地方。用户通过咨询板块进行信息咨询，并利用 QQ、微信、博客进行信息留言，与档案工作人员保持密切联系。信息服务人员也可利用该板块为用户答疑来提高服务质量。

档案信息服务互动系统是一个全方位的档案信息交流平台，该平台由档案服务机构自发研制并采用 Web 2.0 技术，满足利用者的多样化需求。它是一个功能强大的档案服务互动平台，简化了档案职员的本职任务，显著提高了工作质量和水平。此外，Web 2.0 技术在档案服务中的应用将使服务质量更加个性化和人性化，从而提高并增强档案部门的核心竞争力。

（三）基于微信的档案信息服务

2011 年，腾讯研发出了一种新型的信息交流工具——微信，它可以快速方便地发送文字、图片、声音、视频等。用户可以通过关注微信公众号来了解想要知道的信息。如今许多档案馆、档案室、立档单位等档案服务机构基本上都开通了微信公众号为广大微信用户提供档案信息服务。这项举措无疑是在原有档案信息服务方式基础上进行的服务创新。

档案服务机构创建各自的微信公众号，构建档案信息服务平台，这个平台大致可以包括以下几个方面。

1. 档案推送

档案工作者必须利用微信向微信用户发布并且推荐一些档案信息资料，无论是文字信息、图片还是视频等，确保微信利用者能够看到自己感兴趣的档案资料，以提高档案信息的公开度和利用率。这些档案资料不仅要包括国家机关档案、社会组织档案、企业档案、个人档案等，还要包括本馆特色的档案信息。同时，档案工作者也可以利用该微信公众号发布一些最新的馆藏信息，如档案馆开放信息、讲座信息、展览信息等。总而言之，档案推送这一板块主要全面展示本馆馆藏信息与最新信息。

2. 档案查询

档案查询主要是对用户提供查档服务，根据主题、关键词以及责任者等为用户提供相关的档案信息。服务范围包括档案馆藏资源目录体系、档案使用方法，并在帮助用户的过程中不断总结用户需求，有组织、有计划地组织好档案信息资源、档案资料等。同时，档案服务机构也要逐步提高技术水平，创建档案服务系统，提高档案信息服务的查全率与查准率。档案服务机构也要逐渐完善和丰富档案内容，无论是文字、图片还是视频，要一应俱全，为用户提供丰富的档案资料以供参考和查询。

3. 档案咨询

档案咨询是档案服务机构与用户相连接的中心纽带。微信作为新兴的信息交流媒体具有 SNS 属性，人与人之间可以进行实时交流、互动和资源共享。用户通过微信能够直接和档案服务人员进行交流，一对一的交流使得双方更好地了解彼此，也能逐步建立起档案服务人员与用户之间的情感桥梁。通过档案咨询，档案服务人员正确地认识到工作中都有哪些不足需要改正，提高服务效率；而用户则可以通过在线咨询完整地得到档案服务人员的答复，对档案工作的理解将会更加深刻，确保档案服务工作顺利开展。

总之，档案信息服务历来是伴随着档案发展的历史全过程的，从分散服务到系统服务，逐渐完善成为一个服务体系。档案工作实现了从重‘藏’到重‘用’、从为一小部分人服务到面向社会服务的重大转变。随着社会的发展，这个转变正在逐渐进行，从纵向层面讲，档案信息资源至今还没有完全开发出来；从横向层面讲，档案服务机构至今还未建立起较为完善的档案信息服务模式以及体系。因此，研究档案信息服务相关内容应该成为发展档案事业的要务之一。

在 Web 2.0 环境下，我们通过构建档案信息服务互动系统来改变原有的服务方式；在云计算环境下，我们可以通过构建数字档案馆形势下的创新性云服务来提高档案信息服务效率；在微信时代背景下，我们可以利用微信及其他手机 APP 软件便捷地推广档案信息。虽然目前在理论研究层面和实践探索层面已经取得了一定的成果经验，但是我们在对档案信息服务方式进行创新研究的同时还要注意以下三个方面的问题：一是要提高档案工作人员的服务意识，紧随时代步伐，重视研究、宣传，利用网络技术优化档案信息服务；二是要深化微信平台内容、功能和资源等方面的开发与研究；三是要借鉴其他领域的成功经验，注重理论研究与实践经验相结合。

第四节　大数据环境下高校档案管理与服务创新

高校学生档案事关学生学习、就业等切身利益，是重要的民生档案。在新时期，如何转变观念、与时俱进地提高高校学生档案管理能力、服务能力是高校学生档案工作面临的现实问题。

一、高校学生档案管理与服务创新的现实需求

（一）高校档案信息化发展的必然要求

在运用现代信息技术推进档案信息化建设的进程中，高校凭借其技术优势和智力优势，始终走在全国档案信息化前列，从计算机辅助档案管理，到档案信息系统的研发和使用，再到档案网站建设、数字档案馆建设，高校档案信息化建设正在逐步加快，信息化程度不断提升。学生档案是高校档案的一个门类，高校务必要紧跟档案信息化步伐，解放思想，转变观念，充分利用网络等现代信息技术，研发学生档案管理系统，实现学生档案“收”“管”“用”“转递”一体化、信息化管理。

（二）高校学生档案自身发展的必然要求

近年来，随着高校招生数量的逐年增加，学生档案的数量也随之逐年增加，学生档案的“收”“管”“用”“转递”工作量与日俱增，在学生档案管理人员数量有限的情况下，传统的、落后的管理与服务方式已经难以适应。因此，高校学生档案管理人员要与时俱进、创新发展，不断提高管理和服务能力，才能跟上高校和社会发展的步伐。

二、高校学生档案管理与服务创新策略

（一）制度创新

创新管理，制度先行。根据档案法律、规范以及高校学生档案工作环节，结合工作实际，制定一系列学生档案收集、保管、利用、转递的规章制度，建立、健全学生档案管理与服务机制，才能有效保障管理与服务创新工作的顺利开展，使学生档案工作更加规范化。

1. 加强内涵建设，建立学生档案内部管理和激励机制

要做好学生档案工作，必须首先加强内部管理，制定一系列管理制度，做到分工明确、责任到人、奖勤罚懒。各高校根据实际情况，可以制定学生档案管理人员考勤制度、岗位责任制、业务考核制度。根据业务工作定性定量的考核办法以及考核细则，定期对学生档案室工作人员进行考核。主要考核学生档案室和教职工履行职责情况，完成工作任务的数量、质量、效率以及成果的水平，考核结果与绩效奖励挂钩。通过考核既检查了工作又发现了存在的问题，起到了奖勤罚懒、优质优酬的作用，促进了学生档案工作人员档案管理和业务水平的提高。

2. 加强档案资源建设，建立学生档案收集、归档机制

学生档案的收集、归档工作包括每年新生档案归档、毕业生材料归档，是学生档案工作的重要环节，是学生档案资源建设的前提和保障，必须通过制度来加强管理和规范。

①建立、完善兼职档案员网络机制。学生档案兼职档案员一般由各学院新生、毕业生辅导员担任。兼职档案员队伍庞大，人员流动性较大，为了稳定兼职档案员队伍、责任到人，保障归档工作保质保量完成，学生档案室每年应确定各学院新生档案、毕业生材料归档人员及领导名单，不断完善兼职档案员网络机制。②建立兼职档案员培训机制。为了保障归档案卷质量，提高兼职档案员的业务能力，学生档案室每年应在新生档案归档和毕业生材料归档前，通过召开归档培训会议、制发培训材料、利用全校毕业生工作协调会平台等方式开展相关业务培训。③实行集中归档和实时归档相结合的归档方式。为了提高工作效率，保障学生档案归档齐全、完整、及时，学生档案应采用集中归档和实时归档相结合的方式。学生档案归档阶段性强，大批量的档案归档主要集中在每年 7 月学生毕业后、9 月新生入学后。这两次归档时间紧、任务重，只能采取集中归档。为了使集中归档能有序、高效地开展，可实行预约归档制度。此外其他材料的归档，如学生退学、休学等学籍和奖惩发文一般可每周归档一次，党建材料、非正常毕业（离校）学生材料应及时归档。

3. 提高管理能力，建立学生档案管理机制

①实行登记制度。学生档案应该对日常归档、利用、借阅等实行登记。将归档人信息、归档内容，借阅人信息、借阅内容等进行登记，以便日后工作查考。②实行按岗位设权限制度。为保障学生档案实体和信息的安全，要按照岗位分工设置学生档案管理系统和库房门禁相应权限，定期审核，动态管理。③建

立学生档案库房管理制度。档案安全无小事，为了保证学生档案实体的安全，规范学生档案库房管理，必须建立制度，严格管理。第一，库房应配备自动温控系统、火灾自动报警系统等现代化的档案保管保护设施设备，做到“八防”；第二，库房要设专人管理，负责每天库房门及灯的开关、库房温湿度系统运转情况的检测、库房安全的巡查；第三，学生档案库房应实行门禁制度，工作人员按工作岗位性质分配权限，实行权限动态管理，非学生档案工作人员不得进出库房；第四，坚持实行库房定期保洁制度，档案库房保持干净、整洁，无堆放杂物和易燃易爆物品的现象；第五，实行库房清点制度，确保馆藏档案实体与系统数据一致。为了较好地监控馆藏实体档案数量，确保档案实体数量与学生档案管理系统数据一致，学生档案室每年应对库房档案实体定期进行清点。

4. 提高服务质量，建立服务利用机制

①建立学生档案满意率测评机制。根据利用者的利用需求，设计服务满意度测评表，使利用者对学生档案的日常管理、转递等工作进行线上、线下测评。通过对测评结果进行分析，及时梳理存在的问题和不足，不断改进服务方式，提升服务水平。②实行寒暑假值班制度。为了满足学生及用人单位在寒暑假利用、转递档案的需求，档案馆应根据学校相关部门值班安排，结合学生档案室实际，合理安排学生档案人员值班，并将寒暑假学生档案对外服务、转递档案的时间安排提前在网站上公示，以方便利用者。③实行每周转递制度。为了满足学生、用人单位的转档需求，在每年 7 月集中转递毕业生档案之外，实行每周转递一次学生档案，并在寒暑假根据学校放假情况安排转递次数。

（二）服务方式创新

学生档案是重要的民生档案，以人为本、服务民生是学生档案工作的根本目的。新时期，学生档案管理人员要解放思想，强化服务意识，坚持以人为本，以民生需求为导向，以重服务、保安全为主线，不断创新、优化服务方式，为学生、为社会提供快捷、高效、实时的档案利用服务。

1. 定期安排、公布档案转递时间

为了让全校相关部门、学生了解学生档案转递流程、要求及时间，应将毕业生如何转递档案、学生档案转递时间安排及注意事项公布到档案馆、就业办等相关部门网站。转递时间安排既要考虑到大批量转递、平时每周转递，又要充分考虑寒暑假的安排。

2. 提供多种查询、咨询方式

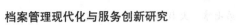

每年暑假，大批学生毕业，学生档案室电话不断，应接不暇，主要是查询学生档案的转递情况，传统的“电话查询”难以满足学生的利用需求。要充分利用现代信息技术的优势，在传统到馆利用、咨询、电话查询的基础上，通过学生档案管理系统权限控制，提供网上查询服务。学生可以不受时空限制查询档案去向，学生档案通过邮局 EMS 转递，已转出的档案，在查询界面增加 EMS 快递单号查询链接，查询者可直接查到快递运转、签收详情，查询更加便捷、高效。另外还可以通过建立微博、微信群、QQ 群等新型网络传播工具，解答学生对档案相关问题的咨询。

3. 提供个性化服务

根据档案整体工作安排，在不违反原则和规定的基础上，“急利用者之所急，想利用者之所想”，充分考虑学生、用人单位等利用者的利用需求，提供个性化服务。比如：工作日中午休息时间提供不间断服务；在日常每周转递档案的基础上，碰到特别着急的学生或确实有特殊情况的，在转递手续齐全的前提下及时将档案转递出去，以解学生之急。

4. 加大宣传力度

学生档案应充分利用每年档案宣传活动平台，通过举办讲座、展览等多种形式，加大对学生档案的宣传力度，让学生走近档案、认识档案、了解档案，从而提高师生的档案意识，以便更好地开展学生档案工作。比如，可通过发放宣传册、档案馆网站等向学生宣传“学生档案是如何形成的”“学生档案有哪些材料”“学生档案如何管理”“毕业后学生档案如何转递”“档案馆能为学生提供哪些服务”，向教师宣传新生档案、毕业生材料归档的内容及要求、归档流程以及学生档案转递流程等信息。

总之，学生档案工作要紧跟当代档案事业发展的趋势，解放思想，转变观念，坚持以人为本、求实创新的发展方向，在实践中积极探索，形成合乎时代、合乎学校实际的管理特色。

第八章　档案管理信息化与自动化的实现路径

第一节　电子档案管理模式

一、形成机构内部电子档案的管理模式

电子档案的形成是与机构业务活动的开展同步进行的，它们总是真实而客观地反映着机构业务活动的全过程。科学地管理好各类机关、企事业单位电子档案，不仅对于本机构信息流的合理控制和有效利用具有明显的实际意义，而且对于电子时代建立完整可靠的社会记忆、推动整个社会的信息化进程也具有重要的基础作用。由于各类机构业务范围的不同，电子档案在种类、内容上存在很大差异，从而导致不同机构的内部电子档案管理模式可能不同。从目前来看，机构内部的电子档案管理模式大体上有以下几种。

（一）"双套式"管理模式

现在不少机关、企事业单位形成电子、纸质两种文件，其中有些文件只有电子形式，如数据库等；有些文件只有纸质形式；也有些文件同时以两种形式存在。在同时保留两种文件的机构中，对二者的处置方法也不一样，有的按照传统的做法把纸质文件归档保存，电子文件由形成者自行处置；有的将电子文件与纸质文件分别集中保管于信息技术部门和档案部门，纸质文件归档后成为档案，电子文件则成为资料；也有的机构将两种文件双双归档，形成了两种介质的两套档案。具体做法是：现行机关将电子文件以纸张和数字化载体，如磁盘、磁带、光盘等制作双重备份，并分别归档管理，形成两种介质、两套同一内容的档案。国家档案局、中央档案馆的《电子文件归档及电子档案管理办法》中规定："具有保存价值的电子文件，必须适时生成纸质文件等硬拷贝，进行

归档时，必须将电子文件以相应的纸质文件等硬拷贝一并归档。”目前，上海市政府办公厅已经实现了收发文全部数字化，并实行从文件处理到归档保存的全程两套制管理。

目前，很多档案工作者已经承认了电子文件的档案价值，但由于电子档案证据作用在法律上尚未实现，不能取代传统纸质档案的法律地位，所以很多机构都采用这种两套制的管理办法。其原因很明显：电子档案的法律效力一日不予确认，人们对纸质档案的依赖就一日不会减弱。由于纸质档案可以将电子档案的内容固定下来，使其不易变动或修改，因此可以以此来解决电子档案法律效力的实现问题。在这种背景下，为了使档案事业更好地发展，独具慧眼的档案工作者，自然不会错失通过两者联姻来提高档案管理水平的大好时机。以数码或符号进行存储传输的电子档案，可以通过网络进行传递和交流，管理上更为灵活、广泛，并可实现更大范围的档案信息资源共享。所以，为了高效、方便地满足用户的利用需求，对电子档案进行脱机保管也是一种必然趋势。况且国际档案界正致力于法律、技术、管理制度各个方面的研究，努力为确认电子档案的法律证据作用寻求出路。因此，在保障法律作用的前提下，充分利用现有资源、融合两者优势来服务社会是必由之路。

两套制管理的特点是避免两种载体的不足，充分发挥各自在档案管理上的优势，电子档案脱机保存便于查找利用等服务；纸质副本则便于档案的长久保存，并可作为电子档案出现障碍时补救之用。这是在文件介质转化时期不可避免的一种现象。可以预见，这种模式将会在相当长的一段时期内存在，这是由以下几方面因素共同决定的。

①尽管不少单位内部与系统之间依靠网络相互传递信息，完成公文处理程序，但国家档案局规定，带密级的文件不能上网。因此，在今后相当长的一段时间内，密级文件还将以现行的办公模式运转。②档案管理的方向是逐渐转向电子化。计算机技术的不断发展可能会促进档案现代化的进程，然而载体稳定性的验证、保密措施的研究、现代化技术的适应过程、地区发展差异的平衡、法律地位的确立等问题的解决均需要较长的时间。③两者在转化的过程中仍有不少技术上的问题有待进一步深入研究解决。双套制的管理在相当长的一段时间内将是电子档案与纸质档案并重，其工作方式和手段是计算机和手工同时并进。从长远来看，将朝着以电子档案为主、以纸质档案为辅，以计算机为主要方式的方向发展。随着技术的成熟和各方面条件的具备，会有越来越多的电子文件独立地转化为电子档案，但硬拷贝仍将是一种安全的备份形式。

双套制带来的直接影响是需要建立两个管理系统，二者既有联系又各有特点，这给各级档案管理部门提出了许多新课题。原则上，电子档案的管理应纳入现行的档案管理体系，能够并轨的就并轨，如统一进行价值鉴定、著录标引等；不能并轨的就分别操作，如分别保管、分别利用等。要在两个系统之间建立通道，使人们可以容易地从一种档案找到相同内容的另一种档案，以便在有关业务处理上协调一致，并方便利用。

（二）一体化管理模式

电子文件的产生，使一体化管理真正成为可能。文件与档案是同一事物的不同存在阶段，它们在物质形态、社会本质及其所含信息的本源性上是完全同一的，两者只有运动阶段的区别而无本质的不同。传统档案理论把文件的归档作为文件与档案的分界线，对其进行分别管理，这种做法在手工操作时期可能具有一定的合理性。但电子文件的产生，使两者之间的界限模糊了。因为从文件的起草、传输、办理到归档、鉴定、整理、保管以及再利用，均可以通过电脑网络进行，即文件工作与档案工作在同一工具上联为一体。这样，前阶段文件的质量就会直接决定后阶段档案的质量。如果仍沿用过去的文件与档案两段管理方式，不仅割断两项工作的内在联系，而且有悖于利用先进技术提高工作效率之初衷，无论在理论上还是在实践中都是难以成立的。

实际上，电子文件的大量出现及其长久保存的需要正在促使多年来提倡的文件、档案一体化管理进入实质性阶段。电子文件的全程管理和前端控制，都是孕育和植根于这种一体化管理模式的管理策略。在对电子文件的全程管理中，计算机软硬件的配置、网络和节点的规划、文件格式和数据库结构的确定以及索引的编制都需要从文件形成阶段开始统筹设计，电子文件的归档、整理、鉴定、著录、生成元数据等大量的档案管理性工作也需要在文件的形成阶段或运转阶段进行。因此，电子档案的管理必须选择文件、档案一体化管理模式。

电子文件、档案一体化管理的最佳实现方式是建立功能涵盖电子文件整个生命周期全部管理活动的电子文档一体化管理系统。在该系统内，有统一的工作制度、统一的工作程序和统一的控制中心。但需要指出的是，这种一体化系统绝不是文件管理与档案管理功能的简单相加，而是在全程管理和前端控制原则指导下对整个管理流程的重构。目标功能是在文件处理过程中形成电子文件，将文件处理与档案管理连成一个有机整体，提高部门之间协同工作的能力，从整体上提高机构的办公效率。

文档一体化系统将文件管理和档案管理同时纳入一个统一的管理系统内，使原本相对独立的、又在不少环节上雷同的两种管理体系真正从组织制度上和工作程序上交融在一起，消除重复劳动，以发挥系统的整体功能，求得系统的最高效率。

从理论上说，文件、档案一体化管理不仅包括机构内部对处于现行、半现行期文件的管理，还应该包括对处于非现行期的电子档案管理。也就是说，一体化的范围应该是电子文件的整个生命周期。档案馆对电子档案的管理要求也应该渗透到机构电子文件管理体系之中。然而，一体化还只是一种新型管理方式，它的发展和完善还需要一个过程，还有待于技术的提高、制度的完善以及各方面人士的共同努力。

（三）电子信息资源综合管理模式

电子信息资源综合管理模式是文档一体化管理模式的进一步扩展，也就是我们通常所说的图、情、档一体化管理模式。

现代信息技术的进步促成了各类信息资源管理活动的集成发展。特别是网络的诞生，为电子信息资源综合管理模式的建立与实施提供了良好的契机。在网络环境下，用户的需求越来越高，他们在网络上获得的是最终的信息内容，而不仅仅是获取信息的线索。这就要求图书、情报、档案部门相互协作，提供包括情报、资料在内的电子信息一体化的信息服务。

1. 电子信息资源综合管理的理论基础——信息资源管理理论

信息资源管理这一概念最初来自美国联邦政府官方的文件和档案管理部门。信息资源管理的高级阶段是知识管理。该理论将档案文件、图书期刊、情报资料都视为重要的信息发生源，并认为它们在信息构成中属于原生信息的范畴。这些观念已得到普遍认同。美国信息管理专家霍顿从政府文件档案管理的角度出发，认为信息资源首先是指“包含在文件和公文中的信息内容”。英国信息学家马丁也认为：“信息管理的范围很广，涉及数据处理、文字处理、电子通信、文档记录管理、图书馆和情报中心、办公系统、外向型信息服务、所有与信息有关的经费控制活动。”美国的信息学家史密斯和梅德利认为：“信息资源管理将传统意义上的信息服务，包括信息传播、办公系统、记录管理、图书馆功能、技术规划等统一起来……”其中的记录管理，无疑指的是档案信息。学者马尔思和克雷思莱因又进一步将信息资源管理分为七个模块，即“数据处理、电子通信、文件和记录管理、图书馆和技术情报中心、办公系统研究和统计信息管理、信息服务以及公共信息机构”。

信息资源管理理论提示我们：组织内部形成、运用的各类信息资源，包括文件、档案、图书、情报、信息系统、信息人员等，应该整合起来进行综合管理，形成一体化的信息系统网络，为完成组织目标服务。在知识管理的大背景下，欧美档案工作者不仅将档案信息视为一种重要的战略资源，而且也重视档案信息在物质、技术管理与决策层、管理层和操作层与其他信息管理的整合，实现了档案管理与其他各类信息在管理上、功能上的集成与聚合。而在我国，档案信息与其他各类信息的综合集成管理还未实现，信息资源管理期望实现的数据处理人员、电子工程师、人事官员、市场营销专家、计算机程序员、战略规划者、记录管理者、档案馆员、图书馆员和情报专家等的功能聚合与集成也未实现。档案信息的开发与利用远未达到用科学的方法把客观知识元素有序组织起来，形成专门提供知识集合的知识服务水平。所以，在网络环境下，我国档案部门的信息工作不能仅立足于内涵的开发，还需要做好外延的扩展与连接。换言之，档案工作不仅要搞好自身信息的开发，还要与图书、情报等信息工作协同衔接，建立信息一体化管理模式，以实现信息资源的优化配置。

要实现电子信息资源综合管理，建立信息中心不失为一种好办法。目前，国内外许多公司都已采取建立信息中心这种办法来提供包括档案、图书、情报在内的综合信息服务。笔者认为，党政机关的“一体化”宜以文档一体化为重点，以确保机关管理职能的履行；企业则宜以多种信息资源管理一体化为主体，建立统一的信息中心和信息系统，文档管理系统可以成为其子系统之一。

网络时代的文档管理，必将是与多种信息进行整合的全面一体化管理。就像奥地利国家档案馆馆长伦波德·凯姆霍夫在国际档案大会上所做的报告中指出的那样：电子文件保管程序作为一种单独的应用程序正在逐渐消失，它开始越来越多地与其他应用程序一体化……信息管理与文件保管将最终合并……档案部门将因此而变成一个区域性和国际性的文化网络。

2. 电子信息资源综合管理原则

电子信息资源的管理是一项十分复杂的管理活动，必须符合电子信息资源运动的客观规律。一般来说，电子信息资源管理必须遵循如下基本原则：

（1）共享原则

电子信息来源于社会，是全社会的宝贵财富，理应为全社会所利用。电子信息利用得越广泛，其资源作用就会发挥得越充分。随着信息社会化和社会信息化，电子信息量空前增长，更新周期加快，任何单一机构的信息接受能力和经济承受能力已不能适应时代发展的要求。共享原则要求电子信息资源管理建立完备的社会化的信息资源保障体系和高效的信息流通、传递与利用体系作为其重要内容，通过有效的管理，保证电子资源为人们最大限度地利用。

（2）系统原则

要真正发挥电子信息资源的综合利用作用，就必须使全社会的电子信息资源，包括各行业、各种类型以及各种渠道获得的电子信息资源，按照系统科学的要求，形成一个相互联系、相互作用的系统。要做到这一点，就必须打破互相封锁、条块分割、各自为政的状况。只有这样，才能使电子资源管理做到整体大于部分之和。系统观点是电子信息资源管理不同于以往信息管理的最大特点，它将使电子信息资源管理获得新的生命力。随着社会信息化水平的提高，信息环境更加复杂，影响因素更多，电子信息资源管理坚持系统原则就更加重要。

（3）科学原则

科学原则是指电子信息资源管理要遵循信息运动的客观规律，体现信息管理的特殊性。电子信息资源综合管理要真正使信息服务于社会，发挥资源作用，就必须要求整个信息运动过程，从信源到信息的收集、处理、存储、传递、利用乃至反馈，都必须是真实、准确、可靠的。

信息具有很强的时效性，过了一定期限，其效用就会减少、丧失甚至为负值。电子信息资源管理只有抓住升值期的信息，并且在该时间上有一个趋前量，才能在激烈的竞争中立于不败之地。科学原则还要求电子信息资源综合管理必须从实际出发，根据用户的实际需要，本着实用和发展的原则，确保信息管理的最佳效用。

（4）安全原则

随着现代信息技术的飞速发展和广泛应用，电子信息资源已经更多地体现在数据库的占有和核心信息技术的领先方面。随着信息资源共享，信息的安全问题涉及的领域广泛、因素众多。电子信息资源管理要强调人的因素和提高人的素质，制定信息活动的规范化准则，如信息伦理、信息法律等，从新的角度进行综合防范和治理。

总之，在网络环境下，档案部门一定要建立高效率的档案管理信息系统，并让我们的系统与其他信息系统相连接、相互兼容，共同分享信息处理的结果，在更高的程度上实现信息资源的共享，以满足社会更高层次的信息需求。

二、档案馆的电子档案管理模式

对于档案馆内电子档案的保管模式问题，目前在国际档案界尚未达成共识。加拿大哥伦比亚大学和美国匹兹堡大学提出了两种具有代表性的管理方案，即由档案馆集中保管和由各机构分散保管。这两种方案分别得到了一些国家学者和档案管理机构在理论上和实践上的支持。在这种情况下，又出现了第三种主张，即采用集中与分散相结合的管理模式。

（一）集中统一保管模式

哥伦比亚大学的路西亚·德伦提和麦克尼尔是集中保管思想的主要倡导者。他们认为传统的文件生命周期理论在电子环境中仍具有生命力，电子文件也同样有自己的生命周期。在传统的文件生命周期理论模式的基础上，国际档案理事会电子文件委员会总结各国的研究成果，在一份关于电子文件管理的报告中提出了电子文件生命周期理论。该理论认为“电子文件在产生之前，其生命周期已经开始。并将电子文件的生命周期分为三个阶段——概念阶段、产生阶段和维护阶段”。第一阶段是概念阶段，是指根据电子文件归档后形成的电子档案的保管要求，提出系统计划阶段。在这一阶段，必须形成一个可靠的电子环境，包括电子文件管理的功能需求。例如，要使电子文件的内容、背景信息和结构能作为保证其真实可靠性的凭证等。这些功能需求必须在这一阶段形成并加以详细说明，以嵌入整个系统中去。第二阶段是产生阶段，是指电子文件在这种可靠的电子环境中产生出来。这一阶段至关重要，因为如果一个系统可以满足信息利用需求，但不能保证文件在系统中始终能够保持完整并被可靠获取，则系统设计就毫无价值。此阶段是电子文件产生并作为真正文件被保管起来的阶段。第三阶段是维护阶段，是指电子文件产生后直至被销毁或永久保存的整个过程。

持集中统一观点的学者认为，随着文件由现行阶段进入非现行阶段，其作用会有所改变。开始时，文件对形成者的第一价值最大，用以支持决策和办理业务；接下来，会在一段时间内被其他活动需要，并满足凭证需要；最后，它会因为法律、文化和其他的研究目的而被保存下来。因此，管理文件的职责也应随之转移。文件管理必须有明确的职责分工，即生成机构与档案馆各司其职，对于处于现行使用阶段的电子文件，由文件形成机构进行保管；而对于失去现行使用价值的电子文件则必须由档案馆对其进行实体控制，实行集中统一保管。他们认为只有这样才能对电子文件实施完整的职能控制，保证电子档案的可靠性和真实性。机构凭借管理程序和技术手段保证档案的真实性，而档案馆则通过整理和著录两个环节来保证档案的真实性。如果割裂了档案馆与集中保管的关系，就无法履行档案学者詹金逊所说的保管责任，即道德捍卫。

美国的西奥多·赫尔十分赞成集中统一的保管模式。他说：“一些学者提出档案馆已没有必要对电子档案进行实体保存的观点。持这一观点的学者似乎忘记了这样一个事实，即电子档案与其他档案一样，形成机关对其进行实体保存的法律义务是有一定时间期限的。”

美国国家档案馆与文件署的蒂博多也十分赞成集中统一保管的观点，他认为：“把电子档案局限在生成机构的狭小空间内是一种目光短浅的做法，电子档案应该由档案馆来保管。如果把它们交给形成机构自行管理，机构很难对失去现行使用价值的电子档案给予足够的重视，这样就会危及档案的生存。因此，最好的办法就是将档案置于档案馆的保护伞之下，尽可能地减少对档案的改变和损毁。”

档案学者爱德华·希格斯根据自己管理现行文件的经验，也认为把档案交给形成机构长期保管的做法是一种极其冒险的行为。“机构中的组织调整、人员都会给档案的保存带来不利，而且会影响到档案长期政策的制定。而且，档案工作者与文件形成者之间缺乏经常性的交流、合作。对于以经济利益为重的单位来说，这无疑是一个沉重的包袱，不会对他们的商业目标有任何的帮助。”

德伦提指出：“机构出于业务活动的需要才想尽各种办法保证电子文件的真实性和可靠性，一旦文件进入档案阶段后，机构就失去了这种动力，因此很难继续保持其证据价值。基于这种考虑，才要档案馆承担起管理档案的职责，这是合乎逻辑的。”

从以上这些学者的观点来看，他们主张电子档案应该像传统档案一样上交到档案馆保存，由档案馆对其实体进行控制。在实际操作中，美国、瑞士、法国、瑞典等国家主张采取这种集中统一的管理模式。

（二）分散保管模式

持分散保管观点的学者认为，在电子档案保管方面，传统的或“保管式”的档案馆应该让位于虚拟档案馆，即电子档案的长久保存不一定像传统档案一样将其实体上交给档案馆，而是可以由形成机关保存，档案馆对其信息进行控制即可。这种模式的目的是要摒弃集中统一模式将文件管理与档案管理相互分离的致命弱点，将文件到档案的整个过程的几个阶段融合在一起，即把文件管理与档案管理合并到一个连续的过程中。

分散保管模式是相对于传统的以实体为中心的集中统一保管模式而言的，是建立在文件连续体思想之上，以来源为中心、以知识为中心的管理模式。分散保管模式主张对电子档案的管理从现行工作领域入手，在电子文件的形成阶段通过建立登记制度、职能分类制度来建立对电子文件的处置控制措施，从而识别和保护电子档案的原始结构。分散保管模式是加拿大档案工作者库克在国际档案大会上提出的。他指出："从文件实体的整理、编目和保管转向了解信息系统和形成者的相关文件之间的有机联系；档案馆从一个希望与文件形成机构合作的恳求机构变为一个监督形成者，维护和保管在其管理下的档案文件活动的审计机构。"从这段话可以看出，其中暗含了分散保管思想。

澳大利亚档案馆的格雷格·奥新和新南威尔士档案局的戴维·罗伯茨已实施分散保管模式，他们把电子档案的管理政策和战略的发展过程划分为三个阶段，即非保管阶段、保管阶段和后保管阶段。后保管阶段中的文件管理不再是档案馆的"特权"，而是贯穿于文件从产生到消亡的全部过程之中。他们还解释这样做的理由："电子文件一旦脱离了生成它们的原始环境，由档案馆来负责保管这些具有软件依赖性的文件会存在许多实际困难。主要是技术支持的问题，档案馆不可能也没有能力接收大批的电子文件入馆，无法保证电子档案的长期可利用性和凭证的完整性"。他们又说："根据我们多年人事档案工作的经验，单单依靠档案馆自身无法保证电子文件的价值，只要能将文件正确生成并将其中有价值的部分保护下来，提供给用户利用，至于保存在哪里并不重要。"

主张分散保管的学者都认为：档案馆不应为了无限期的未来而对历史性电子文件进行实体保存，而只需承担这些文件的指引者的角色。换句话说，既然电子档案的生成机构有足够的技术条件，那么可以由它来向公众长期提供数据成品的联机查找服务，而档案馆则提供电子档案的相关信息及查找线索。他们认为将电子档案的实体保存在形成部门并非就是档案馆对集中统一管理原则的放弃。因为档案馆必须要对各部门形成的电子档案进行登记，并对其可存取性加以控制，这就是集中统一管理的体现。档案馆对保存在各部门的电子档案的可存取性随时随地进行审计、检查，对敏感的或机密的档案进行适当加密，以防非法存取。通过控制对电子档案的存取权，达到集中统一管理电子档案的目的，使电子档案尽管未存放在档案馆，却随时在档案馆的管理与控制之中。在实际操作中，澳大利亚、德国、俄罗斯、荷兰等国主张采用这种分散管理模式。

总之，这种新的分散保管模式将传统理论对实体保管对象的关注，转变为对档案、档案形成者及其形成过程的有机联系和可靠性的关注。这些都远远超越了传统的档案保管模式，因此这种模式还被称为"后保管模式"。

（三）分散与集中相结合的管理模式

主张分散与集中相结合的管理模式是一种折中的观点。持此观点的学者认为，分散保管与集中保管两种模式各有利弊，应该吸取两者的合理因素，发挥各自的优势，采取分散与集中相结合的保管模式。即“将大部分电子文件及需要短期保存的电子档案，由形成单位按档案馆提出的要求保存，并接受档案馆的监督、检查和审计；将重要的，具有永久保存价值的电子档案上交到档案馆进行集中统一保管”。目前看来，持此观点的多是国内的学者。但是档案馆需要事先与被委托机关签订详细、具体的委托契约，档案馆的工作人员还必须以足够的技术能力和专业知识监督这些机关是否按照契约、按照国家对永久性档案的有关规定实施管理。

分散保管与集中保管相结合的设想的出发点和理论依据都很好，但它的实现涉及的因素很多，因此该模式是否具有可操作性还有待实践的进一步证明。

第二节　建立档案数据库

数据库是以一定的组织方式存储在一起的相关数据的集合。其特点是数据结构化、高独立性和少冗余。档案数据库建设是档案信息化建设的核心和基础，是摆在档案工作者面前重要而紧迫的任务，需要按照科学规范的要求进行严格管理。

一、档案数据库建设的意义

（一）是档案信息化水平的重要标志

我国档案信息化自 20 世纪 80 年代起步以来，积极致力于档案目录数据库建设，建立了档案目录中心，显著提高了档案管理的效率和质量，方便了档案的查找利用和资源共享，也不断提高了档案工作者对档案信息化的认识。实践证明，档案数据库建设的规模和质量不但是档案信息化的核心任务，而且是衡量档案信息化水平的重要标志。

（二）是档案信息资源建设的基础

归档文件材料属于一次档案文献，它虽然具有原始性，但是属于无序的、分散的、非结构化的档案信息，难以形成资源优势，不便于集中统一管理和广泛共享利用。档案目录数据库建设的实质是通过对档案内容和形式特征的分析、选择及记录，采用数据库管理技术，将档案著录信息输入计算机系统，形成二次档案文献，即结构化的档案信息，此举可有效提高档案信息的丰裕度、凝聚度、集成度、融合度、共享度、适用度，降低其失真、失全、失效和失密的风险，从而形成档案资源体系，提升档案信息化的综合实力。没有高质量的数据库，再好的软硬件系统只能是“空壳”。

（三）是开发利用档案信息资源的前提

档案信息化的主要目的是将对档案的实体管理转变为对档案信息的管理，也即对档案内容的管理，这是信息技术的优势所在，也是传统管理最大的难点。建设档案数据库，有利于加快推进档案信息资源的整合和共享，使档案信息真正成为优质资源和共享资源；有利于信息技术和大数据技术应用，促进档案信息的资源体系、服务体系和安全体系建设；有利于最大限度地发挥档案价值，从而为档案信息资源的开发利用创造有利的条件。没有档案数据库，档案信息化就是空中楼阁，流于形式。

二、档案目录数据库建设

档案目录数据库中的记录又被称为“档案机读目录”或“档案电子目录”，是存储在计算机内，使用某种数据库管理系统组织管理档案目录的数据集合。

（一）档案目录数据库的结构设计

根据著录对象的层次不同，档案目录数据库分为案卷级目录数据库和文件级目录数据库两类。为实现计算机检索，必须将反映档案内容特征和形式特征的案卷级著录信息和文件级著录信息输入计算机数据库，由计算机系统通过专门的数据库管理系统和档案管理软件对其进行采集、加工、整理和检索。数据库管理系统是存储、管理档案目录信息的最佳工具，它按照一定的数据模型，将相互联系的结构化信息以特定的方式组织存储起来，构成数据集合。为此，档案目录数据库的结构设计包括两项内容。

1. 选择档案著录项目

《档案著录规则》规定了档案进行著录的项目和形式。该标准规定的著录项目共分七项，每项分若干著录单元。在列举的二十二个著录小项中，只有正题名、责任者、时间项、分类号、档号、电子文档号、缩微号、主题词或关键词八项为必要项目，其余为选择项目，这意味着不同的档案目录数据库在项目选择上可能存在较大差别。

事实上，《档案著录规则》主要用于规范传统档案目录的著录标引工作，对电子档案目录的检索和网络共享考虑不够充分。因此，目前在构建档案目录数据库时常常增加一些新的著录项目。例如：为便于解决数据访问权限的控制问题，增加“主办部门”和“协办部门”项目；为便于调阅数字化的档案全文，增加“全文标识”项目；为解决跨地区、跨层次数据共享问题，增加“组织机构代码”；等等。

2. 确定著录项目的数据格式

确定著录项目的数据格式，具体规定每个著录项目的数据类型和字段长度。数据库管理系统所管理的数据对象是结构化的，因此必须事先确定好档案目录数据库各字段的名称、字段类型、代码体系和约束条件等，即文件级档案目录数据库结构示例，只有结构一致、格式规范的目录数据才能集成管理、并库共享。

（二）档案文件的著录标引和著录信息录入

档案文件的著录标引和著录信息录入，是档案目录数据库建立的重要工作和档案信息化的关键环节，意义十分重大，需要给予高度重视。从形式上看“著录”和“录入”是两项工作，而在档案信息系统的操作中往往结合起来，交叉进行，即一面著录标引，一面录入数据。为了提高档案著录、数据录入的速度和质量，可以从以下三个方面采取对策。

1. 提高认识，增强操作人员的责任心

档案著录和数据录入工作的重要意义：一是大规模、高质量的档案目录数据是实现档案信息化价值的前提。信息行业有一句行话：“三分靠硬件，七分靠软件，十二分靠数据。”没有实力强大的数据库，再先进的档案信息系统也只能是空中楼阁，形同虚设。二是数据质量问题会给档案信息系统埋下隐患。信息行业还有一句行话：“计算机系统输入的是垃圾，输出的也必然是垃圾，绝不会成为宝贝。”一旦输入了数据垃圾，计算机软硬件技术难以自动消除。档案数据库质量控制有“技防”和“人防”两种，其中人防，即提高人的责任心和操作技能永远是第一位的。因此，要从培养操作人员的素质抓起，落实工作职责和考核办法，实现对档案文件的著录标引和著录信息录入工作的精细化管理。

2. 严格按照国家规范设计数据库结构

档案信息化建设单位应当严格按照《档案著录规则》《档案分类标引规则》《档案主题标引规则》《中国档案分类法》《中国档案主题词表》等国家相关标准和规范，结合实际，制定本行业、本专业、本单位标准和规范，为档案数据库建设提供标准支持。要维护标准和规范的权威性，在档案信息系统开发，特别是数据库结构设计时应严格执行相关标准和规范，防止数据库设计的盲目性和随意性，确保档案数据的一致性、准确性和规范性。

3. 采取有效的技术手段提高数据录入的速度和质量

档案文件的著录标引和录入工作十分枯燥，不但效率低，而且容易引起操作疲劳而出错。为此，应当在加强“人防”的同时，尽量采用“技防”。

（1）在数据库建设中控制数据结构定义

为了提高系统的适用性和可扩展性，很多档案信息系统都为用户提供了灵活的数据库自定义功能，然而这项功能如不加以控制就会造成“乱定义”，即定义的随意性。为此，在设计档案信息系统自定义功能时，应当将数据库的表字段设计分为“必选项”和“可选项”。必选项严格按照《档案著录规则》设置，不允许自定义，可选项可在规范引导下进行自定义。

（2）利用计算机智能，自动录入数据

在录入档案数据时，某些档案著录项可以通过计算机自动处理后录入数据，如自动生成档号、序号、部门号、库位号；根据文件级著录的文件页数、文件日期，自动生成案卷级文件页数、起止日期；根据文件的归档类目号，自动生成分类号；根据文件标题或文件内容，自动标引主题词等。自动录入的数据能够避免人为录入差错，大量节省人力成本，并显著提高录入的速度。

（3）使用代码录入

代码是确保著录信息和档案特征一致的有效手段。如组织机构名称，有全称或简称，简称往往又很不规范，这会造成检索时的混乱，而应用代码，可以做到代码和组织机构的严格对应，检索时就不会出现漏检或误检。因此，档案信息系统应设计简便的代码管理功能，包括代码的维护、录入提示等，确保规范使用代码，又快又好地录入档案著录信息。

三、档案全文数据库建设

档案全文数据库，是存储、组织管理数字化档案信息的数据库系统，既包括档号、题名、责任者、正文、形成时间、密级、保管期限、载体、数量、单位、编号等著录信息，也包括档案的内容信息。档案全文数据库所管理的对象，不仅包括经数字化处理的传统馆（室）藏档案，还包括以数字化形式直接生成的电子文件（档案），如各类文本、表格、图形、图像、音频、视频、数据库、网页、程序等。应用环境不同，系统软件不一，生成的文件格式也会不同。因此，必须确定电子文件的元数据标准和存储格式，以规范档案全文数据的组织与管理。

（一）档案全文数据库构建的过程

1. 数据的采集

数据的采集即对加载到全文数据库中的数据进行录入、采集、整理等处理。全文数据的获取方式有三种。一是图像扫描（或数码拍摄）录入。该方法形成的图像信息能保持文件的原貌，但占用存储空间大，不能直接进行全文检索和编辑。二是键盘录入。该方法形成的是文本信息，占用存储空间小，存取速度快，支持全文检索，但是输入工作量大，文本的格式和签署信息容易丢失。三是图像识别录入。即对扫描形成的图像进行 OCR 识别，形成文本信息。该方法虽然具有上述两种方法的优点，但是 OCR 识别带有一定的差错率，特别当档案原件字迹材料不佳、中英文混排或带有插图、表格时，差错率较大，而人工纠错成本较高。因此，数据采集要权衡利弊，有选择地使用。

2. 数据预处理

将采集后形成的档案数字化成果转换成规范的格式，进行规范化命名，再进行统一标准的著录与标引。采用自动标引技术的系统，还可以从文本文件中直接提取关键词或主题词，辅助计算机检索。

3. 数据检索

档案全文数据库建成后，可采用全文检索系统提供的功能对数据库进行检索。

4. 数据维护

全文数据库建成后，需经常对数据库的内容进行索引、更新、追加和清理，以保证数据库的实用性和时效性。

（二）档案全文数据库的功能

档案全文数据库的功能：能够获取、存储和使用不同类型、不同格式的档案信息；能够按照确定的数据结构有效组织大量分布式的不同类型、不同格式的电子文件或扫描件，并为之建立有效的检索系统；能够快速、正确地实现跨库访问和检索；能够对全文信息的访问和使用进行许可、控制和监督等授权管理；能够在网上发布全文数据库数据；能够集成支持全文数据库管理的各种技术，如超大规模数据库技术、网络技术、多媒体信息处理技术、分布式处理技术、安全保密技术、可靠性技术、数据仓库与联机分析处理技术、基于内容的分类检索技术、信息抽取技术、自然语言理解技术等。

四、档案多媒体数据库建设

档案多媒体数据库是对文本、图像、图形、声音、视频等媒体数据进行统一管理的数据库系统，它具有良好的交互性，输出的多媒体文件形象直观，图文声情并茂，能真实生动地还原历史记录。因此，档案多媒体数据库属于特色数据库和优质档案信息资源，应当列为档案数据库建设的重要内容。

（一）建立档案多媒体数据库的步骤

建立档案多媒体数据库有三个步骤。一是收集和采集来自各种档案信息源的多媒体信息。如果来源是数字化多媒体信息，即多媒体电子文件，则归档处理后直接进入档案多媒体管理系统的存储设备中；如果来源是模拟多媒体信息，如模拟录音、录像，则采用音频或影像采集设备，将其转换成数字化的多媒体档案后输入档案多媒体数据库。二是按照多媒体档案的整理规则，对多媒体电子文件进行整理，形成档案多媒体目录数据库。三是将整理后的多媒体档案挂接到档案多媒体目录数据库中。

（二）多媒体档案与档案多媒体目录数据库的挂接方法

鉴于多媒体档案占据容量大，对档案数据库运行效率影响也大，因此，需要慎重选择多媒体档案与档案多媒体目录数据库的挂接方法。挂接的方法一般有基于文件方法和二进制域方法两种。

1. 基于文件方法（又称“链接法”）

这种方法是将独立存储于计算机载体中的多媒体档案的名字与位置（路径）存入（“链接”于）档案多媒体目录数据库相应的记录中，而不是真正将档案存储在目录数据库中。当数据库管理系统访问多媒体档案时，根据目录数据库中记录的多媒体档案名称和路径访问多媒体档案。这种方法的优点是，尽管多媒体档案容量大，但是不会给目录数据库增加负担而影响目录数据库的运行效率。缺点是多媒体档案与目录数据库的关系不够紧密，容易因系统或数据的迁移而断链，造成通过目录找不到对应多媒体档案的故障。

2. 二进制域方法（又称“嵌入法”）

这种方法是把多媒体档案实实在在地存放于（“嵌入”）目录数据库中的BLOB 字段（“二进制域”）中，该字段能存储大文件，因此又被称为“大字段”。该字段有两种：一种是Memo（备注）字段，它可以存储大文本文件，容量相对较小；另一种是OLE（对象嵌入）字段，可以存储大二进制文件，如多媒体档案等。Oracle数据库的一个BLOB字段可存储不大于4G的多媒体文件。这种方法的优点是，多媒体文件与目录数据库的关系相当紧密，不会断链。缺点是大容量的多媒体文件会增加目录数据库的负担，影响其运行效率。因此，在使用二进制域方法时，需要采用一些技术手段来弥补其缺陷。

第三节　建设数字档案馆

一、数字档案馆的规划与建设

随着社会信息化进程的加快，特别是电子政务、电子商务、办公自动化等在各级政府、企事业单位的逐步应用，电子文件及其电子档案（数字档案）已经大量产生，并即将向各级档案馆移交，数字档案将在未来5～10年内成为新形成档案的主体。作为文件和档案的最终归宿——档案馆，将面临管理体制、管理方法、管理技术、管理理念的全面挑战，数字档案馆的规划和建设已经非常迫切。数字档案馆已经成为21世纪档案馆的发展方向。

（一）数字档案馆的定位与内涵

数字档案馆建设是一项全新的事业，从提出数字档案馆的设想，到理论和概念的探讨，再到在部分省市档案馆试点实施，不过三四年时间；数字档案馆建设又是一个复杂的系统工程，投入多、难度大、周期长。必须准确把握数字档案馆的定位和内涵，才能少走弯路，减少浪费。

（二）数字档案馆的沿革

数字档案馆虽然诞生的时间较短，由于其地位重要，对档案事业发展影响巨大，因此，关注和探讨其发展方向的研究很多。对数字档案馆的认识大体经历了三个阶段。最初是受数字化图书馆建设的启发，提出建设数字化档案馆的设想；其次是借鉴国外的建设经验和研究成果，在理论上或概念上进行虚拟档案馆或网络档案馆建设的探讨；最后根据国家和社会信息化发展对档案工作的要求，进行数字档案馆试点建设。

1. 数字档案馆提出的背景

20世纪90年代中期，随着数字化技术和网络技术的迅速发展和成熟应用，国内外兴起了建设数字化图书馆的热潮。图书和档案都是信息资源的重要组成部分，在信息管理方面有许多相通之处，由此，到了20世纪90年代末期，我国档案部门受建设数字化图书馆的启发，提出了建设数字化档案馆的设想。数字化档案馆建设的主要内容是将馆藏纸质、照片、音像等载体档案数字化，为信息社会提供数字化的档案信息资源。

2. 电子政务建设对数字档案馆建设的影响和要求

近几年，随着国家实施的"政府信息化先行"战略的不断深入，电子政务已在中央政府以及部分发达地区各级政府得到逐步推行。电子政务是指政府机构运用现代网络通信与计算机技术，将政府管理和服务职能通过精简、优化、整合、重组后在互联网上实现，以打破时间、空间以及条块分割的限制，从而加强对政府业务运作的有效监管，提高政府的运作效率，并为社会公众提供高效、优质、廉洁的一体化管理和服务。档案作为文件运行的最终归宿，在保证各级政府正常运转中起着承上启下的作用。电子政务的实施对档案管理产生重要影响，主要体现在两方面。一是电子政务中产生的电子文件，其归档方法、技术、手段等与纸质文件归档相比，有重大差别。二是档案局（馆）作为各级政府的一个职能部门，必须适应电子政务实施带来的工作方式的变化，档案工作不能游离于电子政务之外，也要按照电子政务的总体要求转变档案部门的工作作风和服务方式。建设数字档案馆是我国迅速发展的政务信息化对档案工作提出的迫切要求，数字档案馆是电子政务和办公自动化的一个必需的组成部分。

（三）数字档案馆与数字图书馆的比较

数字档案馆建设与数字图书馆建设密切相关，不仅因为最早国内外提出建设数字档案馆的概念是受数字图书馆的启发，或者是作为数字图书馆项目的一个组成部分，而且因为档案和图书作为信息资源的主要来源，在信息时代，它们的管理方法和手段存在许多共性，在一段时期还研究探讨过档案、图书、情报的一体化管理。数字档案馆在提出之初和数字图书馆建设目标比较一致，随着社会信息化发展对档案事业的影响增大，数字档案馆发展的方向已经发生了质的变化，从以馆藏档案数字化为主要建设目标，到能接收归档电子文件并有效管理，保证其真实性、完整性和长期可读性。数字图书馆建设同样也在不断深入和发展，最初，对数字图书馆概念和建设目标的认识也是将现有图书资料数字化。数字图书馆的建设目标是整合互联网资源，变无序为有序。但是现在数字图书馆界普遍倾向于将数字图书馆建设成一个个相对独立的管理系统。数字图书馆是一个复杂的分布式海量数据管理系统，它利用当今先进的多媒体和网络技术，将分散于不同地理位置的不同载体形式的信息资源以数字化形式储存，形成有组织的数据库和知识库，对外提供高性能的检索服务，实现资源共享。如同传统档案馆与图书馆存在相同之处和不同之处一样，数字档案馆与数字图书馆的建设内容和运行方式等同样有共性和不同之处。

1. 关联性

档案和图书都是信息社会重要的数字资源，数字档案馆和数字图书馆的基础和管理对象都是数字化的信息资源。在建设数字档案馆的过程中，数字档案一方面来源于接收立档单位的归档电子文件；另一方面就是对现有馆藏档案中珍贵的、利用频率高的、易受损的档案进行数字化转换。数字图书的来源也有两个方面，就是新接收进馆的电子图书和将馆藏的珍本、善本等图书转换成电子形式。

数字档案馆和数字图书馆本质上都是一个复杂的数据管理系统，是一个大型的数据库，都具有接收、整理、储存、检索、提供利用等基本功能。

2. 差异性

第一，数字档案和数字图书的数据类型存在显著差异，数字档案类型众多，有文本、图像、各种类型数据库、CAD、电子邮件、音像、多媒体等，而数字图书一般只有文本（占绝大部分）、图像、多媒体等少数几种类型。这样一来，数字档案馆的管理系统就会比数字图书馆的管理系统复杂得多。第二，和传统档案馆、图书馆保存的档案、图书一样，档案存在地区差异，具有唯一性，而图书中善本、孤本则很少，馆藏基本类似。这一点可以说，除了国家图书馆和部分科技图书馆外，建设数字图书馆过程中的数字化工作任务非常轻，只需购买已有的数字图书资源就行。而档案馆的数字化任务则非常重，而且数字化后，主要以图像数据格式保存，这样中小型数字档案馆存储所需的空间也很大。第三，数字档案馆和数字图书馆的管理方式存在差异。数字档案馆的管理相对封闭，一般采取“三网一库”的建设模式，“三网”采取物理隔离的方式。数字图书馆则完全开放，直接与国际互联网挂接。第四，安全性要求不同。数字档案馆不仅要防病毒、防黑客，而且要采取异地备份、镜像备份等措施，防自然灾害、突发事件可能对数字档案馆造成的损害。第五，数字档案馆在保证馆藏数字档案的真实性、完整性、长期可读性、法律凭证作用等方面也有特殊的要求。

（四）数字档案馆的定位

目前关于数字档案馆的定义，认识各有千秋，还没有完全统一。从有利于数字档案馆的实际建设，有利于建设的可行性论证、投资预算、功能设计等方面考虑，数字档案馆是适应信息社会发展需要，充分运用计算机和网络等信息技术手段，能够对数字（或电子）档案实施有效控制和科学管理的档案馆。关于数字档案馆的定位可以从两个层面上来认识。

1. 数字档案馆仍然是档案馆

数字档案馆仍然是档案馆，其对馆藏档案的管理功能没有改变，同样具有收集、整理、鉴定、保管、利用、统计、编研等功能，只不过采用的技术方法、管理手段、管理对象等有了较大的变化。

当前数字档案馆的规划、投入、建设，都是由地方单独完成的，与传统档案馆的建设模式并没有差别，而且这种状况在短期内是不会改变的。

2. 数字档案馆是信息时代的产物

数字档案馆的规划和建设是信息技术对档案事业发展影响和要求的必然结果。数字档案馆建设过程中要充分运用先进的计算机和网络等信息技术，配置先进的软硬件设备，研制高性能的信息管理系统；数字档案馆要解决信息技术发展和应用给档案管理带来的复杂问题，要保证归档电子文件的真实、完整、长期可读。

数字档案馆是电子政务、电子商务、单位办公自动化的一个必需的组成部分，是信息社会中档案管理新模式的集中体现，代表着 21 世纪档案馆工作的发展方向。

（五）数字档案馆的发展

数字档案馆建设是档案工作者面临的一项全新事业，随着信息技术的不断发展，投入实际运行后，经验的不断丰富和问题的不断出现，人们对数字档案馆的认识将不断丰富和深入。

1. 形式的发展

数字档案馆建设将主要表现为一个个相对独立的局域网系统，地区相连乃至全国互联互通是不现实的。但随着档案开放程度不断加大，社会公众档案意识和需求不断增强，网络安全性不断提高，数字档案馆将向网络化、公众化方向发展。

2. 技术的发展

信息技术的飞速发展对于数字档案馆建设将是一把双刃剑，一方面能解决数字档案馆建设中遇到的许多技术难题，如格式转换、海量存储、智能检索等；另一方面也会使数字档案的种类更多、管理更加复杂。

3. 管理的发展

由于国内数字档案馆建设完成并真正投入运行的还比较少，对数字档案馆管理模式的认识会不断发展。例如：管理体制问题，数字档案馆内部机构如何设置才能保证其有效运转和档案的安全保密；数字档案馆的人才问题，数字档案馆需要高素质的技术型、管理型、复合型人才，如何培养和留住人才；等等。

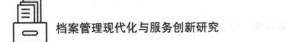

二、数字档案馆的规划与设计

数字档案馆建设是一项庞大复杂的系统工程，建设周期长，技术难度大，必须先做科学的规划与设计，并组织相关专家学者对规划与设计方案进行充分论证，才能保证工程顺利进行，少走弯路。

数字档案馆的规划主要包括预期达到的总体目标，分阶段实施的步骤、安排，建设的经费投入预算，需要配置的主要设备，管理系统的功能设计，风险评估等。

（一）与地方或部门信息化建设同步发展

数字档案馆的规划与设计必须与地方或部门信息化建设同步发展。档案工作是一项服务性很强的工作，档案信息化建设如果滞后于地方或部门的相关信息化工作，将影响整体信息化建设，同样，档案信息化建设也没有必要超前发展。数字档案馆建设是档案信息化建设中综合性强、难度大的工作，必须在地方或部门信息化发展到一定阶段，才能有建设数字档案馆的需求，才能启动这项工作，如果时机选择不恰当，档案工作将非常被动或造成极大的浪费。

（二）硬件配置

硬件配置应根据数字档案馆建设的需要先进行预算，再根据建设的进展和需要分期购置，在建设工期比较长的情况下，不能把所有的硬件设备都一次配备到位，因为计算机设备更新换代非常快，先行购置而闲置不用，将会造成极大的浪费。

数字档案馆硬件主要包括终端设备（微机）、处理设备（服务器）、存储设备（磁盘阵列、大容量硬盘、光盘等）、网络设备（交换机、路由器、网卡、网线等）、数字化设备（各种扫描仪、数码摄像机等）、其他（打印机、刻录机、视频和音频信息采集编辑设备等）。

（三）网络设计

网络及其相关计算机设备是数字档案馆运行的基础，和传统档案馆的库房、装具等设施类似，在数字档案馆的总体规划设计和硬件投入中，占有相当大的分量，从便于管理和安全等方面考虑，数字档案馆的网络设计宜采取"三网一库"的形式。三网分别是档案馆局域网、地方（或部门）政务网和公众网（国际互联网），一库是保存档案资源的大型数据库。档案馆局域网是数字档案馆的核心网，负责数字档案馆档案的导入、存储、管理、检索、利用等。在数字档案馆建设初期，档案馆局域网的网络功能并不需要非常强大，重点是单机功能，能保证档案的有效管理和运行。地方（或部门）政务网是档案馆和地方政府以及各立档单位联系的纽带，应具备档案的接收、利用查询、档案（局）馆的电子政务办公等功能。该网络的硬件设施由地方政府或有关行业主管部门负责投资和建设，而软件功能的设计和运行则由档案局（馆）负责，政务网是各级档案局（馆）通过网络行使档案管理职能的主要渠道。公众网是数字档案馆与社会公众联系和沟通的桥梁，通过档案网站等形式开展档案利用服务、宣传档案工作，也可以通过公众网捕获重要的数字信息资源，作为资料丰富数字档案馆馆藏。为保证数字档案馆运行中的安全保密，三网应采取物理隔离的形式。

（四）数字档案馆功能设计

数字档案馆的功能设计在数字档案馆建设中占有非常重要的地位，可以说，数字档案馆建设成功与否，建成后运行是否达到要求，主要取决于其功能设计是否科学可行。数字档案馆的硬件设施不需要一步到位，可以根据需要和经费投入情况逐步配置。而数字档案馆的功能设计一旦确定，将在相当长的时间内决定数字档案馆的运行质量，而且轻易是不能改变的。功能设计是数字档案馆建设的灵魂。

数字档案馆的功能设计需把握几个原则。第一，系统性要强、整体性要好。数字档案馆要实现的功能很多，包含许多子系统，应正确划分各子系统，确定各子系统之间的界限和相互联系。由于部分子系统是分阶段实施的，还应该注意它们之间的衔接关系。数字档案馆的功能设计应采用系统工程的原理与方法。第二，灵活性要强、开放性要好。由于信息技术的飞速发展，数字档案馆建设过程中和运行后，数字档案的种类和数量以及管理技术方法都在不断变化，这就要求数字档案馆的功能设计能够适应可能发生的变化，系统应具备兼容性强、开放性好的特点。第三，正确处理先进与实用的关系。数字档案馆的功能实现需要采用先进的技术手段，但并不是越先进越好，应尽量采用成熟稳定的技术方法，多在功能设计上下功夫。

数字档案馆应具备传统档案馆的“收、管、用”三大基本功能和系统维护功能。

1. 档案接收

数字档案馆负责各类数字档案的接收、采集，主要包括三个方面内容，即归档电子文件的接收、传统档案数字化、公众网数字信息采集。

归档电子文件的接收是数字档案馆接收功能中最重要的，也是实现技术难度最大的一项基本功能。要实现该项功能，除了采用先进的技术手段外，还需要提前对本地区、本部门目前已经形成的归档电子文件和将要形成的归档电子文件的种类、管理方式等有一个全面、系统的调查了解，才能为程序设计人员提供科学的、详细的接收要求。归档电子文件的接收应尽可能采用“打包”的方式，同时接收电子文件元数据，以保证归档电子文件真实、完整。

传统档案数字化功能的实现，目前技术上已成熟可靠，主要是解决资金、人员问题。档案数字化的设备投入应视现实需要来安排，摊子不宜铺得太大，中小型数字档案馆建设不一定要完全靠自身开展数字化工作，可以依靠大型档案馆的设备、技术、人员来进行数字化加工。

公众网数字信息采集也是一项重要的功能，通过网络在线采集现有的各种信息资源库如国土信息资源、人口统计信息资源，采集各网站的网页、历史照片、重要新闻报道、统计数据、重大历史事件的声像资源等信息，作为数字档案馆馆藏资料保存。

2. 档案管理

档案管理主要负责对接收的各种类型的数字档案进行整理、分类、管理，使大量无序的信息有序化。档案管理主要包括数字档案标准化、元数据著录、目录管理、档案鉴定、档案迁移等。

数字档案标准化是对接收来的符合或通过转换使其符合一定规范的物理存储介质标准和数据交换的逻辑格式标准。根据采集时所带的目录信息，采取一定的分类方法，将这些数据有序地存储到系统中。

元数据著录是对采集来的数字档案信息进行检查和缺项补著录，建立元数据库。

目录管理是档案管理功能的核心，对数字档案的管理实际上都是通过目录管理来实现的，通过目录挂接原文信息，来实现对整个数字档案资源的有序管理。

档案鉴定是对数字档案进行批量的内容鉴定和技术鉴定，是计算机辅助人工完成鉴定的部分工作。内容鉴定是根据档案开发所必须具备的条件，档案价值判定、保管期限划分的标准，档案真伪鉴别的主要依据等要素，同档案文件的来源、类别、责任人、形成时间、存储介质等众多信息相结合，制定鉴定规则，利用计算机的智能技术，建立起专家智能鉴定系统，进行档案信息的批量辅助鉴定。在此基础上再由专家对辅助鉴定的档案信息进行直接鉴定，予以确认。技术鉴定是对电子文件各方面的技术状况进行全面检查，包括文件信息真实性、完整性、可读性分析以及对文件载体状况的检测。

档案迁移是数字档案管理的一项特殊要求，是为了解决数字档案长期保存问题和外部软硬件环境变化问题而采取的一项技术手段，目的是使数字档案能与外部软硬件环境相适应，从而保持数字档案的长期可读。档案迁移主要包括档案信息资源变更登记、资源变更受理、迁出、迁入等功能。

3. 档案利用

档案利用是通过网络向用户提供利用服务，可以使具备上网条件的用户在任何地点、时间得到权限许可的档案信息，真正实现数字档案信息资源的共享。功能主要包括档案信息开发、综合智能查询、网站信息发布、光盘发布等。档案信息开发包括进行档案信息的编研和素材的编辑。综合智能查询可提供馆藏数字档案的文档、图形图像、语音资源、视频资源的查询阅览及虚拟演播等服务。网站信息发布能够将馆藏数字档案相关信息通过互联网进行发布，提供对外服务。光盘发布通过光盘刻录等形式提供服务。

4. 系统维护

系统维护主要从保证数字档案馆系统安全运行方面考虑，从物理安全、信息资源安全和安全保密管理等几个方面着手。①数据转移、备份恢复。数字档案馆采用三网物理隔离的方式保证系统安全，因而无法直接进行网络连接，产生了信息隔膜，需要通过系统的导入 / 导出功能进行数据转移；数字档案馆的重要设备、系统软件、所有数字档案数据等都需要备份，服务器宜采用镜像备份，档案数据应采用光盘等载体进行异地备份。软件备份利用关系数据库自身提供的功能对元数据和存储文件的对象数据库进行备份恢复。②病毒防范。采用先进的防病毒软件适时对服务器和客户端查毒、杀毒，随时进行软件升级，并建立严格的防病毒管理制度。③身份鉴别、访问控制。身份鉴别和访问控制主要通过设置口令、密钥，安装智能卡，通过指纹、声音、视网膜等完成。凡是进行系统执行操作、档案网上移交、档案信息检索利用等都要进行身份鉴别和访问控制。④信息加密和完整性校验。信息加密主要指信息传输加密，防止移交/接收档案时，发生窃听、泄漏、篡改或破坏等情况，加密方式通常有链路加密、网络层加密、应用层加密等。数字档案馆的信息存储一般不宜采取加密措施，防止因加密本身对档案的真实、完整造成损害，应尽量采用其他方式来保证档案的安全。信息完整性校验是采取适当技术手段如数字水印技术等防止档案被非法篡改、插入和删除。

四、数字档案馆建设合作者的选择

数字档案馆建设的技术含量非常高，特别是以应用计算机、网络、信息安全等信息技术为主要特征，显然，仅仅依靠档案部门本身的技术力量是很难完成的，必然要选择优秀的、了解自身情况的IT厂商作为合作者来共同对数字档案馆进行规划和建设并安全运行。

选择合适的合作者非常重要，这不仅影响到数字档案馆的规划、建设的水平和质量，而且关系到建成后数字档案馆的安全运行和系统的售后服务、软件版本升级等一系列问题。现在从事档案管理软件开发和系统集成的IT厂商很多，要选择真正适合自己的厂商，不仅要关注厂商的名气、规模、技术人员数量等，还要结合数字档案馆建设的特点，从以下几个方面加以分析、综合考虑。

（一）对数字档案馆的关注程度

数字档案馆不仅对档案部门来说是新生事物，对IT厂商来说更是一个全新的领域。新的客户、新的需求、新的开发服务手段，都需要厂商投入大量的资源和精力，不断地研究和总结经验。所以数字档案馆建设在厂商业务中的比重，厂商对数字档案馆建设的重视程度，是选择数字档案馆合作者优先需要考虑的。

（二）对档案管理的认识程度

数字档案馆建设成功的主要标志是能够真正被使用，能够对数字档案进行有效的科学管理，即有很强的实用性，而不看数字档案馆应用的技术手段有多么先进。如果在数字档案馆的规划和建设中能形成一个稳定而成熟的数字档案管理体系，即使将来因技术、设备等原因不得不升级，但整个系统仍能迅速转向新的技术体系。数字档案管理体系的构建是数字档案馆能否成功实施的关键。而合作者对档案管理特别是数字档案管理的认知程度又是能否构建完善的管理体系的基础。数字档案馆的作用、职能，档案馆的运行方式、工作人员的行为模式等都有一定的特点，管理体系应该紧密结合这些特点来建设。因此，一个厂商是否对档案部门有研究，是否了解档案管理模式，先期是否对数字档案馆的规划和建设做了相应的研究和投入，是否有相关的建设经验等，这些是能否帮助建立数字档案管理体系的关键。

（三）技术力量

数字档案馆系统对技术的先进性、复杂性，运行的安全性、可靠性等要求很高，数字档案馆的合作者必须具备相应的技术手段，如关键算法和重要接口的开发，同时要有成熟的技术路线，保证数字档案馆系统实施的可靠性。

（四）集成能力

数字档案馆所涉及的技术范围非常广泛，例如信息的管理，数据的接收、存储和管理，多媒体技术，安全保障技术，等等。可以说，没有哪一个厂商能够精通所有相关技术，每一个厂商往往是在某一方面有自己的特点和专长。但如果数字档案馆项目分成许多不同方面交给不同的厂商来建设，最终会形成一个个独立体系的应用信息孤岛，无法构成完整的体系。作为数字档案馆建设的合作者，应该有较强的软件集成能力，能够利用信息整合技术将不同的应用集成在一起，形成有机的整体。

（五）服务能力

合作者要有一定的前瞻性，不仅仅是技术实现手段上的前瞻性，更重要的是在分析研究现有档案管理情况的基础上，对数字档案管理的机制和方法的变化有一定的预见性，能够为档案部门的改革提供咨询和帮助。在这样基础上建设的数字档案馆系统才是有活力的。有一些数字档案馆的建设需要合作的厂商帮助档案部门提出建设的总体思路和技术方案等。

作为软件应用系统，后期服务的重要性将越来越突出。数字档案馆系统本身不是一个静态的产品，要随着数字档案的不断增加、社会对数字档案利用需求的不断增加而发展变化。所以数字档案馆对后期服务将是动态的和连续的。这就要求合作者有能力响应这种动态的连续服务要求，有能力使数字档案馆系统随着社会的发展而不断完善。

第九章 新时期背景下的档案管理创新策略

现阶段，我国档案工作呈现出一种新状态，走入一个新高地、新平台，进入了以服务大局和民生为中心，以“三个体系”建设为重点，事业发展得到进一步保障的新常态，档案工作进入了形态更为高级、结构更为合理、发展更为顺畅、任务更加复杂艰巨的新阶段。站在比过去更高的新层次上，积极认识、适应、引领新常态档案工作必须要具备五种新思维：要有创新思维，勇于开辟档案工作新领域；要有先行思维，当先行者先行服务；要有网络思维，善于利用网络开展工作；要有合作思维，努力实现各方面互通、互联、互赢；要有人本思维，开展各项工作都坚持以人为本。

第一节 强化档案资源集聚

档案资源是开展档案工作的基础，是档案部门的立身之本，也是档案事业可持续发展的关键。加强档案资源建设是丰富档案资源、完善馆藏结构、服务党和政府工作大局、服务经济社会发展、服务广大人民群众的根本途径。大数据时代，每天每时每刻都有大量的结构化数据、半结构化数据、非结构化数据产生，档案资源的收集范围更广，参与档案资源建设的除了传统的档案部门，社会群体和个人也可以成为搜集档案资源的主人，搜集来的档案资源可以存储在档案馆、数据中心甚至云端。

一、拓宽档案资源类别

从纸质档案到档案信息化再到大数据时代，档案资源一直呈指数级增长，档案资源的种类也从纸质到电子，从结构化到半结构化、非结构化转变。随着时间的推移，档案搜集的类别范围也因为档案载体不一、结构各异而发生了改变。

纸质等传统档案仍是档案收集的重点。近年来政府部门又掀起无纸化办公、无纸化考试等热潮，这些举措都为节约资源、保护环境做出了巨大的贡献。档案管理部门虽然早已迈入办公自动化的大门，但是对于档案资源来说，纸质档案仍然是档案部门收集的重点，在档案馆藏数量中仍占主要地位。

结构化、非结构化、半结构化电子档案成为档案收集的主流。电子档案是信息化时代的产物，生成于数字化设备环境中，存储于电脑、磁盘、光盘等载体中，依赖计算机等数字设备阅读、处理，可在网络上传送。大数据时代，档案资源观正从传统狭隘的定义向“大档案观”转变，档案部门在进行馆藏纸质档案数字化、接收档案文件电子化的同时，要有意识地收集更多类别广、形式多、价值大的数据资源。网络的发展产生了更多、更复杂的数据种类，包括结构化数据、非结构化数据和半结构化数据。结构化数据如数字、符号、关系型数据库等，非结构化数据如文本、图片、表格、图像、声音、影视、超媒体等，半结构化数据如 E-mail、HTML 文档等。

二、完善档案资源建设

大数据时代，无论任何机构、社会组织和个人，都无法置身于数据之外，不同群体拥有不同的数据，他们的数据互不连通，档案部门可以将多元化、社会化的数据尽收囊中，但人少力薄是档案部门的现实状况，单靠一己之力不可能完成档案资源全面收集的重任，因此和不同数据拥有者的合作就显得非常必要。档案资源体系建设是档案部门的职责所在，档案部门可以通过自主管理、协商合作等方式把责任向社会转移，认可和鼓励各类社会组织及个人参与到档案资源的建设中来，完善档案资源的建设主体，达到借助社会力量优化档案资源的目的。

一是档案部门要善于与档案形成者合作。首先，我国各级各类党和政府机构、企事业单位等是国有档案资源的形成者，他们在日常工作事务中不断地产生文件材料，这些文件材料处理完毕后要进行整理归档，档案部门的主要职责也是为党和政府机构、企事业单位管理档案事务，他们要按照规定及时向档案馆移交档案。因此，对档案部门来说，对党和政府机构、企事业单位的档案进行收集相对比较容易。其次，越来越多的家庭、个人意识到档案的重要性，纷纷开始建立家庭档案、个人档案，他们是私人所有档案的形成者。家庭和个人建档既记载了家庭和个人的历史，又折射了社会的变迁，虽然每个家庭的档案数量不多，但其在社会上的总和也是一笔巨大的档案资源，档案部门要积极与社会家庭和个人建立合作关系，收集更多更宝贵的“社会记忆”。此外，国家还要求领导干部建立领导干部个人档案、廉政档案，社会名人可以建立名人档案等，他们组成了档案资源形成的特殊群体。

二是档案部门要善于与档案整理者合作。大数据时代，档案部门要学会利用社会力量和网络力量来完成档案资源的整理工作。国家支持社会力量参与档案事务，允许政府可以通过合同、委托等方式向社会购买档案服务，政府以外包的方式将档案工作交给高度专业化的档案中介机构。档案中介机构合法合规参与档案事务服务，帮助档案部门规范档案资源整理工作。档案部门还可以利用网络人力资源，通过众包模式集聚档案资源。众包模式是指把本应由公司内部员工执行的工作任务，以自由自愿的形式外包给非特定的大众网络的模式。美国加州伯克利大学一个复杂的分布式计算项目的成功运算就是利用网络众包模式的典型案例，这个项目成功调动了世界各地无数个人电脑的闲置计算能力。采用众包模式，既可以有效利用闲置资源又能轻松解决工作难题。档案部门可以采用众包模式收集档案资源，开启更多人的智慧，集中更多的资源，充分调动起隐藏在网民中的信息资源，将需要采集的自身又难以完成的档案收集任务众包给不特定的大众，通过网民的智慧实现档案资源的集中。沈阳市家庭档案研究会主办的“家庭档案网”，就是一个趋向众包模式的档案网站，主要是通过网络渠道收集家庭、个人、名人的各类档案信息，网站工作人员再将这些零散无序的信息分类整合，以专题专栏的形式呈现出来。

三是档案部门要善于与档案利用者合作。档案利用者虽然不直接产生档案资源，但是他们利用档案的行为可以为一部分档案资源体系的建设提供帮助。大数据时代，档案利用者通过网络进行的档案查询、检索、咨询等一系列行为，都成为信息记录，档案工作者可以从用户的利用轨迹中发现新的信息点，找到信息与用户之间的相关关系，或是用户需要的或是用户感兴趣的，通过信息点去收集与之相关的内容。大数据时代，档案部门不用再去理会信息的因果关系，要关注是什么而不是为什么。

三、改变档案资源采集方式

积极开展接收和征集工作是传统的档案资源采集方式，档案部门以丰富馆藏为目标，依法做好到期应进馆档案接收工作。大数据时代，档案资源的采集不能光是坐等人来，网络资源的实时变化、档案形成者的大众化都需要档案部门改变档案资源采集方式，收集到数量更多和质量更好的档案资源。

一是网络资源的主动抓取。对于网络资源要通过主动抓取的方式进行采集归档。网络资源数量多、更新快，重要信息和垃圾信息都是一闪而过，而且垃圾信息占大多数，一旦错过重要信息就会被海量信息淹没，再要找回得花费大力气。网民对重要信息也缺乏归档意识，对于有用的信息不知道该怎么保存，该交给谁保存。档案部门就要适时担起自己的职责，改变被动收集档案资源的方式，变身数据捕手，实时监控网络动态信息，采取主动出击策略选择重要网络资源归档，完成网络资源的主动抓取任务。同时档案部门要引导并培养网民对重要信息的归档意识，争取从网民手中获取更有价值的档案资源。

二是用户实时推送归档。形成档案的用户，过去是依法定期按时归档，且大多是针对机关部门而言的，要求次年六月以前完成前一年的档案归档工作。大数据时代，机关部门不再需要完全处理完毕后才将文件材料一齐归档，通过档案管理内部平台系统就可以将当下办理完毕的文件材料及时推送到平台。档案室的档案员随时接到推送消息后就可以依据文件的机构和问题等内容对其进行分类预归档保存，确认这种类型的档案不再产生新的文件材料加入进来，对之前的预归档文件整理完毕后就完成了档案的最终归档保存工作。形成档案的家庭和个人，也可以通过档案部门开通的网站平台或是档案专门网站实时推送自己想要归档保存的档案，交由档案部门代为保管。这种实时推送归档的档案采集方式不仅能降低文件材料因日积月累存放而丢失的风险，而且对于档案员和档案部门来说，实时的归档分散了工作任务，化解了集中归档时间紧任务重的难题，归档质量也能得到充分保证。

四、科学整合档案资源

大数据时代，档案信息化步伐加快，档案管理趋向结构化、系统化，档案部门要学会应用新一代信息技术及相关工具和方法，稳步开展档案数字化和电子档案接收工作，进一步提高档案资源优化整合能力。

第一，继续推进“存量数字化、增量电子化”战略。档案部门一是要以“存量数字化”的要求极力推进传统载体档案数字化，尤其是对纸质档案要加快数字化进程，查阅时用数字化档案代替原件利用，保护并尽量延长纸质档案寿命；二是要以“增量电子化”为任务对归档、接收进馆档案要求全面实行原生电子文件形式，新形成的电子文件及时归档保存并按时接收进档案馆保护。大数据时代，档案部门要严格要求机关部门单位对归档文件实施电子化管理，从源头上保证数字档案信息的真实、完整、可用；接收档案以电子化版本为主，在范围上多注重民生电子形式档案的接收，在种类上多收集多媒体、数据库、网页等形式的档案资源。在加强电子档案接收管理方面，国家制定了一批实用性高、操作性强的文件，着重考虑网络信息的归档管理工作，机关部门等单位的门户网站、政务微博、政务微信等新兴发布平台的信息归档工作逐步提上日程，成为档案部门的一项新任务、新挑战。

第二，优化资源结构。档案资源的底层化、碎片化，各种档案资源散落在互不连通的数据库中，成为一座座“信息孤岛”，如何连通这些孤立的数据库，将分散的档案资源集中起来，实现档案资源的优化整合，发挥出档案资源最大价值，是大数据时代档案管理的一个重要挑战。档案部门没有能力对所有的档案资源兼容并包，需要和不同的群体合作，一是档案部门系统内部之间的互联，二是与文化馆、图书馆等相关学科之间的互助，三是和网络商和数据开发公司的互通，最重要的是档案部门要与社会进行资源、技术、人才方面的交流与合作，搜集更多的资源、运用更强的技术、借助更专业的人才实现档案资源的最优化。同时，档案部门还可以利用云计算技术，借助互联网的计算方式，将全国的档案资源进行整合，形成“中国档案云”，完成档案资源的优化整合，充分发挥档案资源的集聚效应。

第二节　创新档案服务内容

数据本身是没有价值的，通过数据提供服务才具有真正的价值，数据即服务。档案资源若是只存放在档案馆不拿来用，就如同一堆废物，保存再多也没有意义。如何从档案资源中挖掘出价值，盘活档案资源，将昏昏沉睡的死档案变成源源不断的活资源，就需要档案部门加快档案资源开放进程、创新服务理念、拓展服务途径。

一、加快档案资源开放进程

大数据时代，档案部门一方面面临着与社会散落的档案资源进行激烈争夺的局势，另一方面随着《中华人民共和国政府信息公开条例》的实施，国家积极稳妥地推进政府信息公开工作，依法保障公民、法人和其他社会组织获取政府信息的权利，这种权利的开放使得公民对信息的知情权要求更高，他们希望获得更多、更有效的信息，档案资源加速流动与开放成为必然结果。档案部门对档案资源的开发应遵循“公开为原则，不公开为例外”，及时公开超过保管期限的秘密档案，尽量做到“应开尽开，保障秘密档案的安全”。例如，美国国家档案与文件署出台的《开放政府计划》，通过公民档案员项目、数字化战略、在线公共利用检索系统、社交媒体参与等举措，加大档案开放力度，提高公众参与水平。

档案资源开放，不仅有利于推进政府信息公开制度的实施，优化办事流程，提升工作效率，保障公民对信息的知情权、参与权与表达权，更重要的是档案资源在全社会自由流动开来后，从守旧封闭到创新开放，为社会奉献丰富多彩、足量多金的信息，有助于跨越档案部门和其他政府部门之间的“信息鸿沟”，助力城市记忆工程和智慧城市的建设。

二、创新服务理念

大数据时代，档案资源要实现物尽其用，就要对其内容深度挖掘，打造档案资源知识库。档案利用者也会因自身知识水平的提高对档案服务提出更多的要求，档案部门应关注他们新的需求，对传统的档案利用服务理念和途径做出调整，用新思维和新方法开辟档案利用服务新高度。面对档案利用者的诸多需求，档案部门要努力完善四种服务理念。

一是人性化服务。人性化服务就是在档案服务中体现“以人为本”思想，不能有官老爷心态，以用户第一为原则，给用户提供平等获取信息的权利，服务过程中表现良好的服务态度，把自己当作服务生，面对用户热心、耐心、细心、专心，尤其是基层档案部门经常要服务一些农民老百姓，对他们的利用诉求要认真倾听，服务要热情周到。

二是个性化服务。个性化服务是档案部门对档案利用者需求提供精确性匹配的服务。大数据时代信息受众分类更加明确，用户的利用需求发生改变，用户越来越追求个性化服务，能够方便快捷地获取所需。档案部门要对用户的利用需求、行为、方式等细节进行收集、追踪和分析，预测出他们需要的内容，以参考、定制等方式推送给用户。

三是智能化服务。智能化服务是档案服务的最高技术水平。大数据时代更注重技术的运用，档案服务技术水平也要提高，档案部门要有智能化的档案数据处理系统，能够快速完成数据分析任务，智能抓取有效信息，提供便捷服务通道，这不仅有助于档案部门发现隐性知识，还有利于从档案服务向知识服务跨越，实现档案知识的顺畅流通与广泛传播。

四是知识化服务。知识化服务是一种基于网络环境的开放式的服务，是档案服务发展的趋势和方向。档案知识化服务应以知识管理理念为指导，以档案资源为核心，以大数据技术为支点，以档案知识挖掘为重点，以档案知识应用和知识创新为目标来构建档案知识服务体系，完成知识提供与检索、知识整合与加工、知识共享与交流的一体化服务。

三、拓展服务途径

网络的发展改变了信息传播的方式，丰富了信息传播的渠道，档案服务借阅、咨询、展览等传统途径将得到调整，档案服务途径更加多样化、网络化。应用各种新兴媒体，发挥网络远程功能，基于云计算、云存储的云服务手段将成为大数据时代档案服务的新战场。

（一）微服务

微服务主要指以微博、微信等新媒体为载体即时传播信息的服务形式。微博即一句话博客，是一个基于用户关系信息分享、传播、交流以及获取的社交网络平台，主要涉及信息发布、网络营销、政府管理以及个人交流等方面，是中国网民上网的主要社交网络平台之一。

微信是一个为智能终端提供即时通信服务的免费应用程序，通过网络快速发送短信、语音、视频、图片和文字，微信公众平台的订阅号和服务号就是为微信用户提供公共信息、咨询和服务的平台。

档案部门或档案学人通过开通微博、微信可以传达档案信息和传送服务项目，向社会公众提供方便快捷的档案服务，拉近档案与大众的距离，拓宽档案信息服务的范围，提高档案信息服务的效率，还可以交流互动、共享信息、加强协作，为社会提供更好的档案服务。通过对档案微博、微信的搜索，开通档案服务账号的用户基本分为机构、企业、期刊、个人四类，其中较有特色和影响力的档案微博有“抚顺档案”“武汉市档案局”“南京档案”“上海大学档案馆”等，档案微信公众号有“厦门档案”“浙江省档案馆”“青岛档案”“贵阳档案”等。

（二）远程服务

远程服务指利用通信手段实现不同地域之间的实时人工服务方式。

远程服务具有方便快捷、节约成本、服务对象没有地域限制、服务可集中化管理的特点和优势，非常适合于大数据时代的网络档案服务。档案信息远程服务以数字化的信息资源为基础，依靠科学技术，通过网站、电子邮件或实时交互的形式，向用户提供远距离档案信息咨询和服务。档案部门要在加强档案资源建设的同时，加快采用信息技术，充分利用网络优势，建设好覆盖广、内容全、检索快的档案远程利用服务平台。“江苏省档案远程教育平台”就是由江苏省档案局、江苏省档案馆主办的以档案教育教学为主的档案远程教育服务平台，目前提供15门的网上档案岗位培训课程和16门的网上档案继续教育课程，还有与课堂相对应的在线考试和证书打印等多种服务项目，帮助档案人员提高档案素质，也为有档案知识需求的社会公众提供了更多的学习机会。

（三）云服务

云服务指通过网络以按需、易扩展的方式获得所需服务，它是一种基于互联网的相关服务的增加、使用和交付模式，涉及通过互联网来提供动态、易扩展、虚拟化的资源。

档案云服务是以云计算技术为基础，以云存储资源为保障，将分散的档案信息通过云平台组织构建起来形成服务云，借助这些云平台强大的计算能力和低成本、高安全性等特性来提高国家档案信息资源共享效率的一种档案信息资源服务模式。国家档案局开展的“中国档案云”项目就是致力于打造国家级开放的档案信息资源共享利用系统，它以云技术云存储为依托，覆盖全国各级各类档案馆，为社会公众提供开放档案信息查询利用服务的专业化平台，将成为互联网用户访问全国开放档案资源的统一门户，提供一站式全方位服务。

第三节　加强三位一体防护

安全责任重于泰山。档案资源安全是档案管理工作的重中之重，关系到党和国家及人民群众的根本利益。大数据时代，社会环境和网络环境对档案资源安全的威胁日趋加大，为消除潜在风险，保障档案资源安全，档案部门要建立起“物防、人防、技防”三位一体的档案安全保密防护体系。

一、加强物理防护

物理防护是档案安全的基础性保证。档案建筑是承载档案的载体，是守卫档案安全的第一道屏障。档案部门在加快档案馆建设时要把建筑的安全摆在首位，改善入馆档案的保管保护条件。

第一，推进各级国家综合档案馆安全建设。国家综合档案馆是统一保管党和政府机关档案的部门，是永久保管档案的基地。各级国家综合档案馆依法集中接收、管理本级机关部门、企事业单位、社会组织的档案和政府公报等政府公开信息，是国家宝藏的储存场所，档案馆建筑安全的重要性不言而喻。因此，档案馆的建设要遵循科学选址、标准设计的原则，在设计之前要对选址进行安全评估，避开自然灾害多发的危险地段，如地震带、洪涝多发区、山区等。建筑的质量是保障档案安全的另一个重要方面，档案馆要依照《档案馆建设标准》和《档案馆建筑设计规范》等规范楼堂馆所建筑建设文件，把档案馆建设成质量可靠、面积达标、设施完善、功能齐全、安全保密、服务便捷、节能环保的现代化档案保管基地，为档案筑起"安全巢"，不让每一份档案无藏身之所，不让每一份档案身处危险之地，切实消除"无库馆""危房馆"现象。

第二，改善档案保管保护条件。档案保管保护条件的改善是档案长久保存、长期可用的重要因素。档案保管保护条件主要指档案保管硬件设施的安全，改造或新建、扩建的档案馆，要严格按照规范和标准建设，采用先进的安全技术、设备和材料，档案库房安装视频监控、自动报警、自动灭火、温湿度自控系统，达到档案馆安全测评标准，提高档案库房安全防灾等级，定时对档案保管保护专用设施设备维护和更新，定期对档案进行检查，及时发现并排除隐患，让每一份档案都有安全的栖息地。

二、采用人防战略

人防战略是档案安全的重要盾牌。从信息化时代到大数据时代，科学技术的发展促进了档案管理工作的进步，也对档案工作者提出了更高的要求，档案安全与否就在档案人的一念之间。在外行人看来档案工作轻松简单谁都能做，"一入档门深似海"才是档案人的真实写照，档案工作者要用责任和行动捍卫档案的安全。

第一，完善档案安全责任到人制度。安全管理主要是控制风险降低损失，档案安全管理制度能够有效预防、及时处理和妥善解决档案工作中的突发事件，维护档案工作正常秩序。首先，要健全档案安全责任制，单位一把手"握兵权"掌控全局，对档案安全全权负总责，责任细分到各科室各人头上，尤其是要对信息化科室严加要求，形成"档案安全人人有责"的氛围。其次，要健全档案安全应急管理制度，档案应急管理是档案安全管理的第一大步，事关档案安危存亡，档案部门要严阵以待，成立以单位一把手为头的档案安全领导小组，领导全体档案工作者对档案工作八大环节的每一个环节可能存在的安全风险和可

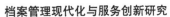

能出现的安全纰漏进行大胆预测、小心分析、深入研究，从而得出结论，形成与工作环节相对应的档案安全应急管理制度以指导工作。最后，在大数据时代，需要重点加强对档案信息的安全管理，制定档案机密信息保护制度、档案信息安全审计制度、档案信息全共享制度等，从制度上防范档案安全风险。

第二，建设档案大数据人才专业队伍。一是专业知识素养。档案管理是一门专业性和实践性很强的工作，大数据时代要聘任有真才实学的档案学专业学科背景的人才，他们具有扎实的档案理论基础知识和过硬的档案业务实践能力，懂管理精业务，能打开档案事业发展的格局，带领档案事业向前发展。新时代对档案人才的综合素质要求更高，不能只专其一，需要通过教育培训和自学不断提升工作能力，学习跨学科领域的综合知识，如计算机知识、互联网知识、大数据知识、产权保护知识等。二是重人重岗重责。档案部门要安排高度认真负责的人员从事档案工作重要岗位，各单位档案室要安排在编人员从事档案工作，一方面是他们对档案更加专业、对工作更加敬业，另一方面是防止因人员流动发生档案泄密事件。

第三，变身“数据科学家”。大数据时代到来创造了新的工作机会，提供了大量新的工作岗位，但拥有数据分析技能的专业人员严重短缺，造成供需严重失衡。从目前看来，档案部门想要在大数据战斗中招揽到数据分析人才机会渺茫，需要自寻门路。因此档案工作者要紧跟时代潮流，勇于自我蜕变，努力成为“数据科学家”，提升综合技能，具备统计分析能力、数据洞察与信息挖掘能力、开发软件能力、网络编程能力、数据的可视化表示能力五种能力，为档案工作赢得一片天。

三、强化技术防御

技术防御是档案安全的关键手段。档案部门要借助大数据时代的信息技术优势，建立档案信息管理系统安全保密防护体系和实行重要档案异地异质备份保存来维护档案安全。

第一，建立档案信息管理系统安全保密防护体系。对接收进馆的电子档案进行严格审查，检验电子档案的存储载体及内容，从源头上把关；严格检验电子档案的存储的应用系统、计算机、网络等软件设备的安全等级，确保电子档案长期存储；加快档案数字化工作的开展进程，有能力的单位最好自已独自完成档案数字化工作，没条件的单位可以借助社会力量的参与，但严格审查档案数字化外包管理中介资质，选择合法、规范、可信度高的外包公司，做好服务外包工作的安全检查，并对数字化工作的全过程进行视频监控，杜绝外包单位盗取档案信息；对上网共享档案进行严格审查，依据国家秘密的信息系统分级保护要求，严防文件、档案在传输过程中失泄密，保护档案用户个人隐私不被侵害。

第二，建设档案大数据存储备份中心。档案数据库的开发使用大大节约了档案库房的容量，提高了档案管理利用的效率，但单位数据库的存储容量毕竟有限，大数据时代档案部门面对巨量档案资源的存储问题，必须走改变存储方式来提高效率、节约成本的道路。大数据技术拥有强大的数据处理和存储能力来实现档案资源存储备份管理。陕西省西咸新区的沣西大数据产业园就是国内首家专业大数据产业园区。根据建设规划，沣西大数据产业园将实现数据的规模化集中吞吐、深层次整合分析、多领域社会应用、高效益持续增值，成为国家政务资源后台处理与备份中心、国家级大数据处理中心以及国内最大的信息资源聚集服务区，已有中国联通、中国移动、中国电信以及全国人口数据处理与备份中心等项目陆续入园。档案部门要想对档案资源进行全面掌控，可以考虑在大数据产业园区建立一个档案资源备份中心，既能保证档案资源的安全，又能将档案资源集中起来管理、开发和服务利用。

第三，重要档案异地异质备份保管。档案安全主要受到主客观因素的威胁，从主观上说档案制成材料质量易随时间、环境的变化而受到影响，如纸质档案存放越久越容易纸张脆化、字迹模糊，电子、光盘、硬盘档案等特殊载体保存年限尚不明晰，客观上多发的自然灾害和人的行为也在威胁档案的安全，重要档案处于水深火热之中。为保证档案的安全存储和长期可读，需要定时检查、实时备份以降低安全隐患。汶川特大地震中，北川档案馆 2 万多卷档案没有异地异质备份而永久地消失了，是档案部门没有做好备份工作的惨痛教训。异地异质备份是大数据时代档案安全和真实得到双重保障的防护手段，异地备份是相对于保管地点而言的，异质备份是相对于保管载体而言的，都是档案免遭破坏而丢失的一种保障。国家档案局推行的电子档案容灾备份体系、电子档案容灾备份中心、馆际跨区域互建档案备份库的建设就是从技术上、管理上切实保护档案安全的有效举措。例如云南省的 147 个档案馆全部建立重要档案异地异质备份制度，北京市也建立了本地、同城、异地备份体系。档案部门要对机关部门、企事业单位、社会组织、家庭个人的重要档案实行异地备份保管，对重要的电子档案实行异地异质备份保管，有条件的可以将二者有机结合，尽可能采取多个场所、多种载体的备份形式，保证国家记忆不出现断层。

第四节　强化行政能力

档案行政管理根据国家各项建设事业的需要，对全国的档案工作进行统筹规划、组织协调、统一制度、监督指导的活动，是国家整个行政工作的重要组成部分。我国档案行政管理实行“局馆合一”模式，虽然精简了机构，但使档案行政管理一直都呈现出事务性较强、行政性较弱的状态，与其他党政机构相比，显得“人微言轻”。档案行政管理体制的优劣与档案事业发展成败紧密相连。大数据时代到来，我国又正处在全面深化行政体制改革推进国家治理现代化阶段，为档案行政管理体制机制的变革和完善提供了契机，档案行政管理机构要切实转变行政职能、提升行政执法水平、提高业务指导水平、加强与社会的合作，建设为民、务实、高效的档案行政管理体系。

一、转变行政职能

档案行政管理一直是档案部门的弱势，行政能力不强工作开展就比较被动，社会地位也凸显不出来。有人说档案行政管理基本上处于“想到哪就管到哪”，事实上是哪也没管到，哪也管不住。大数据时代，档案部门必须正确认知局与馆各自的职能范围，要善于借助社会力量逐步放开服务“大包揽”方式，切实转变行政职能，提高行政管理能力。

第一，明确档案局、馆性质。党的十四大确定了全国机构改革的目标是“转变职能、理顺关系、精兵简政、提高效率”，在此形势下，档案部门实行“局馆合一”的机构改革，这个体制沿用至今。“局馆合一”从表面上看是撤销了一个机构，实现了精简机构的目的，但其使本来简单的机构复杂化，导致档案局、馆体制混乱，局馆性质不明、职能不清。其实无论什么样的组织单位，首先就要明确性质，明确所担负的职责职能，工作才能顺利开展、有序进行。大数据时代，档案部门亟须理顺档案管理体制，改变局与馆性质、职能混乱无序的现状，各级档案行政管理部门的职责是依法统一监督指导本行政区域内机关部门和其他事业单位的档案工作，各级国家综合档案馆的职责是依法集中管理本级机关部门和其他单位的档案，档案局的行政事务和档案馆的管理事物要严格区别开来，确保分工明确、各司其职，挺起档案行政职能的腰，树立起档案行政管理的威严。

第二，借助社会力量改变服务方式。档案部门性质明确了，档案局主行政、档案馆主管理的职责就分明了，不能再紧紧抓住档案整理服务“大包揽”不放。档案部门主管行政与管理去了，档案整理服务就需要寻求新力量的加入，社会中介力量乘势而起。社会力量参与档案事务是市场经济发展的必然趋势，档案部门要顺应时代发展的潮流，积极引导社会力量参与档案服务工作，要把社会力量参与档案事务活动作为档案事业发展的重要补充形式，发挥档案学会、档案学术交流机构这些社会组织的协同作用，积极扶持与档案有关的咨询服务业、信息开发业、软件行业、网络公司以及档案用品制造业、档案文化教育服务业的发展。档案部门要规范并支持档案中介机构、专业机构参与档案事务活动，帮助开展社会宣传活动，提高档案中介服务知名度，通过他们专业的档案整理团队达到既完成了档案整理工作，又能在督查管理档案工作中增强档案行政的权威性的目的。

二、提升行政执法水平

行政执法能力是衡量档案行政管理部门行政权威的重要指标，也是检验档案法律法规效力的重要表现。大数据时代，档案部门要从法律制度、法制队伍、执法力度三个方面来提升执法能力，强化执法水平，提高执法地位。

首先，完善法律制度。《中华人民共和国档案法》是开展档案工作的依据和准则，是档案领域的“宪法”，让档案管理有法可依。随着经济社会的发展，档案法也存在与档案工作新形势、新任务、新要求不相适应的问题，需要对原有的内容进行及时修订和完善，比如确定档案人的权利与义务。电子档案数量大幅增长，电子档案如何规范归档与妥善管理的法律法规却没能及时出台，留有许多空白，档案部门没有法律依据就无法对机关部门和社会组织等产生的电子档案进行有效的执法监督。因此档案部门要想在档案执法检查中掌握主动权、话语权，就要提高法制意识，尽快制定并出台规范电子档案管理的法律法规，让档案部门有法可依。

其次，加强法制队伍建设。党和政府部门要为档案行政管理部门依法履行档案行政执法职能提供条件，提高其执法监督指导能力，人大、纪委、法制办等法力强势部门要为档案行政执法出谋划策，成立联合督查小组，增强档案执法效力。档案执法人才是档案执法的关键，档案部门一般都不具备懂法律的专业人才，这是大数据时代档案部门“以法治档”的执法困境。为完善科学依法决策，提高行政执法水平，推进档案法治建设，档案部门可以借用法律外援支持，采取聘用法律顾问的方式来加强档案法制队伍人才建设。法律顾问法律专业知识强，可以为档案部门制定或修改档案法律法规提供专业意见，为依法行政提供法律参谋，从而规范和监督行政执法活动，维护档案部门的执法权益。

最后，加大执法力度。档案行政管理部门要加强对档案工作的监督检查，对各类违反《中华人民共和国档案法》的行为，特别是将应归档文件据为己有或拒绝归档的，或造成档案损毁、丢失的，要依法追究有关单位和人员的责任。《档案管理违法违纪行为处分规定》就是专门针对档案管理中出现的违法违纪行为制定的处分规定，有档案管理违法违纪行为的单位，其负有责任的领导人员和直接责任人员，以及有档案管理违法违纪行为的个人，应当承担纪律责任。《档案管理违法违纪行为处分规定》的出台一是对原有的处分规定细化，补充新的违法违纪种类，是我国多年来依法治档实践经验的总结；二是对相关档案管理违法违纪责任主体应当承担的法律责任和量纪标准做了具体明确的规定；三是建立了档案管理违法违纪案件查办协作配合机制。这是档案法律法规又上新台阶的重要成果，为大数据时代档案部门行政执法能力的强化提供了新的依法行政依据。

三、提高业务指导水平

档案业务指导工作始终是档案部门一个重要的职能，体现的是档案部门的专业水准。档案业务指导水平的提高有赖于档案工作者的行动力与专业度，搞好业务指导不仅能展现档案部门的工作能力，还能改变社会对档案部门的刻板印象，提高档案部门的社会地位。

第一，加强业务分类指导。一是要加强对新单位建档工作的指导。“政企、政事分开”改革后，许多企事业单位脱离了原来的行政机关，成立了新的机构、企事业单位和社会组织，政府对它们干预的减少使它们游离于档案部门的管理之外，建档工作也迟迟没有提上工作日程。档案部门要加强对新单位的关注，加强对新单位建档工作的指导，使新单位能够意识到建档工作的重要性，及时明确档案工作任务，做好档案工作的分工，加强档案员的工作责任意识和业务能力，悉心指导建档工作的每一个环节，提高独立完成档案业务工作的水平。二是要加强对家庭档案、个人档案等新类型档案的指导。家庭档案和个人档案属于非国有档案，在过去没有引起国家和档案部门的足够重视，成为散落社会的遗珠。大数据时代，个人的信息越来越多，也变得越来越重要，国家大力提倡家庭建档、个人建档，档案部门设立宣传点，开展大走访，深入每家每户帮助家庭建档，从档案收集的范围、类型、内容到整理的方法一一悉心指导，家庭建档、个人建档开始受到社会公众的关注，逐渐兴盛起来，这类档案业务工作的开展既有效规范了散落的信息，又为国家积累了一笔非常可观的社会档案财富。

第二，档案部门业务指导水平的提高还有赖于专业人才的任用和培养。在档案部门人才队伍中，只有极少数是档案专业科班出身的，大多数人只懂行政管理，极其缺乏能够完成档案业务指导工作的人才。档案部门要根据实际工作需要科学合理地调整档案部门人员编制，提高档案专业人才在档案部门人才队伍中的比例，充实档案部门业务指导队伍，优化档案部门业务指导能力；要建立科学的引才育才机制，可以通过与高校联合培养定制人才，也可以在考试录用中以专业作为限制门槛，或者支持鼓励在职人员继续深造学习接受档案专业知识的系统教育，积极发挥档案院校等培训学院的作用，创新培训内容，改进培训方式，努力造就一支业务精的高素质档案业务指导队伍。对于机关部门、企事业单位、社会团体的档案员，不能由身兼数职的其他工作人员担任，必须要求专人专岗专职，完善档案从业人员持证上岗制度，考试合格方能发放档案从业人员资格证，非档案从业人员一律不得从事档案工作岗位，严格档案专业技术职称评审，晋升职称人员必须达到相应的晋升条件方能申请。大数据时代，档案部门要依照办理程序和条件严格职称等级评审，净化档案业务工作队伍，提高档案从业人员的专业化水平。

四、加强与社会的合作

大数据时代，档案部门不再适合单打独斗、孤军奋战、守着档案库房打转转，档案数量的增多、档案需求的改变、档案服务的扩展、档案信息技术的应用，使得档案在慢慢褪去神秘的外衣，档案与社会、公众之间的鸿沟渐渐缩短。事实表明，档案部门只有加强与社会组织的交流合作才能与时代同步，赢得先机，谋得发展。

第一，加强与档案形成者的合作。大数据时代档案部门要想赢得更多的档案资源，就要加强与档案形成者的合作。档案的形成者不再局限于机关部门、企事业单位和社会团体的档案室，家庭和个人成为散落于社会最大的档案形成群体，他们记录的是家庭琐碎事，构造的是社会变迁图。档案部门一是要帮助家庭和个人完善建档工作，二是要大力征集征收家庭档案和个人档案，从中发掘出更多更有价值的档案。

第二，加强与档案利用者的合作。档案利用者是档案部门的服务对象，满足利用者需求是档案部门最大的工作成就。大数据时代，档案部门不能只关注利用者单一的利用需求，要学会透过需求挖掘档案隐性知识，透过需求提供预测服务，透过需求编研出更多的档案文化精品为社会公众谋福利。

第三，加强与档案中介服务机构的合作。大数据时代，档案中介服务机构既是档案部门监督管理的对象，又是档案部门最重要的合作伙伴。档案部门一方面要严格审查档案中介服务机构资质，监督管理档案中介服务机构备案情况、执业人员素质和服务质量水平等；另一方面，档案部门要放宽服务权限，支持鼓励档案中介服务机构利用专门的知识和技能为单位提供档案服务，通过合作的方式来维护自身的行政和执法能力。

第四，加强与网络服务商、数据公司的合作。大数据时代，档案部门不能再使用老一套的管理档案方法，电子档案的收集、档案数字化都需要档案部门加强与网络服务商、数据开发公司等信息行业的合作。互联网给档案部门带来大量资源既是福利也是负担，数量大、种类多的资源充实了档案资源库，但如何从海量的资源中筛选出有价值的信息作为档案保存是档案部门的难题，档案部门与网络服务商的沟通与合作就成为必要选择，借助网络服务商的帮助，从信息源头剔除垃圾信息、保留有用信息供档案部门收集，大大提高档案的质量。这些收集来的电子档案和库存档案数字化产生的电子档案的管理工作远远超出了档案部门的工作能力范围，档案部门要积极主动地与数据开发公司合作，通过公司专业人才、专业技术、专业软件的帮助协同完成对电子档案的管理。

参考文献

[1] 党玉梅．高校图书信息服务创新与档案信息管理 [M]．沈阳：辽海出版社，2019.

[2] 杨宗岳．行政管理必备制度与表格典范 [M]．北京：企业管理出版社，2020.

[3] 李建波 . 档案工作创新与现代化管理的途径 [J]. 黑龙江档案，2020（5）：33—34.

[4] 王红华．档案管理现代化的创新途径研究 [J]．兰台内外，2019（26）：29—30.

[5] 刘姝婕．现代化企业档案管理工作的创新 [J]．办公室业务，2017（12）：164.

[6] 顾昕．新时期档案管理现代化的创新与发展 [J]．中外企业家，2017（6）：231.

[7] 王巍．创新企业档案管理模式建立现代化示范档案室 [J]．办公自动化，2012（20）：23—25.

[8] 梅志珍．现代化趋势中档案管理的空间拓展与手段创新 [J]．湘南学院学报，2012（1）：121—124.

[9] 袁绪惠，尹工．现代化企业档案管理工作的创新 [J]．机电兵船档案，2010（4）：24—25.

[10] 刘彦．浅析档案管理现代化的创新与发展 [J]．黑龙江科技信息，2007（21）：223.